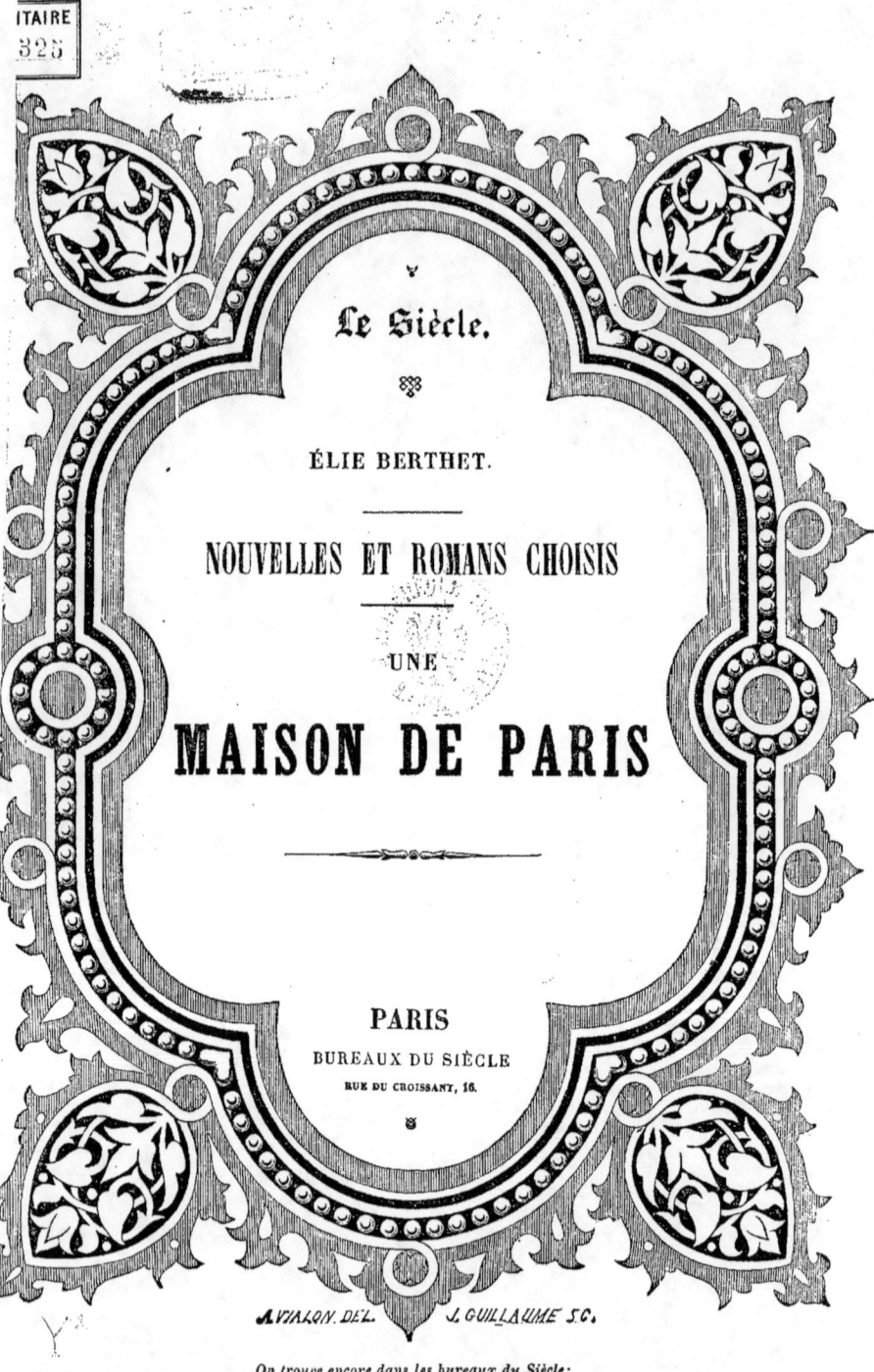

Élie Berthet.

UNE
MAISON DE PARIS

I

Le 15 octobre 184...., au moment où midi allait sonner, monsieur Bambriquet, propriétaire d'une maison d'assez belle apparence, située rue de la Santé, non loin de la barrière Saint-Jacques, endossa un vêtement noir râpé, dont la coupe tenait le milieu entre celle d'un habit et celle d'une redingote; puis, après avoir placé dans la poche de son gilet deux quittances de loyer, soigneusement paraphées de sa main, il sortit du pavillon qu'il occupait au fond de la cour de ladite maison, et se dirigea vers le corps de logis principal, habité par ses locataires. Ses mesures étaient si bien prises que, au moment où le douzième coup de midi sonnait au Val-de-Grâce, il saisissait le cordon de soie bleue qui décorait une porte à deux battans, au premier étage; le son clair et argentin qui se fit entendre dans l'intérieur de l'appartement semblait être l'écho affaibli de l'horloge publique.

Mais, avant d'aller plus loin, disons ce que c'était que Bambriquet, sa maison et ses locataires.

Le père Bambriquet, comme on l'appelait familièrement, était un négociant retiré des affaires à la suite de spéculations heureuses; nous nous servons du mot de *négociant* par la raison que la Fontaine appelait *reines des étangs* de pauvres grenouilles, c'est-à-dire « parce qu'il faut toujours donner aux choses les noms les plus honorables. » La spécialité de Bambriquet avait été le vieux chiffon; autrement dit, il avait été chiffonnier en gros. A une époque où cette industrie était abandonnée aux philosophes de bas étage qui errent le jour et la nuit dans les rues, cet homme, avec une sagacité qui, dans un autre ordre d'idées, eût pu être du génie, avait entrevu la fortune sous les hideux débris destinés à l'égout.

Il était alors ouvrier papetier, et après avoir appris son métier en province, il était venu à Paris avec quelques économies, afin de chercher du travail. Il savait donc aussi bien que personne quelle lucrative industrie reposait sur ces misérables chiffons ramassés dans la fange. Il employa le peu d'argent qu'il possédait à louer une espèce de hangar, ouvert à tous vents, dans la rue la plus triste et la plus sale du quartier Saint-Marcel; là il établit un entrepôt où les chiffonniers nomades venaient apporter chaque jour le résultat de leurs dégoûtantes recherches à travers la ville. La spéculation réussit; on n'avait pas encore inventé de faire du papier avec des betteraves, des côtes de melon et je ne sais combien d'autres substances du même genre; on n'employait pour la fabrication du papier que le vieux chiffon exclusivement, et bientôt l'entrepôt de Bambriquet acquit une grande importance. Les industriels en sous-œuvre, toujours sûrs d'échanger chez lui leur immonde fardeau contre de l'argent comptant, se fussent fait un point d'honneur de traiter avec un de ses concurrens, et, tant qu'il avait exercé son commerce d'entrepôt, il y avait eu émeute permanente de porte-hottes devant sa maison.

Pendant quarante ans, l'heureux Bambriquet avait vu son établissement prendre ainsi chaque jour un nouvel accroissement. A la vérité, il ne s'était pas épargné lui-même, et, pendant ce long espace de temps, on peut dire qu'il n'avait pas eu deux heures de repos complet. Retenu le jour et la nuit dans les vastes magasins qu'il avait fait construire à la place du misérable hangar, premier théâtre de sa prospérité, il avait vu défiler devant lui plusieurs générations de chiffonniers. Sans cesse occupé de faire peser *la marchandise*, de l'enregistrer, de l'emmagasiner, il n'avait eu de commis que pour la forme, car il voyait et agissait par lui-même. La maison Bambriquet, à l'époque de la révolution de juillet, était une maison colossale qui produisait à son gré la hausse et la baisse dans les prix du vieux chiffon; mais aussi, à peu près à cette époque, elle avait atteint son apogée. Soit que la concurrence fût devenue plus considérable, soit que l'essor de l'industrie eût créé à la place de la papeterie des ressources nouvelles, Bambriquet s'aperçut avec terreur que *les chiffons ne donnaient plus*, c'est-à-dire qu'il ne gagnait plus environ cent pour cent, comme autrefois, dans ses marchés. Cela fit réfléchir le rusé spéculateur; il comprit que ce commerce, si avantageux jusque-là, pouvait devenir désastreux à son tour : il s'empressa de vendre un prix énorme, trois cent mille francs ! sa maison et sa clientèle ; puis il se retira des affaires, annonçant d'un air contrit qu'il était une victime de la révolution de juillet.

Quelle victime, bon Dieu ! Outre le prix de son établissement, Bambriquet possédait encore dans divers quartiers de Paris trois ou quatre maisons de grand rapport, et celle où nous le trouvons, rue de la Santé, était une des moins considérables. Mais ce n'était encore là que sa fortune patente ou avouée ; l'imagination des plus hardis calculateurs du quartier s'égarait dans l'évaluation de la partie secrète de ses ressources financières. On supposait qu'il avait hypothéqué sur une foule d'immeubles, d'hôtels, de terrains dans Paris, et la banlieue ; on voyait toutes sortes de gens d'affaires aller et venir autour de lui, et lui parler respectueusement ; enfin on disait de lui comme du père Grandet, « qu'il ne savait pas lui-même combien il était riche. » Quoi qu'il en soit, dans notre temps où la propriété est la base presque unique de la société, les distinctions sociales ne manquaient pas au père Bambriquet ; il était juré, électeur, éligible, et on prétendait même, à l'époque où commence cette histoire, qu'il serait probablement nommé membre du conseil municipal de Paris aux plus prochaines élections.

L'ancien chiffonnier n'avait pour toute famille qu'une fille, dont la mère était morte quelque douze ans auparavant d'une pleurésie gagnée dans le magasin glacial du faubourg Saint-Marcel. Elisa Bambriquet avait dix-neuf ans, et, bien qu'à cet âge l'éducation des jeunes filles soit finie d'ordinaire, elle restait pensionnaire dans un couvent renommé, où elle avait été placée dès sa plus tendre enfance. Bambriquet, par un sentiment de gloriole assez ordinaire chez les parvenus, avait choisi ce couvent, fréquenté surtout par les jeunes héritières de la haute noblesse, et il n'avait rien épargné pour que son unique enfant reçût une instruction brillante ; aussi Elisa était, disait-on, une personne accomplie, pleine de grâces et de talents, et on ne s'expliquait pas pourquoi elle restait éloignée de son père. Déjà plusieurs fois elle avait dû quitter le couvent, et toujours, sous un prétexte ou sous un autre, ce projet avait été ajourné. En attendant qu'il se réalisât, le gouvernement de la maison restait entre les mains d'une servante de confiance sur laquelle la médisance avait eu occasion de s'exercer maintes fois. Cette servante, encore jeune et assez fraîche, s'était d'abord appelée Jeanneton tout simplement ; mais, depuis une année environ, Bambriquet avait exigé qu'on l'appelât *mademoiselle Lapiquette*, sans donner aucun motif à ce brusque changement. Quoi qu'il en fût, la commère, qui était adroite, avait su prendre un véritable empire sur l'esprit faible du vieillard, et peut-être n'était-elle pas étrangère à la décision qui exilait de la maison la propre fille de son maître afin de conserver l'autorité absolue si chère à toute gouvernante.

Tel était donc le grave personnage qui allait réclamer chez ses locataires le terme échu de leur loyer. Dans cette circonstance solennelle, il avait employé tous les moyens possibles pour donner quelque majesté à sa personne naturellement peu majestueuse. Il était petit, rond, gros, à visage couperosé, à nez rouge toujours bourré de tabac, et ses oreilles démesurément longues étaient ornées de petites boucles en or. Outre l'habit phénoménal dont nous avons parlé (car c'était décidément un habit), il était vêtu d'un pantalon noisette et d'un gilet de bazin rayé, qui enveloppaient simultanément une vaste rotondité de son abdomen ; des souliers de castor et un petit chapeau étriqué, à poil ras, comme on les portait il y a trente ans, ornaient les deux extrémités de son individu. Ajoutez qu'il avait mis pour ce moment désiré une grosse paire de gants de daim jaune qui rappelaient, par la couleur aussi bien que par la matière, la culotte de peau d'un gendarme, et qu'il s'appuyait sur un gros jonc à tête d'ivoire, dont le temps avait fait disparaître la couleur primitive.

Mais ce que rien ne saurait peindre, c'était la suffisance, l'orgueil, l'arrogance qui se montraient sur sa petite trogne rouge de plébéien. Il semblait tout bouffi de sa dignité d'homme riche, de propriétaire, de maître de maison. D'ailleurs il avait certaines raisons de penser que le locataire du premier, dont il venait d'agiter bruyamment la sonnette, n'était pas en mesure d'acquitter sa dette, et, par anticipation, maître Bambriquet ne croyait pas devoir de grands ménagemens à garder avec lui. Or, ce locataire, chez qui l'ancien chiffonnier s'annonçait d'une manière si hardie, était un sculpteur célèbre que nous appellerons Edouard de Salviac. Les raisons qui avaient décidé un artiste en renom et très-répandu dans le monde à s'établir dans ce quartier isolé étaient de diverse nature. On sait que les travaux de sculpture nécessitent un local assez étendu, et il est rare de trouver au centre de Paris des ateliers suffisamment spacieux pour cet usage. Le spéculateur Bambriquet, afin d'utiliser un terrain qui n'était d'aucun rapport, avait fait élever à peu de frais, au fond de son jardin, une construction qui convenait parfaitement à un atelier de sculpture. D'un autre côté, la maison d'habitation elle-même était bâtie dans les conditions modernes de comfortable, et l'on offrait l'atelier et l'appartement du premier pour deux mille francs par an. C'était trop cher d'un tiers, mais le tout eût coûté trois fois plus dans le quartier élégant de la Chaussée-d'Antin, et l'artiste, assez mauvais calculateur, crut réaliser une excellente économie en faisant un bail avec Bambriquet. En revanche, comme il ne pouvait renoncer à ses nombreuses relations, et comme des intérêts importans l'appelaient chaque jour dans Paris, il se pourvut d'une de ces petites voitures à un cheval que l'on appelle *demi-fortunes*, afin de compenser l'inconvénient de la distance. C'était, on le voit, une économie assez singulière et dont le seul pouvait avoir eu la pensée. Du reste, la présence d'Edouard de Salviac donnait un peu de vie à la rue solitaire qu'il habitait ; et lorsque les bonnes gens du quartier le voyaient passer dans sa voiture, décoré de plusieurs ordres, en compagnie de personnages distingués, ils soutenaient qu'il devait être aussi riche au moins que son propriétaire, et ils le regardaient d'un œil d'envie.

Hélas ! ces brillans dehors étaient trompeurs, et Bambriquet le savait bien. Edouard de Salviac n'était pas riche, et, quelque largement que fût rémunéré son beau talent, la haute position qu'il occupait dans le monde l'obligeait à une représentation ruineuse. Il avait épousé par amour une jeune et jolie personne, appartenant à une famille honorable, et d'une éducation parfaite, mais sans fortune ; un enfant, âgé de quatre à cinq ans à l'époque où nous nous trouvons, avait été le fruit de ce mariage. Madame de Salviac adorait son mari, dont le talent et les qualités aimables la rendaient fier ; Edouard, de son côté, était plein d'affection pour sa femme. Tous les deux faits pour le monde, et n'ayant qu'à s'y montrer pour recueillir des hommages, s'exagéraient peut-être l'importance de ces relations avec la société choisie ; il était passé en axiome entre les deux époux que « le talent qui reste enfermé chez lui est inconnu ou bientôt oublié », et encore « que dans le monde il faut briller pour réussir. » D'après ce double principe, ou, peut-être, cette double erreur, l'imprudent artiste se croyait obligé d'égaler en luxe et en dépense les grands personnages qu'il fréquentait, et il ne remarquait pas qu'il marchait rapidement vers sa ruine.

Puisque nous parlons des locataires de Bambriquet, un mot encore sur la personne à qui la seconde quittance était destinée.

C'était un individu assez mystérieux de costume et d'allures, qui occupait un petit appartement de six cents francs, au-dessus de Salviac. Il s'appelait Moreau, il paraissait avoir quarante ans environ, et vivait seul, sans autre domestique qu'une femme de ménage qui venait soir et matin préparer sa nourriture. Il s'absentait chaque année pendant sept ou huit mois, sans qu'on sût où il allait. Pendant les quatre ou cinq mois qu'il habitait la maison de la rue de la Santé (c'était toujours les plus beaux de l'année), on ne le voyait jamais mettre le pied dehors pendant le jour; seulement chaque soir, à la brune, il sortait enveloppé dans une longue redingote bleue, un chapeau à larges bords sur les yeux, une canne à la main, et il s'acheminait lentement vers la barrière Saint-Jacques. Sa promenade n'était pas longue, et il était toujours rentré à dix heures pour ne plus ressortir jusqu'au lendemain. Il ne venait le demander; personne ne semblait le connaître à Paris, excepté un vieillard d'aspect vénérable, ayant la tournure d'un homme d'affaires, qui, tous les quinze jours environ, lui faisait une courte visite. Du reste, monsieur Moreau ne recherchait personne, ne parlait à personne; il semblait n'avoir qu'un désir, celui de vivre dans le plus parfait isolement.

On peut croire que, même dans un quartier aussi solitaire et aussi tranquille que celui de la rue de la Santé, de pareilles habitudes avaient dû à la longue attirer l'attention. Aussi n'était-il sorte de suppositions que l'on n'eût faites dans le voisinage au sujet de ce monsieur Moreau. On l'avait regardé tour à tour comme un homme immensément riche et comme un petit rentier; on l'avait pris pour un conspirateur qui se cachait, puis pour un mouchard, puis pour un banqueroutier. On expliquait enfin de mille manières ce goût si prononcé pour la solitude; les propos les plus absurdes circulaient sur sa personne et sa position sociale. Une commère du faubourg jurait ses grands dieux que, l'hiver précédent, pendant une absence présumée de monsieur Moreau, elle l'avait rencontré caracolant dans les Champs-Élysées sur un magnifique cheval, et suivi de deux laquais en riches livrées. Un portier, sans doute piqué au jeu par un conte aussi invraisemblable, disait tout bas, en hochant la tête, que monsieur Moreau pouvait très bien être le duc de Bordeaux, rentré en France pour réclamer le trône de ses pères, et qui se cachait en attendant le moment de renverser le gouvernement. Enfin les langues avaient beau jeu, et certes monsieur Moreau n'eût pu s'empêcher de rire, toute grave qu'il était, s'il eût connu à quelles étranges pensées les oisifs et les curieux du quartier se livraient sur son compte.

Bambriquet lui-même s'était ému de ces bruits. Malheureusement monsieur Moreau, aussi peu communicatif avec lui qu'avec tous ceux qui l'approchaient, ne parlait que pour affaire indispensable et dans le moins de mots possibles. Une fois, le négociant retiré ayant paru vouloir le questionner, il avait pris un air si fier, si hautain, si dédaigneux, que le pauvre Bambriquet s'en était tenu pour dit et n'avait jamais osé revenir à la charge. Monsieur Moreau après tout, était un excellent locataire, tranquille, rangé, et payant exactement son terme; or, les bons locataires sont rares partout. Bambriquet, craignant de mécontenter celui-ci en lui adressant de nouvelles questions, restai coi et attendait une occasion favorable de pénétrer le secret de l'inconnu.

Le jour dont nous parlons, monsieur Moreau avait annoncé à la femme de ménage son prochain départ; suivant son habitude à cette époque de l'année, et la femme de ménage s'était empressée de colporter la nouvelle. Bambriquet s'attendait donc à toucher non-seulement le terme échu, mais encore le terme à échoir, pendant l'absence de son locataire. Aussi n'aurait-il eu garde de laisser passer l'heure du payement, et il comptait bien rendre visite au farouche Moreau dès qu'il en aurait fini avec Edouard de Salviac, celui dont la créance l'occupait le plus particulièrement.

Au bruit de la sonnette violemment agitée, le son du piano qui se faisait entendre dans l'intérieur de l'appartement s'éteignit tout à coup, et presque aussitôt la porte s'ouvrit. Un petit groom de douze ans, à figure espiègle, se présenta à maître Bambriquet. Il était vêtu d'une veste écarlate, d'un pantalon bleu; il avait des bottes à revers jaunes; un bonnet grec était fièrement posé sur son oreille. En reconnaissant le propriétaire, il ne fit pas un mouvement pour saluer, et dit seulement d'un ton familier :

— Tiens! c'est le papa Bambriquet! Eh bien! mon vieux, qu'y a-t-il pour votre service?

L'ancien chiffonnier, par cela même qu'il s'était trouvé en rapport pendant la plus grande partie de sa vie avec des gens dont les manières et le langage n'étaient pas très relevés, se montrait fort chatouilleux sur les égards qu'il croyait lui être dus. Depuis qu'il était retiré du commerce, il avait certaines prétentions au beau langage et aux belles manières; il parlait avec redondance, affectant de se servir d'expressions recherchées dont il ne comprenait pas toujours la valeur, et s'écoutait parler. Aussi est-il facile de s'imaginer quel effet produisit sur lui la question assez peu respectueuse du jeune homme. Il devint cramoisi, et répéta d'un ton d'emphase sentencieuse qui rappelait le Joseph Prud'homme d'Henry Monnier :

— Ce n'est pas vous que je demande, *mosieu*! je n'ai pas affaire à vous, *mosieu*! j'ai affaire à votre maître, *mosieu*! et je n'ai pas le temps de faire des *colloques* avec les gens de votre sorte.

— C'est dommage, ma foi! — répondit le jeune cerbère d'un air railleur; — j'étais en humeur de jaser, et vous êtes si aimable... Mais vous ne pouvez entrer, monsieur est sorti.

— En ce cas, je puis au moins voir son épouse?

— Impossible, madame est absente.

— Personne ici un jour de terme? cela est *incohérent*! j'ai entendu, tout à l'heure en montant, le piano de votre dame.

— L'avez-vous entendu? — demanda le groom avec un aplomb superbe; — en ce cas, madame n'est pas sortie, mais elle ne peut vous recevoir.

— Allez lui dire que c'est moi... monsieur Bambriquet, qui vient pour...

— Vous avez beau *venir pour*, vous n'entrerez pas, madame a défendu sa porte.

Bambriquet frappa violemment le parquet avec sa canne.

— Ah! c'est ainsi que l'on me traite! — s'écria-t-il avec insolence, — eh bien! je vous dis que j'entrerai, moi! je ne me laisserai pas renvoyer comme un créancier de comédie à qui l'on dit toujours qu'il n'y a personne. Cette maison est à moi, et l'on ne me paye pas mes termes, et l'on ne me rend pas l'argent que j'ai prêté... ça ne peut pas aller comme ça, sapristi! Fais-moi place, petit drôle; maître ou maîtresse, il faut que je voie quelqu'un... Allons, laisse-moi passer, ou je te corrigerai avec ma canne!

— Oh! pour cela non, — dit l'enfant en reculant lestement de quelques pas et en se mettant dans la position d'un boxeur, les poings fermés; — je vous en défie.

Bambriquet prudemment resta immobile, mais il redoubla ses cris.

— Ah! l'on veut se porter à des excès, — reprit-il; — on veut me frapper! J'avertirai l'autorité, je ferai venir des gendarmes... c'est une horreur! c'est une indignité!

En ce moment la porte du salon s'ouvrit tout à coup; une jeune et jolie femme parut sur le seuil, au milieu des flots de lumière qui se répandirent dans l'antichambre. Elle était vêtue d'un peignoir blanc garni de dentelles; de longues boucles de cheveux châtains, encadrant son visage frais et gracieux, retombaient sur ses épaules demi-nues. C'était madame de Salviac.

II

— Mon Dieu! qu'y a-t-il donc? — demanda-t-elle d'une voix douce, légèrement altérée par la frayeur; — eh bien! Narcisse, — continua-t-elle en s'adressant au petit groom, — est-ce encore une de vos étourderies?

Narcisse, puisque tel était le nom de l'enfant, prit une contenance respectueuse et ôta précipitamment son bonnet, qu'il avait oublié sur sa tête en présence de Bambriquet.

— Madame, — répondit-il en baissant les yeux, — vous aviez défendu...

— J'avais défendu ma porte pour les étrangers, mais non pas pour monsieur Bambriquet, qui est notre... ami.

— C'est cela ; l'entends-tu, polisson ? — reprit le propriétaire furieux ; — dites-le lui bien, madame, afin qu'il ne l'oublie pas... Oui, je suis votre ami, et un fameux encore ! et je ne suis pas de ceux qu'on peut mettre à la porte comme cela, mille tonnerres !

Une vive rougeur colora les joues de madame de Salviac ; elle se hâta d'interrompre cette conversation bruyante.

— Entrez, monsieur Bambriquet, — dit-elle avec précipitation en se dirigeant vers le salon ; — vous attendrez mon mari, qui ne doit pas tarder à revenir ; je me ferai un plaisir de vous tenir compagnie.

Bambriquet la suivit en grommelant, et elle se hâta de refermer la porte derrière lui, comme si elle eût craint que cette ignoble querelle ne vînt à se ranimer.

Le salon d'Édouard de Salviac, arrangé par le goût d'un artiste et par celui d'une femme du monde, était un modèle d'élégance et de richesse : les meubles dorés étaient recouverts en velours brun de la plus grande fraîcheur ; des pentes de même étoffe cachaient toutes les portes sous leurs plis amples et lourds ; un tapis moelleux absorbait le bruit des pas. Partout des glaces, des bronzes et des dorures. Les murailles étaient garnies de tableaux signés des noms les plus illustres dans la peinture moderne. Sur une magnifique console de marbre dont l'artiste avait ciselé lui-même les précieux ornements, se trouvait un grand écrin tout ouvert, contenant des médailles en or, en argent et en bronze, des tabatières ornées de pierres précieuses, des objets de prix que le célèbre sculpteur avait reçus en présent de divers souverains ; et, dans le noble orgueil qui se manifestait par l'étalage de ces précieuses récompenses, on devinait l'artiste travaillant pour la gloire avant de travailler pour l'intérêt.

A cette pièce si coquettement meublée, la blanche et poétique jeune femme ajoutait un charme de plus. Çà et là, sur les meubles, on voyait épars de petits objets à son usage : là un flacon de cristal, un nécessaire de vermeil ; plus loin, une broderie inachevée. Un superbe piano de palissandre, ouvert et chargé de musique, semblait attendre la main légère qui caressait un instant auparavant ses touches d'ivoire et d'ébène. La présence de madame de Salviac donnait la vie à ce luxe merveilleux ; sans elle tout eût semblé morne, froid et triste ; par elle tout prenait de la grâce, de la fraîcheur, du mouvement ; et son image, répétée mille fois par les hautes glaces qui garnissaient l'appartement, semblait le peupler de gracieuses apparitions.

Bambriquet, au contraire, faisait comme une hideuse tache dans ce riche salon destiné à l'aristocratie de l'intelligence et de la beauté. Il s'était laissé tomber sur le premier fauteuil qu'il avait rencontré ; le chapeau sur la tête, les mains appuyées sur la pomme de sa vieille canne, il essuyait machinalement ses souliers aux fleurs délicatement nuancées du tapis. Mais madame de Salviac, bien qu'elle fût habituée à la scrupuleuse politesse, aux égards de la société choisie, ne parut pas remarquer l'inconvenance choquante du visiteur ; elle appela sur ses lèvres son plus séduisant sourire, et se mit avec empressement à faire les honneurs de chez elle à ce grossier personnage. Elle allait et venait autour de lui, glissant un coussin de velours sous ses pieds, abaissant les portières pour le préserver des courans d'air ; on eût dit d'une souple et gracieuse chatte blanche ondulant autour d'un vieux barbet crotté et hargneux. A toutes ces attentions, Bambriquet grommelait en secouant les épaules :

— Grand merci ! ce n'est pas la peine... je n'aime pas à sentir ces *fanfreluches* sous mes pieds. Ne faites pas attention si je garde mon chapeau, c'est que je suis enrhumé. Ouf ! — continua-t-il en se renversant dans le fauteuil et en allongeant ses petites jambes un peu cagneuses, — ce méchant drôle m'a mis hors de moi... Je me sens tout je ne sais quoi, tant je suis en colère.

— Eh bien ! monsieur Bambriquet, — demanda la jeune femme avec empressement, — voulez-vous que je vous fasse un peu de musique en attendant le retour de mon mari ? cela vous distraira.

Et elle se dirigea vers le piano.

— Non, non, ne me dérangez pas, — dit Bambriquet, — je n'aime pas la musique, bien que ce soit bon genre ; ça me donne mal à la tête... Ma fille Lisa, qui va enfin sortir du couvent, a voulu apprendre à *jouer* du piano, et je ne l'ai pas contrariée, quoique je ne voie pas trop à quoi cela sert ; mais on est si drôle aujourd'hui !... Votre polisson de domestique m'a rendu malade pour huit jours !

Madame de Salviac étouffa un soupir et vint s'asseoir dans une bergère en face du visiteur.

— Allons, monsieur Bambriquet, — dit-elle d'un petit ton doux et caressant, — oubliez l'inconvenance de ce pauvre Narcisse ! je le ferai gronder sévèrement par mon mari, je vous le promets. Songez que c'est un enfant, un étourdi...

— Etourdi, c'est possible, — répliqua le vieillard brutalement, — mais il faut que vous chassiez de chez vous ce petit vaurien qui m'a manqué. Je ne veux plus d'un pareil garnement dans ma maison.

La jeune femme se redressa vivement ; son visage rosé s'était empourpré tout à coup, et une étincelle semblable à celle que jette un diamant brilla dans son œil bleu.

— Vous ne voulez pas ? — répéta-t-elle avec dignité.

Bambriquet fit un mouvement, et ses traits exprimèrent une sorte de stupéfaction ; puis il pinça les lèvres et se mit à dandiner sa jambe d'un air menaçant. Il y eut un moment de silence. Madame de Salviac avait pris sa bruderie pour se donner une contenance. L'insolence de Bambriquet l'avait révoltée, et cédé en la relevant à un sentiment de fierté plus puissant que toute réflexion. Mais, ce premier mouvement passé, elle réfléchissait aux motifs sans nombre qu'elle avait de ménager son grossier interlocuteur, et cherchait les moyens d'effacer, sans toutefois sacrifier son amour-propre de femme, la mauvaise impression qu'elle avait pu produire sur lui.

— Je regrette, monsieur, — dit-elle enfin, — que vous soyez obligé d'attendre si longtemps... Mon mari est allé à l'ambassade de Saxe, et il ne saurait tarder ; cependant, si vous vouliez bien me dire le motif de votre visite...

— Ah ! il est chez un ambassadeur ? — répliqua Bambriquet d'un ton bourru ; — c'est toujours ainsi avec lui. Il est continuellement fourré chez les grands seigneurs... Malgré cela, il pourrait bien choisir pour se promener un autre jour que le jour du terme.

La jeune femme tressaillit, et une pâleur subite remplaça les roses de son teint.

— Ainsi donc, monsieur, — demanda-t-elle précipitamment, — c'est aujourd'hui jour du terme, et vous venez pour...

— C'est aujourd'hui le 15 octobre, et, d'après la coutume de Paris, les loyers au-dessus de cinq cents francs par an sont exigibles ce jour-là, à midi précis... Il est midi vingt minutes, et j'apporte ma quittance.

— Monsieur, — balbutia madame de Salviac, — j'oubliais... j'ignorais...

— Une bonne femme de ménage ne peut ignorer cela ; à quoi servirait donc l'éducation ? Enfin j'espère que cette fois votre mari est en mesure de me payer le terme courant et le terme dernier, pour lequel j'ai eu la bonté d'attendre ; j'ai les deux quittances dans ma poche... C'est donc mille francs qu'il me faut.

— Mon Dieu ! monsieur, Edouard ne me conte pas ses affaires ; mais je crains bien qu'aujourd'hui encore...

— En ce cas-là, j'en suis fâché, mais nous aurons *castille* ensemble; vous sentez bien que je ne peux pas attendre éternellement. Ecoutez, madame, je veux vous dire une chose dont vous pourrez faire usage pour votre gouverne : votre mari suit de mauvaises connaissances... tous ces grands seigneurs-là, voyez-vous, ça ne donne pas de pain à manger et ça fait dépenser de l'argent en diable. « Mais, » direz-vous, « mon mari est *artiste*, il est membre de l'*Institut*, il faut qu'il tienne son rang ! » Du diable si je vois quel rang il doit tenir dans son état plutôt que dans un autre ! c'est un état fort sale au moins : être toujours à gâcher de la terre glaise comme un boueur, ou bien à travailler du marbre comme un tailleur de pierre, je ne vois pas là de quoi le rendre si fier ! Mon état à moi n'était pas malpropre comme ça, je vous assure... mais, sur ma parole ! les gens deviennent fous de faire tant de bruit avec ces peintres et ces faiseurs d'*estatues*, et c'est encore la révolution de juillet qui nous a amené tout cela.

— Prenez garde, monsieur Bambriquet, — reprit la jeune femme en souriant de l'opinion de l'ancien chiffonnier sur l'art et les artistes ; — la profession de mon mari peut ne pas être aussi lucrative que certaines industries; mais elle est si honorable, elle donne lieu à de si nobles et de si glorieuses distinctions...

— Ah ! vous voulez parler de ces croix, de ces médailles, de ces tabatières que l'on envoie de tous côtés à votre *homme* ! Pardieu ! la belle affaire ; à quoi ça lui sert-il quand sa bourse est vide ? A sa place, je me moquerais bien d'avoir donné des poignées de mains à une foule de rois et de gouvernemens, si je ne pouvais payer mon terme !... Tenez, ma petite dame, — continua-t-il en prenant un ton de protection familière, — je vous dirai cela poliment, parce que je suis un homme comme il faut, mais votre mari fait des bêtises, il dépense trop. Voyez, moi : est-ce je dépense beaucoup ? deux mille francs par an, ma chère ; deux mille francs, pas davantage ! et cependant, ma parole d'honneur ! je ne me refuse rien. A la vérité j'ai de bonnes habitudes, et je ne sais comment je pourrais m'y prendre pour gaspiller un sou de plus chaque année. Au lieu de cela, votre mari m'a emprunté en moins de deux ans près de vingt mille francs, qu'il m'a hypothéqués sur votre mobilier, et ces vingt mille francs, avec ce qu'il a pu se procurer ailleurs ou gagner par son travail...

— Vingt mille francs ! — s'écria madame de Salviac avec un accent douloureux ; — la somme est-elle donc si forte ?

— Elle est telle que j'ai l'honneur de vous le dire, madame : vingt mille francs avec les intérêts à sept et demi ; tout cela est parfaitement en règle... Maintenant, si votre mari n'est pas en mesure d'acquitter aujourd'hui les termes échus, il me faudra poursuivre le remboursement des deux sommes à la fois, et, sur ma parole ! — continua-t-il en jetant autour de lui un regard d'huissier priseur, — je ne sais pas s'il y aura assez pour me payer. Tous ces colifichets-là coûtent fort cher et se revendent fort peu, surtout lorsqu'ils se vendent par autorité de justice.

Chacune des paroles du sec et prosaïque industriel entrait comme une pointe acérée dans le cœur de la pauvre jeune femme : l'orgueil, la colère, la terreur l'agitaient à la fois ; elle était pâle et haletante. Mais lorsqu'elle entendit l'ancien chiffonnier annoncer avec son flegme glacial l'impitoyable détermination qu'il avait prise, l'épouvante l'emporta, et elle s'écria en joignant les mains :

— Oh ! vous ne ferez pas cela, monsieur Bambriquet ! vous ne seriez pas assez méchant pour user envers nous de votre terrible droit !... Savez-vous que des poursuites, une saisie nous feraient perdre notre considération ? Nous ne pouvons pas, nous ne devons pas avouer une gêne que des ennemis attribueraient à l'imprudence, à la légèreté. Ecoutez : Edouard est aventureux, hardi, plein de confiance dans l'avenir ; il a toujours voulu me cacher ce qu'il y a de triste sous les brillans dehors de sa position ; il m'a entourée de luxe et de bien-être, et, comme une enfant, j'ai joui de ces avantages sans m'informer à quel prix ils étaient achetés. Mais enfin je lui ferai comprendre le danger, et il cédera à l'évidence. Nous avons des amis puissans : vous serez payé intégralement, je vous l'assure,.. mais, de grâce, ne nous poursuivez pas en ce moment ; laissez-nous le temps de nous reconnaître. Notre existence est une loterie où le billet gagnant peut sortir d'un moment à l'autre... ayez un peu de patience. Mon Dieu ! je mourrais de chagrin, si je voyais un homme de justice pénétrer ici, dans ce joli appartement où se renferment toutes mes affections, tous mes désirs, toutes mes joies. Vous n'êtes pas méchant, monsieur Bambriquet, pourquoi nous traiteriez-vous avec rigueur ? Ce n'est pas la nécessité qui vous pousse : vous êtes riche, immensément riche. Que vous importe si votre argent rentre quelques jours plus tard dans vos coffres, pourvu qu'il y rentre ?

Elle s'était rapprochée du propriétaire : les longues boucles de ces cheveux soyeux et parfumés touchaient presque l'épaule de Bambriquet ; sa voix était caressante et plaintive tour à tour : elle pleurait, elle souriait. Pour tout autre que ce grossier parvenu, elle eût été irrésistible : mais Bambriquet la regardait à peine, les yeux levés vers le plafond, il dandinait sa jambe et haussait de temps en temps les épaules avec impatience.

— Tout cela est bel et bon, ma chère dame, — répliquat-il en faisant claquer ses lèvres ; — mais je ne me laisse pas facilement cajoler et entortiller, voyez-vous ; je suis un vieux renard, moi... Vous dites que je suis riche : c'est possible ; je ne m'en cache pas, et je conviendrai même que, si je voulais faire de la dépense, je pourrais dépenser vingt fois plus que votre mari, sans me gêner ; mais ce n'est pas dans mes goûts ; je n'ai pas été élevé à ça. Cependant, si je ne veux pas moi-même mener grand train, jeter l'argent par les fenêtres, ce n'est pas une raison pour que les autres fassent les grands seigneurs à mes dépens et prennent des airs de se moquer de moi par-dessus le marché... Chacun tient à ce qu'il a ; et, si l'on aime à briller, au moins que l'on brille à ses frais, que diable !

Cette fois la femme de l'artiste perdit patience ; elle se leva et elle allait sans doute donner carrière à son indignation, lorsqu'un bruit de voiture retentit dans la cour et arrêta sur ses lèvres l'expression de sa colère.

— Monsieur, — dit-elle avec précipitation, — voilà mon mari qui rentre... je vous en supplie, ne le blessez pas ; Edouard est vif, emporté, et je crains...

— Eh ! pardieu ! — reprit Bambriquet avec humeur, — moi aussi, je suis vif, vif comme la poudre, et nous verrons bien qui cédera.

— Monsieur, de grâce...!

Mais, avant qu'elle eût pu achever, on sonna bruyamment, et presque aussitôt Edouard de Salviac entra dans le salon.

III

C'était un homme de trente-six ans, de haute taille et de l'extérieur le plus distingué. Malgré sa barbe noire taillée à la mode, malgré ses yeux pleins de feu et son front large et découvert, sa physionomie régulière exprimait la douceur et la gaieté. Il était en grande toilette, habit et pantalon noirs d'Humann, gilet blanc et cravate blanche ; sur sa poitrine brillait une brochette de croix dont il se paraît lorsqu'il devait visiter des personnages officiels.

Il entra dans le salon avec beaucoup d'aisance et de vivacité. Sa femme courut au-devant de lui d'un air d'empressement, et Bambriquet, malgré sa mauvaise humeur, fit un mouvement de corps qui à la rigueur pouvait passer pour un salut.

— Bonjour, mon ange, — dit l'artiste.

Il allait déposer un baiser sur le front de sa jeune femme, mais elle se détourna vivement en lui désignant le visiteur.

— Tiens, c'est vous, papa Bambriquet ? — reprit Salviac d'un ton familier en se jetant dans un fauteuil et en ôtant ses gants ; — je ne vous voyais pas, quoique vous soyez d'un embonpoint raisonnable. Et quel bon vent vous amène, mon gros père aux écus ?

— Père aux écus...! bon vent ! — répéta le chiffonnier avec colère. — Il s'agit de s'entendre... je suis venu pour le terme échu d'aujourd'hui.

— Voilà ce qui s'appelle entrer rondement en matière, — dit l'artiste en se mettant à l'aise dans son fauteuil, — et je reconnais là votre franchise ordinaire, papa Bambriquet. Eh bien, ma foi ! — continua-t-il négligemment, — vous arrivez mal à propos... je viens de changer mon dernier billet de banque, et j'en ai laissé une bonne moitié chez un tas de marchands. Ce sera pour une autre fois, mon respectable propriétaire.

Bambriquet se leva furieux.

— Ouais ! — s'écria-t-il ; — et c'est là tout ce que vous avez à me dire ? et vous croyez me payer avec cette monnaie-là ? Comptez-vous donc que je vous laisserai faire le grand seigneur avec...

Il n'acheva pas : Salviac se redressa tout à coup et son regard s'enflamma.

— Que signifie ce ton-là, maître Bambriquet ? — demanda-t-il en fronçant les sourcils.

— Mon ami, — s'écria la jeune femme en s'emparant de sa main, — ne t'emporte pas!... Il est vieux, il ignore les usages du monde ; d'ailleurs...

Edouard la regarda fixement :

— Que s'est-il passé, Cécile ? — demanda-t-il ; — vous avez les yeux rouges, vous avez pleuré, vous êtes tremblante... Mais je devine : cet homme a profité de mon absence pour vous effrayer, vous menacer peut-être, et comme il a conservé les manières de son ancienne profession...

— Mon ancienne profession valait bien la vôtre, — riposta le chiffonnier ; — et, pour ce qui est de mes manières, je sais me conduire aussi bien qu'un autre en société, quoique je n'aie pas appris le latin ! Je suis connu dans l'arrondissement, voyez-vous ; je suis électeur, éligible, je serai membre du conseil municipal si je veux, au lieu que vous, malgré vos grands airs, vous n'êtes rien, rien du tout, monsieur de Salviac !

— Cécile — dit le sculpteur avec un calme forcé en s'adressant à sa femme, — cette conversation ne peut continuer en votre présence ; retirez-vous, je vous prie, et laissez-moi causer avec cet insolent.

— Non, non, je ne te quitte pas, je m'attache à toi ! — s'écria Cécile en l'entourant de ses bras ; — je connais ta violence ; tu pourrais, emporté par la colère... Edouard, — continua-t-elle plus bas, — pour moi, pour notre enfant, modère-toi ; cet homme peut nous faire bien du mal.

— Oh ! les grandes phrases ne m'imposent pas ! — dit l'imprudent Bambriquet d'un air de défi ; — il n'est pas facile de m'effrayer, moi, et je veux vous dire votre fait, puisque vous ignorez qu'un honnête homme doit payer ses dettes autrement qu'avec des injures et des menaces.

— Si tu ne te tais pas, — s'écria Salviac, — je te...

Mais il se ravisa tout à coup et reprit d'une voix sombre, en se promenant dans le salon : — Après tout, il a raison ; je suis son débiteur, il a le droit de se plaindre, de se fâcher, de m'humilier... Il ne m'est pas permis de le chasser avant de l'avoir payé... Mais comment faire ?

Il s'arrêta machinalement devant la console sur laquelle était l'écrin dont nous avons parlé. Son regard, d'abord distrait et vague, finit par s'attacher sur les grandes effigies d'or et d'argent, sur les pierreries qui reluisaient dans le velours de la boîte. Frappé d'une idée, il prit le médailler :

— Monsieur Bambriquet, — dit-il d'une voix un peu altérée, — je m'étais réservé la propriété de ces honorables récompenses qui m'ont été décernées par des princes et des souverains... Ce sont des trésors que je compte léguer à mon fils... je les dépose entre vos mains. Si dans trois jours je ne vous ai pas rendu la somme que vous réclamez pour le loyer de cet appartement, ils vous appartiendront sans réserve... Prenez, monsieur, et veillez bien à ce qu'aucune parole insultante ne sorte désormais de vos lèvres.

Cécile regarda son mari avec admiration.

— Edouard, mon Edouard ! — s'écria-t-elle en s'élançant à son cou et en fondant en larmes, — que tu es noble ! que tu es grand !

Bambriquet lui-même hésitait à accepter l'offre qu'on lui faisait. Il y avait dans le maintien, dans la voix de l'artiste tant de dignité et de mélancolie que l'ancien chiffonnier, peu accessible d'ordinaire à la pitié, ne put se défendre de quelque émotion. Bambriquet, en effet, n'était ni avide ni avare ; il était riche et n'avait pas de besoins : que lui importaient donc les mille francs de Salviac ? il n'eût su qu'en faire. Mais le mobile de sa rigueur envers l'artiste était cette vile et basse jalousie qui fait qu'un individu obscur et de nulle valeur ne manquera jamais l'occasion d'humilier une personne qui lui est supérieure sous d'autres rapports. Lui, chiffonnier, voulait que cet homme d'intelligence, ce célèbre artiste, ce favori des grands seigneurs, des princes et des rois, s'abaissât devant lui. Il voulait pouvoir conter à sa servante Jeanneton et à deux ou trois vieux portiers retirés, sa société ordinaire, comment il avait malmené cet illustre dandy qui les éclaboussait tous.

Cette ignoble pensée le décida encore à ne pas refuser le douloureux sacrifice de l'artiste. Il avança la main, sans remarquer que celle de Salviac était tremblante, et s'empara de l'écrin.

— Ce n'est pas de refus, — dit-il en souriant ; — comme ça vous penserez à vous procurer de l'argent, et, lorsque vous en aurez, vous me l'apporterez, au lieu d'aller le dépenser à droite et à gauche... car il vous fond dans les doigts. Le fait est, — continua-t-il en examinant les médailles d'un air de connaisseur, — que si c'est là de bon or, si les pierreries ne sont pas fausses, il y en a pour plus de mille francs ; je vous promets de vous rendre le reste après estimation... Ah çà ! voisin, sans rancune !— Edouard lui tourna le dos d'un air de dégoût et alla s'asseoir à l'extrémité du salon.

— Comme vous voudrez, — dit Bambriquet sèchement ; — eh bien ! je me retire et je vais continuer ma tournée, mais nous nous reverrons. Les vingt mille francs seront exigibles dans quelques mois, et alors... mais *alors comme alors* ; je n'ai plus le droit de vous importuner, vous êtes chez vous ; je suis bien votre serviteur très humble.

Et il sortit en faisant claquer la porte derrière lui.

Après son départ, il y eut un moment de silence pénible entre les deux époux. Salviac était triste, embarrassé ; il n'osait regarder sa femme, comme s'il eût craint qu'elle ne lui reprochât l'humiliation qu'il venait de subir en sa présence. Sans doute Cécile le devina, car elle vint s'asseoir auprès de lui et s'empara de sa main en souriant. Le chagrin de l'artiste ne tint pas devant cette caresse ; il embrassa vivement la jolie consolatrice, et s'écria d'un ton de bonne humeur :

— Ah! bah ! n'y pensons plus... au diable le Bambriquet ! Nous sommes fous de nous affecter des grossièretés de ce rustre.

Quoique madame de Salviac éprouvât une véritable satisfaction de voir les idées de son mari prendre un nouveau cours, elle n'oublia pas ce qu'il y avait de juste dans les reproches du propriétaire, et crut le moment favorable pour dire quelques mots d'un projet de réforme.

— Quelle scène désolante, mon ami ! — reprit-elle en soupirant, — et combien j'ai souffert pendant qu'on te bravait si grossièrement chez toi et en ma présence! Pourquoi faut-il qu'un homme de cœur et de talent ait pu se trouver un moment sous la dépendance d'un vieillard aux idées étroites, au langage ignoble, comme celui qui sort d'ici ?

— Que veux-tu, ma chère, — répliqua son mari d'un air pensif; — dans notre société si bizarrement organisée, chacun doit accepter sa condition telle qu'elle est; pour nous autres, placés au sommet de l'échelle, il y a la considération, les honneurs, la gloire; pour ces gens-là, il y a l'argent... C'est un avantage qu'il leur faut laisser à ces pauvres diables de riches, bien qu'ils en abusent quelquefois.

— Oui, mon Edouard, mais cet avantage est immense, et ce qui vient de se passer m'a frappée d'épouvante pour l'avenir. Je ne l'accuse pas, je ne te reproche rien; mais cette position si brillante, acquise par ton talent, nous a jetés dans un monde dangereux pour nous; nous avons pris les goûts, les habitudes des gens riches que nous fréquentons; nous oublions que nous ne pouvons les égaler en opulence, quoique nous les égalions en désirs. Regarde où nous a conduits notre frivolité : ce beau mobilier, qui était notre seul avoir, ces objets d'art, ces élégances ne nous appartiennent déjà plus; ils appartiennent à l'homme qui était là tout à l'heure, à ce chiffonnier enrichi; tu viens de lui sacrifier jusqu'à cet écrin que j'eusse voulu conserver à notre fils au prix de mon sang.

— Voilà bien les femmes avec leurs exagérations continuelles ! — s'écria l'artiste; — si je suis le débiteur de ce vieux manant, je le payerai, que diable! Demain je me procurerai les mille francs qu'il exige, et je retirerai mes médailles de ses mains; j'y tiens, je pense, autant que personne... Mais laissons cela, ma Cécile, — continua-t-il d'un ton plus doux; — tous les Bambriquet de la terre ne parviendront pas à me ravaler aussi bas qu'eux-mêmes, et surtout ne m'empêcheront pas de t'aimer.

— Oh! je le sais bien, — dit Cécile avec un accent de cajolerie charmante, en laissant tomber sa tête blonde sur l'épaule de son mari; — mais au moins, Edouard, promets-moi que tu seras désormais plus économe.

— Je te le promets, mon ange; nous réformerons beaucoup de choses. Il faut songer à l'avenir de notre enfant, de notre cher petit Jules... Il ne doit pas végéter plus tard dans les derniers rangs de la société, et le nom que je lui léguerai sera peut-être difficile à porter.

— Oh! que tu es gentil! Eh bien! mon ami, laissons ce sujet qui m'attriste et peut-être te décourage; parlons d'autre chose. As-tu vu l'ambassadeur ?

— Je l'ai vu et il m'a reçu de la manière la plus flatteuse; mais..

— T'a-t-il accordé la commande du monument de Dresde ?

— Il m'a répondu d'une manière évasive. Au diable les diplomates! Il ne m'a pas refusé positivement, mais il m'a dit qu'il en écrirait à son souverain : ce procédé ressemble fort à de l'eau bénite de cour.

— Mon Dieu ! Edouard, quelqu'un t'aurait-il desservi auprès de Son Excellence ?

— Je ne crois pas; l'ambassadeur a déjà reçu sans doute des demandes de mes confrères. Heureusement j'espère avoir d'ici à quelques jours un puissant protecteur auprès de lui, et alors je serai sûr de l'emporter sur mes rivaux.

— Un protecteur... et qui donc, mon ami ?

— Le prince de Z...; sa famille est une des familles historiques de France, et il est véritablement le roi du faubourg Saint-Germain : or tu sais que les cours d'Allemagne ont toujours plus de sympathies pour nos grands noms aristocratiques que pour les hommes du jour. Le prince est donc l'ami personnel de l'ambassadeur, et, s'il veut bien s'intéresser à moi, j'aurai l'honneur d'attacher mon nom au monument projeté.

— Oui, mon Edouard, mais tu ne connais pas monsieur de Z... ?

— Le bon vieux comte de Montreville doit me présenter à lui dès qu'il sera de retour, car le prince voyage une partie de l'année. On annonce son arrivée prochaine, et monsieur de Montreville ne doute pas qu'il ne s'emploie activement pour moi auprès de l'ambassadeur.

— Dieu le veuille, Edouard ! reprit Cécile avec mélancolie; s'il nous a manqué parfois quelque chose, ce n'a jamais été l'espérance.

— C'est toujours cela, — dit gaiement l'artiste en se levant; — mais je vais quitter ce costume de cérémonie et aller voir ce que font ces drôles à l'atelier... A propos, ma chère, le comte de Montreville ouvre ses salons dans un mois, et il inaugurera ses soirées par un bal magnifique; il m'a fait promettre que nous nous y rendrions.

— Ah! mon ami, encore de la dépense au moment où tu viens de prendre la résolution...

— Songe donc, ma chère, que nous ne pouvons désobliger ce digne comte de Montreville; il nous aime tant ! D'ailleurs, c'est lui qui doit me présenter au prince; peut-être même le prince sera-t-il arrivé pour ce jour-là, et ce sera une excellente occasion pour lier connaissance avec lui... Que diable ! il faut tenir son rang et subir les nécessités de sa position ! Quant à la dépense, ne t'inquiète pas, j'y ai déjà pourvu. En revenant, j'ai passé par hasard dans la rue de la Paix; j'ai profité de l'occasion pour entrer chez ta couturière, et, je t'ai choisi deux robes magnifiques, dont tu seras contente; l'une est en velours épinglé et l'autre..

— Tu as fait cela, Edouard ? — dit Cécile avec chagrin, — et c'est ainsi que tu réalises nos plans d'économie ?

— Et c'est ainsi que vous me remerciez, madame ? — reprit Salviac un peu piqué; — soyez donc gentil avec les femmes... elles sont aussi ingrates que capricieuses, et ce n'est pas peu dire.

— Edouard, mon bien-aimé ! — répliqua madame de Salviac en l'embrassant, — ne m'accuse pas d'ingratitude; je n'ai pas mérité ce reproche, moi que tu as épousée sans fortune, lorsque tu pouvais, avec ta réputation... Mais je laisse ce sujet qui te déplaît. Et dis-moi, — continua-t-elle, sans songer à l'inconséquence de ses paroles, — de quelle couleur est-elle, cette robe de velours ?

— Bleue, avec des fleurs d'argent... Vois-tu ma chère, je rêve là-dessus des volans de guipure dont je te ferai les dessins.

— Oui, — répliqua la jeune femme ingénument, — et je mettrai des nœuds de velours pareils dans mes cheveux.

— Il le faudra bien, si je ne puis te donner une aigrette en diamans, qui serait d'un effet charmant avec cette mise.

— Des diamans ! ô mon Edouard, que tu es bon ! Je serai si contente d'être belle pour toi !

Les jeunes époux avaient oublié entièrement et le propriétaire, et son insolence, et ses menaces. Tout à coup un violent coup de sonnette se fit entendre: au même instant un pas lourd retentit dans l'antichambre, et un homme entra sans se faire annoncer. C'était encore Bambriquet.

Cécile et son mari restèrent muets de surprise. L'ancien chiffonnier déposa sur la table le médailler dont il s'était nanti, et dit presque avec politesse :

— Excusez, mes chers voisins, je ne vous dérangerai pas longtemps. Monsieur de Salviac, voici les bijoux que vous m'aviez confiés; vous pouvez voir, — continua-t-il en ouvrant l'écrin, — qu'ils y sont tous et qu'ils sont intacts: je vous les rends; de plus, voici les quittances des deux termes échus de votre loyer; je déclare que vous ne me devez rien pour cet objet, tout en réservant mes droits pour les autres sommes dont vous m'êtes encore redevable.

Salviac et Cécile l'écoutaient avec autant d'étonnement que s'ils eussent entendu parler tout à coup un muet de naissance.

— Que signifie ceci, monsieur Bambriquet ? — demanda Edouard, — et comment avez-vous si complètement changé en quelques instans ?

— Monsieur, — dit Bambriquet avec son emphase accoutumée, — je suis un homme d'honneur, un homme comme il faut, et je sais reconnaître mes torts quand j'en ai. Peut-être tout à l'heure ai-je été un peu vif, et...

— Vous êtes incapable d'un repentir, — interrompit Salviac, — ou, si vous l'avez éprouvé réellement, je n'accepterai aucune grâce en dédommagement de votre impolitesse. Reprenez cet écrin, monsieur, reprenez ces quittances; je ne veux rien de vous.

— Eh bien! comme je ne veux rien de vous non plus, ni de personne, je ne les reprendrai pas... Puisqu'il faut le dire, je suis payé.

— Payé! — répéta l'artiste en rougissant; — qui a osé...?

— Voilà précisément ce que je ne puis vous dire; j'ai promis à la personne en question de ne pas la nommer, et je ne sais si je me trompe, mais je crois qu'elle n'aime pas à être contrariée.

— Dans ce cas, monsieur, n'en parlons plus... reprenez tout ceci. Je suis encore votre débiteur.

— Diable d'homme, va! — dit Bambriquet à demi vaincu; — c'est qu'il est si têtu! Ma foi j'vogue la galère! je vais vous conter l'affaire. Il était convenu que j'agirais comme si la chose venait de moi... Je m'y suis pris, je pense, assez adroitement, mais vous n'avez pas voulu me croire. Sachez que celui qui a payé, c'est...

— Mais qui donc enfin?

— Monsieur Moreau, le locataire du petit appartement situé au dessus du vôtre.

— Monsieur Moreau! — dit Cécile avec vivacité; — comment! cet homme extraordinaire que l'on ne voit pas, qui ne sort que la nuit?

— Lui-même.

— Mais je ne le connais pas, — s'écria Salviac, — je ne l'ai jamais vu, et je ne comprends pas quel intérêt il peut prendre à mes affaires.

— Je n'en sais pas plus que vous à cet égard, — dit le propriétaire en cherchant une prise de tabac dans la poche de son gilet (car Bambriquet, comme Napoléon, n'avait pas de tabatière); — mais si vous voulez me permettre de m'asseoir, je vais vous narrer la chose telle qu'elle s'est passée.

Et, sans attendre la permission qu'il demandait, il se campa gravement dans un fauteuil.

IV

Les yeux des deux jeunes gens pétillaient d'impatience. Bambriquet, après avoir aspiré sa prise de tabac, reprit avec son emphase ordinaire:

— C'est donc pour vous dire qu'en vous quittant je suis monté chez ce monsieur Moreau pour lui présenter sa quittance. Sa femme de ménage était absente, et m'a laissé carillonner longtemps à sa porte. Comme je sais qu'il ne sort jamais pendant le jour, je n'ai pas perdu courage, si bien qu'il a fini par venir m'ouvrir lui-même; mais si vous aviez pu voir le regard qu'il m'a jeté en me reconnaissant, parole d'honneur! j'en étais interloqué. Cet homme-là a vraiment l'air d'un roi, quoique ce ne soit peut-être pas grand'chose, après tout... mais personne n'en sait rien. Toujours est-il qu'il m'a demandé du haut de sa grandeur, avec une voix que je ne saurais imiter:

« — Que voulez-vous? pourquoi venez-vous me déranger? » Je ne savais trop où j'en étais; cependant je lui ai dit quelques mots au sujet du loyer, et aussitôt il s'est radouci. « Fort bien, » a-t-il répondu, en souriant, « j'ai tort. C'est aujourd'hui jour de... comment appelez-vous cela? jour de terme, je crois.. Eh bien! monsieur, je suis à vous. » En même temps, sans m'inviter à entrer, sans m'offrir un siége, il m'a laissé seul dans l'antichambre. Je trouvais cela drôle; mais c'est un original à qui l'on passe tout. Il est revenu au bout d'un moment. » Monsieur le propriétaire, » m'a-t-il dit cette fois d'un ton assez aimable, « je vais faire un voyage de cinq ou six mois, et j'ai l'habitude de payer ces six mois d'avance; m'avez-vous apporté les quittances?

« J'avais prévu le cas, et j'ai tiré de ma poche les quittances en question; aussitôt il m'a compté...

— Mais, monsieur, interrompit Salviac brusquement, tout cela ne me regarde pas; vous ne parlez que de vos affaires à vous.

« — Un peu de patience, monsieur, nous voici à ce qui vous regarde.

« Depuis longtemps je voulais savoir ce que c'est que ce monsieur Moreau si cachottier, et lui tirer, comme on dit, les vers du nez (je demande pardon à madame de l'expression); on est bien aise de connaître les gens que l'on a chez soi, aussi, lorsque j'ai compté l'argent, ai-je voulu entamer un brin de conversation. Je lui ai demandé des nouvelles de sa santé, si le quartier lui plaisait, si la maison était tranquille; il répondait par *oui* et par *non*, et tenait toujours la porte, comme s'il eût été impatient de me voir partir; mais je n'avais pas l'air d'y faire attention. Enfin, ne sachant plus comment continuer la conversation, je lui ai montré la boîte que j'avais encore à la main.

« — Pardieu! monsieur, — lui ai-je dit, — on est heureux d'avoir des personnes comme vous pour locataire; on n'est pas forcé de devenir prêteur sur gages contre sa volonté... »

— Vous avez dit cela, monsieur Bambriquet? — interrompit encore Édouard indigné.

— Je l'ai dit; qu'est-ce que cela faisait? Il ne vous connaissait pas; je ne vous avais pas nommé... D'abord il m'écoutait à peine, cependant, quand j'ai ouvert la boîte, il a regardé avec attention et...

— Il a vu mes médailles! il a vu mon nom! — s'écria Salviac hors de lui; — misérable! t'avais-je confié ce précieux dépôt pour en faire un trophée?

— Pardieu! le beau malheur, quand j'aurais montré à un bon bourgeois ce que vous étalez dans votre salon aux yeux de tous les visiteurs! Je ne vois pas que l'affaire ait tourné si mal pour vous.. Mais si vous m'interrompez encore je ne finirai jamais. Donc monsieur Moreau a examiné ce grand médaillon d'or qui vous vient de je ne sais quel empereur de Russie, et tout à coup il s'est écrié avec étonnement:

« — Édouard de Salviac! Est-ce vraiment le célèbre sculpteur qui a été forcé de remettre entre vos mains un gage de cette importance?

« — Certainement, — ai-je répondu; — c'est Édouard de Salviac, mon ami, qui demeure à l'étage au dessous de vous.

« Mon original n'a rien répondu d'abord; il avait l'air de penser; une espèce de sourire se montrait sur ses lèvres:

« — Ainsi donc, — a-t-il dit comme s'il se parlait à lui-même, — ils en sont là aussi les grands artistes? Pauvre époque! pauvre gloire! pauvre génie! « Je ne savais trop ce qu'il marmottait et j'allais me retirer, lorsqu'il m'a dit brusquement: « Attendez-moi. » Et il est rentré chez lui. Un moment après il est revenu et il m'a remis un billet de mille francs. « Tenez, » a-t-il dit, « rendez à monsieur de Salviac ces précieux objets dont il n'aurait pas dû se dessaisir; remettez-lui ses quittances de loyer; arrangez-vous comme vous voudrez, mais qu'il ne sache jamais d'où vient cet argent.

« — Mais, monsieur, — ai-je répliqué, — comment voulez vous qu'il ne vous rende, si...

« — Eh bien! qu'il ne me rende pas.

« — Il faudra du moins qu'il vous remercie.

« — Eh! qu'ai-je besoin de remercîments? Prenez pour vous l'honneur de cette affaire, monsieur Bambriquet, et surtout ayez soin qu'on ne m'en reparle jamais.

« Alors il s'est excusé sur des affaires qui le réclamaient et il m'a fermé la porte au nez. Il a bien fallu descendre; mais avec un homme comme vous, monsieur de Salviac, on va toujours plus loin qu'on ne veut.

Ce récit avait jeté Édouard de Salviac dans une profonde méditation.

— Ceci est inconcevable ! — dit-il enfin ; — à une autre époque, dans un temps où l'art ne répudierait pas la protection des hommes puissans, je pourrais croire qu'un grand personnage se serait fait mon protecteur à mon insu, mais au temps où nous vivons...

— Que sais-tu, Édouard, — murmura Cécile, — il y a tant de gens enthousiastes de ton talent !

— Et qui ne me prêteraient pas cinq francs sur ma signature, — dit Salviac en haussant les épaules. — Quoi qu'il en soit, monsieur, — continua-t-il en s'adressant à Bambriquet, — monsieur Moreau paraît être un galant homme, et je ne refuserai pas d'être son obligé pendant quelques heures... Je vais prendre des mesures afin que la somme qu'il vous a remise lui soit remboursée dès demain. Quant à vous, recevez mes remercîmens, si vous croyez en mériter pour votre conduite en cette affaire ; mais désormais elle sera réglée entre monsieur Moreau et moi, sans intermédiaire.

— A votre aise ! — reprit le propriétaire en se levant ; — seulement rappelez-vous bien que monsieur Moreau m'a recommandé le secret... mais je suis comme *Pilade*, moi, je m'en lave les mains, ça ne me regarde pas.

— Puisque nous sommes du même avis, — dit l'artiste en se levant aussi, — excusez-moi de ne pas vous retenir, monsieur Bambriquet ; il faut que je m'occupe sur le champ...

— Occupez-vous comme vous l'entendrez, — dit l'ancien industriel, choqué de ce brusque congé, — peut-être d'ici à peu de temps vous donnerais-je aussi de l'occupation.

Il fit un signe de tête à madame de Salviac, enfonça son chapeau sur les yeux, et sortit fièrement en marmottant des menaces. Sans l'écouter, Édouard s'assit devant un petit bureau en palissandre qui ornait un coin du salon, écrivit rapidement quelques lignes, puis il plia le papier, le mit dans sa poche et voulut sortir à son tour.

— Où vas-tu donc, Édouard ? — demanda Cécile.

— Chez notre voisin ; il faut que je le voie, que je lui parle.

— Mais...

— Laisse-moi... je veux savoir le mot de cette énigme.

Il franchit l'escalier tout d'une haleine ; parvenu à l'étage supérieur, il agita discrètement le cordon de sonnette.

Presque aussitôt un pas grave et majestueux se fit entendre dans l'intérieur de l'appartement ; puis, la porte s'ouvrant tout à coup, Salviac se trouva face à face avec son protecteur inconnu.

V

Pour la première fois Salviac pouvait examiner de près et sans obstacle ce personnage étrange dont il n'avait fait qu'entrevoir la sévère silhouette en rentrant le soir. Le visage de monsieur Moreau, débarrassé du chapeau à larges bords qui le couvrait à la promenade, indiquait un homme de trente-cinq ans au plus, quoique son air grave, son front déjà un peu chauve et quelques rides imperceptibles qui se montraient à l'angle de ses grands yeux noirs, pussent faire soupçonner un âge plus avancé. Sa taille était élevée, bien prise, et une robe de chambre en cachemire dont il était enveloppé semblait la rehausser encore. Malgré l'apparence modeste de sa position, il y avait dans ses traits une expression de dignité imposante ; on se trouvait en sa présence comme saisi de respect, sans qu'on pût deviner à quoi cet être extraordinaire devait un pareil prestige. Salviac lui-même, malgré sa grande habitude du monde, ne put se soustraire à l'influence commune. Après avoir jeté un regard rapide sur l'inconnu, il baissa instinctivement les yeux, et, pour la première fois de sa vie peut-être, il se sentit déconcerté.

De son côté, monsieur Moreau avait envisagé froidement le visiteur, et sans doute il n'avait pas eu de peine à deviner qui il était. Le costume de cérémonie que portait encore l'artiste, les nombreuses décorations qui ornaient sa poitrine, avaient dû lui faire reconnaître son illustre voisin. Cependant il ne répondit pas d'abord, et continua de tenir son regard perçant attaché sur Salviac. Ce silence rendit au sculpteur un peu de sa présence d'esprit.

— Monsieur, — balbutia-t-il, — c'est vous, je pense, qui tout à l'heure...

— Ce grossier bourgeois m'a manqué de parole ! — interrompit monsieur Moreau d'un ton de colère. Puis se reprenant tout à coup, il dit à Salviac, avec moins d'amertume : — Au fait, je suis coupable ; je devais m'attendre à ce qui arrive quand j'ai voulu trancher du Mécène... Entrez donc, monsieur de Salviac, puisque moi-même je vous ai donné le droit de violer ma retraite absolue.

En même temps il se rangea de côté pour permettre à l'artiste d'entrer. Salviac, peu satisfait de ces paroles d'introduction, hésitait encore ; mais un geste impérieux, quoique poli, le décida à suivre monsieur Moreau dans l'intérieur de l'appartement, sans qu'il pût s'expliquer comment ce particulier obscur lui imposait, à lui qui avait eu des entretiens avec des rois et des empereurs.

On venait d'entrer dans une sorte de petit salon ou de cabinet de travail dont les fenêtres donnaient sur la cour. L'ameublement était des plus simples ; un bureau d'acajou, un fauteuil à la Voltaire, un lit de repos recouvert en damas, en étaient les pièces principales ; une petite bibliothèque contenait quelques volumes proprement reliés. Du reste, aucune trace de ce goût pour l'embellissement et pour le bien-être qui révèle l'affection du locataire pour son appartement. Monsieur Moreau semblait avoir l'indifférence du voyageur qui s'inquiète peu si la chambre d'auberge qu'il occupe sera, seule nuit est plus ou moins commode, plus ou moins ornée. Les murailles étaient nues ; quelque chose ne semblait déposée que temporairement à la place où elle se trouvait ; seulement, au-dessus du bureau, précisément en face du fauteuil où s'asseyait habituellement l'habitant de ce réduit, était un tableau représentant un Christ sur la croix, et Salviac reconnut tout d'abord une œuvre de maître. Sur le bureau, un livre ouvert trahissait l'occupation de monsieur Moreau au moment où il avait été dérangé. La place qu'il désigna à l'artiste par un geste silencieux était si rapprochée du bureau que Salviac porta involontairement les yeux sur le livre, objet des méditations de son hôte : c'était Montesquieu.

Cet intérieur qui prêtait tant aux suppositions, les manières graves de monsieur Moreau, contribuaient non moins que le motif humiliant de sa visite à mettre le sculpteur très mal à l'aise. Moreau prit place en face de lui, et l'examinait encore de son regard froid et inquisiteur.

— Monsieur, — dit enfin Salviac avec effort, — vous ne pouvez ignorer... vous savez sans doute...

— Le motif de votre visite ? je puis du moins le soupçonner.

— Vous ne devez pas être étonné si...

Le mystérieux voisin parut enfin avoir pitié de son interlocuteur ; un merveilleux changement s'opéra dans toute sa personne. Cette raideur compassée, cette austérité glaciale qui semblaient être le caractère de sa physionomie, disparurent pour faire place à une expression de bienveillance et de politesse.

— Allons, monsieur, — dit-il, d'un air enjoué, — je suis pris en flagrant délit d'inconvenance, et vous venez me demander compte de ma faute... Eh ! que pouvait-on attendre d'un solitaire farouche, d'un sauvage tel que moi ? Enfin, je l'avoue, en apprenant, par l'indiscrétion d'un malhonnête homme, que le grand sculpteur Édouard de Salviac, une de nos gloires nationales, se trouvait dans un pressant besoin d'argent, j'ai eu l'amour-propre, moi petit bourgeois, petit rentier obscur, de lui venir en aide à son insu ; c'était bien de la présomption, j'en conviens ; aussi, pour l'effacer, suis-je prêt à subir toutes les conditions qu'il pourra plaire à monsieur de Salviac de m'imposer.

Cette manière adroite et délicate d'intervertir les rôles, de sorte que l'obligé semblait être le protecteur, ne fut pas perdue pour Edouard. Il retrouva son assurance, et, plein d'enthousiasme pour le procédé généreux de Moreau, il lui dit avec chaleur :

— Les conditions que je vous imposerais d'abord, monsieur, seraient de recevoir mes remercîmens et de me regarder désormais comme votre ami.

— Là, là ! — répliqua le singulier personnage avec une légère ironie, — vous avez bien l'imprudence et la hardiesse de vos pareils... vous m'offrez votre amitié quand vous n'avez, j'imagine, sur ma personne que des données vagues et passablement suspectes.

— Monsieur, — s'écria Salviac avec vivacité, — il y a dans vos actions quelque chose qui ne peut tromper ! Sans vous connaître, je vous offre mon amitié, parce que je suis sûr que la vôtre est précieuse. — Ce compliment ne parut pas déplaire à monsieur Moreau, qui s'inclina, mais sans rien dire. Edouard reprit avec moins d'assurance : — Je ne rougirai pas, monsieur, de la position humiliante, je dirai plus, ridicule, où je me trouve... Un homme tel que vous a trop réfléchi sur les exigences de certaines positions sociales pour ne pas s'expliquer facilement...

— Et pourquoi en rougiriez-vous ? — interrompit monsieur Moreau en s'animant; — vous avez raison, monsieur de Salviac, de penser que je ne suis pas arrivé bien près de l'âge mûr sans avoir reconnu une des plus vives, des plus douloureuses plaies de cette société telle qu'on nous l'a faite. Croyez-vous donc, vous autres artistes, avoir seuls à souffrir de ces positions bâtardes qui ne sont ni l'opulence ni la médiocrité, qui ont les besoins dévorans de l'une et les misérables ressources de l'autre ? croyez-vous être seuls obligés de cacher sous de brillans dehors une indigence réelle, depuis que rien n'est plus à sa place, depuis que les rangs, les castes, les conditions se trouvent confondus ? Regardez autour de vous : fonctionnaires, magistrats, publicistes, hommes d'intelligence et d'ambition, voyez-les tous maudissant d'honorables positions qui leur imposent des goûts, des habitudes, des dépenses incompatibles avec leurs revenus ! Voilà ce qu'a fait le progrès. La société entière est partagée en deux classes : l'une qui possède la richesse, et l'autre qui est forcée de paraître la posséder. Ne vous plaignez donc pas, monsieur, de vous trouver dans une immense catégorie qui renferme tout ce qu'il y a encore de grand, de généreux, parmi nous, et, quelque triste que soit la part qui vous est faite, songez qu'il est une condition plus triste, plus navrante encore.

— Et laquelle, monsieur ? — demanda Edouard, que les observations du solitaire avaient rendu pensif.

— Celle de la vieille et illustre noblesse de France qu'ils ont condamnée à périr, — répliqua Moreau d'une voix sourde et vibrante ; — ce que la guillotine révolutionnaire n'a pu faire, la division des fortunes le fera. Dans moins d'un siècle peut-être, l'œuvre sera accomplie, et alors ce sera un malheur de naître noble, comme aujourd'hui dans l'Inde de naître paria. La noblesse devra se résigner à l'industrialisme ou à la pauvreté ; dans les deux cas, elle n'existera plus. Oui, monsieur, il est une position encore plus déplorable que la vôtre au temps où nous vivons, c'est celle d'un homme qui, ayant hérité un nom illustre d'une longue suite d'aïeux, se voit dans l'impuissance de soutenir le rang de ses pères ; ce nom devient pour lui un fardeau qui excède ses forces ; heureux s'il peut le porter sans chute jusqu'à la fin !

En parlant ainsi, il s'était levé et se promenait avec agitation dans son cabinet, comme s'il lui eût été impossible de discuter froidement de pareilles matières.

— Monsieur, — dit Salviac avec cordialité après un moment de silence, — il ne m'appartient pas de chercher à pénétrer vos secrets, car je n'ai aucun titre à votre confiance ; cependant il me semble que des chagrins personnels ont pu seuls vous donner cette aigreur contre la société, et, si cela était, je vous plaindrais de n'avoir aucun ami pour les adoucir.

Moreau se rassit brusquement, et répondit en essayant de sourire :

— Vous prenez trop au sérieux les rêveries d'un solitaire lorsque vous ne me supposez pas détaché personnellement des intérêts dont nous parlons ; je ne suis qu'un pauvre rêveur, employant ses loisirs à réformer le monde dans son imagination. Un petit bourgeois à moitié fou tel que moi n'a-t-il pas aussi le droit de se croire le champion d'un principe ou d'une idée aristocratique ? C'est là encore une de ces conquêtes de la philosophie ; tout appartient à tous... Mais ces matières sont bien sérieuses, — continua-t-il en souriant, — et vous ne vous attendiez pas à trouver chez votre voisin un utopiste tel que moi. Vous voyez que j'ai raison de me cacher, de fuir le monde : la folie est peut-être contagieuse.

— C'est le bon sens qui est la folie aux yeux des sots, — répliqua Salviac. — Quoi qu'il en soit, monsieur, et pour en revenir au motif de ma visite, vos procédés m'ont pénétré de reconnaissance ; mais vous sentez que je puis accepter seulement à titre de prêt la somme que vous avez avancée pour moi au propriétaire de cette maison. Je vous prie donc de recevoir ce papier, en attendant que je sois en mesure d'acquitter la dette d'honneur que j'ai contractée envers vous.

En même temps il offrit à monsieur Moreau le reçu qu'il avait préparé. Monsieur Moreau le prit machinalement, comme s'il n'eût pas compris ce qu'on lui disait ; mais, après avoir jeté un coup d'œil sur le papier, il le déchira vivement.

— Me croyez-vous pétri de la même argile que l'avare usurier à qui appartient cette maison ? — dit-il avec dignité ; — je ne puis vous obliger à recevoir mes dons, puisque le talent est devenu plus fier sans devenir plus riche ; mais j'ai du moins le droit de croire à la simple parole d'un homme de cœur.

— Excusez-moi si je vous ai offensé, — reprit Edouard en saisissant la main de son interlocuteur, qui fit un mouvement comme s'il eût été surpris de cette familiarité ; — je ne pouvais deviner la noblesse et la générosité de ce voisin silencieux que je n'avais fait qu'entrevoir ; mais maintenant que je le connais, ne me sera-t-il pas permis de venir m'informer quelquefois...

— A quoi bon ? — dit monsieur Moreau d'un air mélancolique ; — ma compagnie ne peut avoir de charmes pour personne.

— Si misanthrope que vous soyez, votre solitude doit souvent vous être à charge ; consentez à descendre de temps en temps chez moi... vous semblez en proie à quelque chagrin secret, madame de Salviac et moi nous nous efforcerons de vous distraire.

Monsieur Moreau hésita un moment.

— Non, — dit-il enfin en soupirant, — je dois subir ma destinée, qui est de vivre seul. Ne cherchez pas à m'attirer chez vous, je n'y serais qu'un trouble-fête, et d'ailleurs c'est impossible.

L'artiste était un peu piqué de ce refus que rien ne motivait.

— Je pense cependant, monsieur, — reprit-il, — que nous devons nous revoir ?

— Peut-être... mais autre part, dans d'autres circonstances ; et si cela arrivait, — continua Moreau en baissant la voix, — je vous serais obligé d'oublier entièrement cette première entrevue.

Salviac resta d'abord interdit par la bizarrerie de cette recommandation ; mais l'amour-propre froissé lui rendit sa présence d'esprit.

— Nous ne nous comprenons pas, — reprit-il avec la plus exquise politesse ; — je veux dire que j'aurai l'honneur de vous voir lorsque je viendrai vous apporter la somme dont je vous suis redevable.

En même temps il s'inclina profondément et sortit, ne sachant s'il devait plus s'irriter des excentricités de monsieur Moreau que se louer de ses procédés.

L'artiste, rentré chez lui, racontait à madame de Salviac les détails de son entrevue avec son étrange voisin, quand Narcisse lui remit un billet tout humide encore que l'on venait d'apporter. Il était ainsi conçu :

« Versez, je vous prie, la somme dont il s'agit au bu-
» reau de bienfaisance de l'arrondissement, et oubliez-
» moi.

» MOREAU. »

— Quel homme inconcevable ! — s'écria Salviac. — Est-ce orgueil, est-ce générosité ? je l'ignore ; peut-être veut-il me faire comprendre que, si je suis trop fier pour accepter ses dons, il est trop fier pour les reprendre ; mais il n'importe ! j'accomplirai son vœu dès demain.

— Mon ami, — dit Cécile en étudiant la lettre avec cet instinct féminin à qui rien n'échappe, — ou je me trompe fort, ou celui qui a écrit ce billet est autre chose qu'un petit rentier... Regarde, ce cachet ne te dit-il rien ?

Salviac examina le cachet : c'étaient des armoiries de fantaisie ; seulement on lisait pour devise, en caractères parfaitement distincts : *Noblesse oblige*.

— Ce n'est qu'une banalité, — dit l'artiste avec indifférence.

— Tu crois ? — répliqua Cécile en faisant une petite moue fine et spirituelle ; — au fait, c'est possible... Attendons.

VI

Quelques jours s'étaient écoulés et Edouard de Salviac n'avait eu aucun rapport nouveau avec l'habitant du second étage. Monsieur Moreau, depuis l'entrevue dont nous avons parlé, semblait même plus farouche, plus inabordable que jamais : on le voyait à peine passer et repasser chaque soir, lorsqu'il sortait pour sa promenade ordinaire. De son côté, l'artiste, par amour-propre, ne fit aucune tentative vers se rapprocher d'un homme qui manifestait tant d'horreur pour la société. Dès le surlendemain, il lui avait envoyé par Narcisse un reçu de mille francs signé du directeur d'un bureau de bienfaisance, mais sans ajouter un seul mot de sa main, et, de son côté, Moreau n'avait fait aucune réponse, ni verbale ni écrite. Tout semblait donc fini entre les deux voisins, et Salviac, distrait par ses travaux, était déjà bien près d'oublier le personnage énigmatique dont il avait accepté un service presque malgré lui.

Pendant ce temps un grand événement avait eu lieu chez Bambriquet ; l'ancien chiffonnier s'était enfin décidé à retirer sa fille du couvent, où, disait-on, les maîtres de toute espèce n'avaient plus rien à lui apprendre. L'arrivée subite d'une femme dans cette maison, gouvernée jusque-là sans contrôle par mademoiselle Lapiquette, avait bien soulevé sans doute quelque orage intérieur, mais le bruit n'en avait pas dépassé la loge du portier ; quant aux locataires, ils avaient eu à peine connaissance de ce changement, et l'existence de la nouvelle maîtresse du logis s'était révélée seulement par quelques sons égarés de piano, quelques roulades folles poussées par une voix fraîche et pure, montant jusqu'à eux au milieu du silence de ce quartier isolé.

Le soir du second jour depuis l'arrivée de mademoiselle Elisa Bambriquet, par une nuit brumeuse et froide, on sonna d'une manière particulière à la porte de la rue. Madame Trichard, la portière, était à son poste ; dès que la porte fut ouverte, elle vit monsieur Moreau passer lentement sous le bec de gaz qui éclairait le porche de la maison. Un grand manteau, qui avec un chapeau à larges bords cachait entièrement le mystérieux locataire, lui donnait encore un air plus sombre et plus imposant que de coutume.

— Tiens, il est déjà dix heures ! — s'écria madame Trichard, qui connaissait les habitudes ponctuelles de monsieur Moreau ; — voilà *celui* du second. — Un regard jeté sur le coucou dont l'intérieur de la loge était décoré fit faire un bond d'étonnement à la digne femme. — Mais il n'est que neuf heures ! — reprit-elle tout effarée. — Ah çà ! il est donc malade ? Je m'y perds... Mais, Dieu me pardonne ! je crois qu'il ne rentre pas chez lui. Où donc va-t-il par là ? — Elle avança la tête hors du judas pratiqué dans la porte vitrée de la loge, et put s'assurer en effet que monsieur Moreau, au lieu de monter l'escalier pour gagner son appartement, traversait la cour et se dirigeait vers le corps du logis habité par Bambriquet. — Hum ! voilà du nouveau ! — grommela-t-elle ; — rentrer à neuf heures et aller chez le propriétaire ! Pour sûr, il y a quelque chose... Mademoiselle Lapiquette me le dira ce soir, si elle va voir son cousin quand le vieux sera couché. Un peu de patience !

Là-dessus madame Trichard ferma le judas et vint reprendre sa place auprès du cordon, avec une résignation tout à fait angélique dans une portière.

Comme nous l'avons dit, le corps du logis habité par Bambriquet était situé au fond de la cour, et n'avait qu'un rez-de-chaussée. A l'une de ses extrémités s'ouvrait un second porche qui conduisait au jardin et à l'atelier de Salviac. Malgré l'épais rideau dont les fenêtres étaient munies intérieurement, une teinte lumineuse brillait à celle du milieu et indiquait qu'il n'était pas encore heure indue chez le vieux rentier.

Monsieur Moreau monta les deux ou trois marches de pierre qui exhaussaient le sol du bâtiment au-dessus du pavé de la cour, et vint sonner au bouton de cuivre placé près de la porte. Un moment après on entendit un bruit de ferraille et de verrous ; puis la porte s'ouvrit, et mademoiselle Lapiquette, ou Jeanneton tout court, si mieux l'on aime, parut sur le seuil, un vieux bougeoir de fer-blanc à la main.

Mademoiselle Lapiquette était une grosse fille de trente ans environ, assez fraîche, haute en couleur, l'œil effronté ; sa toilette était surtout remarquable par de volumineux jupons, aussi bien que par un bonnet gigantesque dont les dentelles tuyautées formaient autour de sa figure ronde un triple rang de rayons entremêlés de rubans roses : on eût dit une imitation libre du soleil levant.

A la vue d'un homme enveloppé d'un manteau et de mine assez suspecte, la gouvernante allait pousser un cri d'effroi et refermer la porte ; mais le locataire, relevant la tête tout à coup, demanda d'un ton bref :

— Monsieur Bambriquet est-il chez lui ?

Lapiquette resta un moment sans répondre ; mais ce n'était plus la terreur, c'était l'étonnement qui la rendait muette. Le visiteur fronça le sourcil.

— Tiens, c'est monsieur Moreau, notre locataire ! — dit-elle enfin d'un ton hardi et familier ; — ma parole ! je vous prenais pour un voleur ; j'étais si loin de m'attendre...

— Je désire voir votre maître, — interrompit monsieur Moreau avec une hauteur qui blessa la bavarde commère.

— Eh bien ! entrez, monsieur, — reprit-elle avec humeur ; — entrez, je ne vous en empêche pas. Monsieur est là... avec sa fille. Car nous avons une fille à présent.

Le locataire traversa le corridor qui servait d'antichambre, une petite salle à manger assez malpropre, et se dirigea vers le salon, où l'on voyait de la lumière. Jeanneton le suivait, son bougeoir à la main, en grommelant quelque chose qu'il n'écoutait pas. Au moment de franchir le seuil de la porte, il ôta son manteau et, se retournant vers Lapiquette, il lui dit d'un air distrait :

— Annoncez monsieur...
Mais il s'interrompit, jeta son manteau sur son bras et entra sans façon, pendant que Lapiquette criait de sa voix la plus aigre :
— Monsieur, c'est le locataire du second qui veut vous parler. Réveillez-vous... c'est ce monsieur, vous savez bien !

Un grognement sourd répondit à cette interpellation, et Bambriquet, qui dormait au coin du feu, s'éveilla en disant :
— Voilà ! qu'y a-t-il ? Ah ! c'est vous, monsieur Moreau ? Entrez, entrez, que diable ! on ne vous mangera pas.

Moreau en effet s'était arrêté au milieu du salon, surpris sans doute à la vue de cet intérieur bourgeois où il arrivait d'une manière si inopinée.

Le salon était petit, laid, mal meublé, digne en tous points du mauvais goût de son propriétaire : il était décoré d'un affreux papier gris clair, à fleurs tricolores, du plus détestable effet ; deux ou trois sales gravures, que Bambriquet pouvait très bien avoir découvertes dans la hotte de ses anciennes pratiques, se prélassaient dans des cadres de bois noir au milieu des murailles ; une petite glace mesquine surmontait une cheminée prétendue de marbre où brillait un feu de charbon de terre. De chaque côté du foyer on entrevoyait deux antiques fauteuils, rapetassés de morceaux de toutes les couleurs ; dans l'un était négligemment étendu le maître du logis, vêtu d'une vieille redingote crasseuse et trouée aux coudes qui lui servait de robe de chambre ; l'autre était occupé un moment auparavant par la gouvernante, à en juger du moins par le gros bas de laine déposé provisoirement sur la tablette de la cheminée, et dont le peloton, dans un mouvement précipité, avait roulé jusqu'à l'extrémité de la pièce. Au centre du salon se dressait un guéridon couvert d'un châle usé en guise de tapis. Une petite lampe de cuivre garnie de son chapiteau était déposée sur ce meuble, et, dans la sphère lumineuse qu'elle répandait autour d'elle, une charmante jeune fille était assise et dessinait.

Cette jeune fille, éclairée à la Rembrandt, ressortait d'une manière poétique au milieu de cet intérieur noir, triste et misérable. La lumière, tombant d'aplomb sur son visage légèrement incliné, glissait sur son front pur, que décoraient deux beaux sourcils bien arqués, et permettait d'admirer les lignes correctes de sa physionomie. Son cou était blanc, onduleux ; sa main, qui tenait un porte-mine d'argent, avait des doigts longs et effilés, aux ongles ovales et roses. Lorsqu'elle releva la tête au bruit que fit le visiteur, son regard jaillit comme un trait de feu de dessous ses longs cils ; l'expression, la pensée, l'intelligence, rayonnaient dans ses traits. Cette jeune fille, d'une beauté si fière, si aristocratique, était mademoiselle Elisa Bambriquet ; la nature se plaît parfois dans d'étranges contrastes entre les parens et les enfans.

Du reste, si sa personne avait une grâce et une distinction extraordinaires, son costume était simple, quoique non exempt d'une innocente coquetterie. Ses cheveux, soigneusement arrangés, formaient deux bandeaux noirs et lisses qui encadraient harmonieusement le haut de son visage. Une pèlerine que l'on sentait le couvent retombait sur ses épaules, soigneusement couvertes d'une double gaze. Une robe de mérinos brun dessinait sa taille souple et élancée ; un tablier de foulard complétait cet ajustement peu dispendieux. On le voit, si le port et le visage rappelaient la fille de bonne maison, le costume était celui d'une bourgeoise qui comprend sa condition modeste et sait s'y résigner.

Mais ce que nous n'avons pas dit, c'est que déjà l'influence de cet appartement méphitique, de cette atmosphère d'égoïsme et d'avarice qu'on y respirait, semblait avoir atteint la belle et gracieuse enfant. Déjà sa gaieté, sa vivacité de pensionnaire, avaient disparu. Elle se trouvait seulement depuis deux jours dans la maison paternelle, et déjà ses traits témoignaient d'une souffrance secrète, ses mouvements décelaient la contrainte ; l'air qu'elle respirait, paraissait l'oppresser, comme s'il n'eût pas été pour elle un élément de vie. Sans doute il s'accomplissait déjà en elle un de ces désanchantemens affreux dont tant de pauvres femmes gardent le secret dans leur cœur déchiré.

Telles étaient peut-être les réflexions qui occupaient monsieur Moreau ; il avait à peine entendu les paroles grossières prononcées par Bambriquet en s'éveillant ; toute son attention était occupée pour cette belle personne, si digne d'un autre père.

VII

A la vue de l'étranger, Elisa s'était levée, et, après avoir fait une révérence en rougissant, elle s'était mise dans l'ombre, attendant qu'on lui fît connaître si elle devait rester ou se retirer. Le visiteur s'inclina poliment devant elle.

— Ne faites pas attention, — s'écria Bambriquet, qui était enfin parvenu à s'éveiller complètement, — c'est ma fille Lisa... une petite drôlesse qui m'a coûté plus d'argent qu'elle n'est grosse, soit dit sans reproche.

— Votre fille ! — répéta Moreau en jetant sur la jeune demoiselle un regard empreint d'une profonde pitié. Il se tourna brusquement vers le propriétaire. — Monsieur Bambriquet, — reprit-il d'un air distrait, — j'étais venu vous parler d'une affaire importante dont j'ai eu connaissance aujourd'hui seulement par le notaire Durand, chargé de vos intérêts ; mais je crains que le moment soit mal choisi.

— Pourquoi cela ? — interrompit le chiffonnier avec aigreur ; — maintenant que me voilà éveillé, vaut autant aujourd'hui que demain... Quelle affaire avez-vous avec mon notaire ? Voyons, mon cher monsieur Moreau, asseyez-vous et contez-moi cela... Jeanneton, apporte une chaise à monsieur Moreau.

— Votre fille est debout, elle pourrait se déranger aussi bien que moi, — dit Jeanneton, qui tisonnait le feu ; — je ne peux pas tout faire à la fois.

— Allons, allons, ne te fâche pas ; Lisa va donner un siège. Reprends ta place auprès du feu, car tu finirais par t'enrhumer ; les soirées sont si froides !... Toi, petite, — ajouta-t-il en se tournant vers sa fille, — continue ton barbouillage, puisque ça t'amuse ; et cependant ce n'est pas la peine de gâter du beau papier pour cela. — Monsieur Moreau observait tout d'un air de stupéfaction : ce qu'il voyait semblait bouleverser ses idées sur les convenances sociales et les affections de famille. En recevant un siège des mains de la charmante jeune fille tout émue de l'affront qu'elle venait de supporter, il fut sur le point de donner jour à son indignation ; mais une réflexion l'arrêta sans doute, car il ne dit rien et s'assit en soupirant, pendant qu'Élisa, reprenant sa place devant le guéridon, baissait la tête sur son dessin avec abattement. — Eh bien ! qu'y a-t-il, mon cher locataire ? — reprit Bambriquet ; — vous n'êtes pas homme à me déranger si tard pour une bagatelle ; parlez sans gêne... on est tout à fait sans façon chez moi ; que la présence de ces femmes ne vous arrête pas, ça ne comprend rien aux affaires... ce sera pour elles comme si vous parliez grec.

— Eh ! qui sait, — dit la gouvernante avec une intention méchante, — si votre Lisa, qui est si savante, ne comprend pas aussi cette langue-là ?

Cette fois la jeune fille laissa tomber son porte-crayon, et, tournant vers Bambriquet ses yeux remplis de larmes, elle murmura d'une voix plaintive :
— Mon père ! mon père !

Le vieillard parut embarrassé, et il hésitait à se pro

noncer entre sa fille et mademoiselle Lapiquette, quand Moreau, ne pouvant plus se contenir, vint en aide à la charmante créature opprimée.

— Vous avez, monsieur Bambriquet, — dit-il avec un profond et froid dédain, — une domestique bien familière et qui sait aussi peu ce qu'elle doit à ses maîtres que ce qu'elle doit à vos hôtes.

Mais le reproche que contenait cette phrase contre l'insolence de Jeanneton ne fut compris sans doute que d'Élisa; elle remercia Moreau d'un regard. Quant à la gouvernante, sans se rendre bien compte de ce qu'on lui voulait, elle avait déjà posé ses poings sur ses hanches et allait partir comme un cheval échappé, lorsque Bambriquet, prévoyant l'orage, lui dit brusquement :

— Tais-toi. N'aurai-je donc jamais la paix? Voilà que vous vous êtes ensemble depuis deux jours seulement, et déjà vous ne pouvez vous entendre. Vous savez bien que je vous ai défendu de vous quereller, que diable !

— Nous quereller, mon père? — dit la jeune fille avec dignité; — entre votre gouvernante et moi il ne peut y avoir de querelle.

— L'entends-tu? — reprit Bambriquet, se méprenant sciemment peut-être sur le sens de ces paroles et en se tournant vers Lapiquette, — elle y met du sien, cette petite ; c'est toi qui la taquines toujours.

— Ah ! par exemple, — s'écria Jeanneton vivement, — allez-vous donner raison contre moi à cette...?

— Tais toi ! — répéta Bambriquet, et cette fois d'un ton qui n'admettait pas de réplique. — C'est ma fille, après tout, et je prétends que... que vous vous aimiez. Ne m'échauffe pas trop la bile, Jeanneton, tu sais qu'il n'en résulterait rien de bon. — La gouvernante fit une affreuse moue, mais elle n'osa rien ajouter pour le moment, et se remit à tricoter son bas avec précipitation. Élisa avait déjà repris son dessin. — Hum ! — fit Bambriquet en cherchant dans sa poche une prise de tabac, — c'est vraiment l'enfer, cette maison-ci, depuis qu'il y a deux femmes; on me fera perdre la tête ! Mais revenons à notre affaire, mon cher locataire. Vous disiez donc... Tiens, mais pourquoi vous levez-vous? voulez-vous donc nous quitter déjà?

En effet, monsieur Moreau se disposait à sortir.

— Monsieur Bambriquet, — dit-il d'une voix ferme et sans même chercher à dissimuler le mépris que lui inspirait son interlocuteur, — il ne me reste plus rien à faire ici. J'ai appris aujourd'hui que, par l'entremise de nos gens d'affaires, et bien à mon insu, je vous l'assure, j'étais en rapport d'intérêts avec vous. Ce que je savais vaguement de votre personne, de votre caractère, n'était pas de nature à me donner le désir de rendre ces rapports plus directs; cependant je ne pouvais vous supposer tel que je vous ai vu ce soir, et, surmontant de violentes répugnances, je me suis décidé à venir vous adresser des propositions que je crois inutiles maintenant. Décidément nous ne pourrions nous entendre, et je ne veux pas compromettre plus longtemps ce qui ne doit pas être compromis. Je laisse donc aux personnes chargées de vos intérêts et des miens le soin de régler l'affaire qui m'amenait ici, et je me retire.

L'ancien chiffonnier fut abasourdi par cette allocution sévère, dont cependant il ne pénétrait pas entièrement le sens.

— Ah çà ! que diable me chantez-vous là ? — s'écriat-il, — et comment savez-vous que nous ne pourrions nous entendre, puisque vous ne m'avez pas appris de quoi il s'agissait ? Quel drôle d'homme vous êtes ! c'est donc pour me dire cela que vous venez carillonner à ma porte à dix heures du soir ?

— J'avais en effet quelque chose à vous dire encore ; c'est que vous pouvez considérer comme vacant l'appartement que j'occupe chez vous ; je compte le quitter prochainement et pour toujours.

— Vous me donnez congé? A votre aise, monsieur, à votre aise ; seulement vous ne me paraissez pas bien au courant des usages en pareil cas, et l'on dirait que vous n'avez jamais donné congé; les choses ne se passent pas tout à fait ainsi.

— Eh ! qu'importe ! mais je m'informerai des formalités d'usage, et je les remplirai.

En ce moment un violent coup de sonnette se fit entendre.

— Encore ? Qui peut nous venir à pareille heure ? — dit le propriétaire avec humeur. — Va voir, Jeanneton ; on prend donc ma maison pour une auberge ?

Jeanneton se leva en rechignant. Monsieur Moreau voulut profiter de l'occasion pour s'éloigner; mais comme il s'approchait d'Élisa pour la saluer, la personne à qui la gouvernante était allée ouvrir entra brusquement dans la salle : c'était Édouard de Salviac.

La présence de l'artiste était aussi extraordinaire que celle de monsieur Moreau lui-même chez Bambriquet. L'homme célèbre n'avait aucune sympathie pour son propriétaire, et l'on se souvient de la discussion extra-parlementaire qui avait lieu entre eux peu de jours auparavant au sujet du loyer. Il fallait donc pour qu'il se fût décidé à pénétrer si tard chez son inexorable créancier. En effet, ses traits étaient altérés par la colère, et il froissait convulsivement entre ses doigts une feuille de papier timbré, couverte de pattes de mouches de sinistre augure.

Cependant, à la vue des personnes réunies dans le salon, il essaya de se contenir. Il salua Moreau d'un air poli, mais froid, et, sans remarquer mademoiselle Bambriquet, que du reste il ne connaissait pas, il s'avança vers le maître de la maison. Bambriquet s'écria tout haut d'un ton railleur en l'apercevant :

— Oh ! pour celui-là, je sais ce qui l'amène ! Eh bien ! mon cher, vous avez donc reçu de mes nouvelles ? mon huissier est vraiment un homme expéditif... Eh ! eh ! vous devez commencer à comprendre qu'il en coûte quelquefois de faire le méchant.

L'artiste, exaspéré, ne sut plus se modérer.

— Vieux coquin ! — s'écria-t-il en fureur, — je voulais vous ménager; mais, puisque je suis provoqué, je vous dirai que vos procédés envers moi sont infâmes et que vous méritez...

— Pas de gros mots, je vous prie ! — interrompit Bambriquet; adressez-vous à mon avoué ou bien à mon huissier si vous avez des réclamations à élever au sujet de ma créance... et ne venez pas ainsi violer mon domicile.

— Monsieur, je dois m'en prendre à vous de la brutalité de vos mandataires, car ils ne font qu'obéir à vos ordres. Vous n'agissez pas comme un homme d'honneur en abusant, sans me prévenir, des humilians avantages que vous avez sur moi.

— Un homme d'honneur ! — répéta Bambriquet rouge de colère ; — je suis plus homme d'honneur que vous, monsieur le mange-tout! Je n'ai pas de dettes, moi; je ne dois rien à personne, au lieu que vous qui faites le faraud avec vos croix...

— Misérable ! — s'écria l'artiste en s'avançant vers lui d'un air menaçant, — tu oses m'insulter ? — Un cri de frayeur poussé par la jeune demoiselle l'arrêta tout à coup. Il se retourna et la regarda fixement : — Vous êtes sa fille, — dit-il avec une intonation de voix mélancolique; — je l'ai deviné à ce cri du cœur... Excusez-moi, mademoiselle, si j'ai donné carrière en votre présence à tout mon mépris pour une personne qui vous touche de près.

Pendant la scène précédente, monsieur Moreau était resté immobile, silencieux, insensible en apparence à ce qui se passait autour de lui. Enfin il se tourna vers l'artiste et lui dit avec cette irrésistible autorité qui s'attachait toujours à ses paroles:

— Que monsieur de Salviac m'excuse si j'interviens encore une fois dans ses affaires; ma sympathie pour sa personne et pour son talent est la seule cause de mon indiscrétion. Aussi, sans approuver les procédés violens dont il se plaint, je lui demanderai en ami si, au lieu de se répandre en injures et en menaces envers un homme qui agit dans les limites de son droit, quoique avec rigueur, il ne vaudrait pas mieux lui parler plus froidement et avec modération?

— C'est cela, — s'écria Bambriquet; — vous voyez bien les choses, monsieur Moreau; et, ma parole d'honneur! je n'aurais pas mieux dit moi-même.

Salviac se montra d'abord blessé de cette espèce de leçon; mais son caractère loyal et franc reprit bientôt le dessus. Tendant la main à monsieur Moreau, il lui dit avec cordialité :

— Vous avez raison, monsieur, et je vous remercie de votre avertissement bienveillant. La chaleur de mon sang, la vue des larmes de madame de Salviac m'avaient égaré... Je serai donc calme, et, puisque le rôle du débiteur est de s'humilier devant son créancier, — continua-t-il avec amertume, — je dirai à monsieur Bambriquet que *je le prie* (il appuya sur le mot) d'interrompre les poursuites commencées, et de m'accorder encore un peu de temps afin que je puisse réaliser la somme dont je lui suis redevable.

Sans doute ces paroles avaient coûté à la fierté de l'artiste, car sa voix s'altéra vers la fin. Moreau fit un signe d'approbation.

— J'aime mieux ça ! — dit Bambriquet d'un ton protecteur; — vous voyez, mon cher locataire, que, lorsqu'on est dans son tort, il faut finir tôt ou tard *par mettre les pouces*. Eh bien ! puisque vous êtes raisonnable, je ne me montrerai pas trop dur avec vous; je sais excuser un moment de vivacité, et je ne risque rien après tout, car il y a chez vous de quoi couvrir ma créance... Mais si je vous accorde encore quelques jours de répit, avez-vous du moins des chances de me payer, ce délai expiré?

— J'en ai, — dit l'artiste, dont cet interrogatoire blessait de plus en plus la fierté, mais qui devait céder à une nécessité inexorable; — si j'obtiens la commande du monument de Dresde, je toucherai immédiatement une somme assez forte, dont une partie sera consacrée à m'acquitter envers vous.

— Très bien; mais si la commande venait à manquer?

— Alors, monsieur, vous useriez de vos droits. L'ambassadeur de Saxe est bien disposé en ma faveur, quoiqu'il hésite encore; mais un ami personnel de Son Excellence doit arriver prochainement à Paris, je lui serai présenté, et, grâce à sa puissante recommandation, je l'emporterai sans doute sur mes rivaux.

Une émotion extraordinaire se peignit sur les traits du grave Moreau.

— Un ami de l'ambassadeur? — demanda-t-il; — monsieur de Salviac, excusez ma curiosité, mais cette personne dont vous parlez, cette personne que l'on attend à Paris, ne serait-ce pas...?

— Le prince de Z***, — dit l'artiste; — le connaissez-vous?

— Le prince de Z*** ! — s'écria à son tour l'ancien chiffonnier; — me voilà encore une bonne pièce ! Qu'il arrive, celui-là, je lui prépare un plat de mon métier.

Monsieur Moreau fronça le sourcil; mais Edouard, au risque de compromettre la bonne harmonie qui commençait à s'établir entre lui et son créancier, demanda sèchement :

— De qui parlez-vous ainsi, monsieur Bambriquet? Savez-vous que le prince de Z*** porte un des noms les plus illustres et les plus respectés de l'histoire de France, et qu'il ne vous appartient pas de parler de lui comme d'un pauvre diable d'artiste qui vous doit de l'argent?

La réponse de Bambriquet ne se fit pas attendre.

— Et c'est parce que ce fameux prince me doit de l'argent, — dit-il avec suffisance, — que je parle de lui sur ce ton-là, mon cher ! Ces nobles si orgueilleux n'en sont pas où vous croyez; ils commencent même à être diablement *bas percés!* Ce monsieur Z***, malgré son titre de prince, me doit une somme assez ronde, cent cinquante mille francs, hypothéqués sur son hôtel du faubourg Saint-Germain. Comme on ne me paye pas les intérêts, je fais poursuivre; et, lorsque le prince arrivera d'Allemagne ou d'Italie, il aura affaire à un certain monsieur Bambriquet de ma connaissance qui le mènera bon train.

Salviac ne pouvait en croire ses oreilles.

— Vous vous trompez sans doute, — reprit-il; — le prince de Z*** dont je vous parle passé pour être immensément riche; il a été colonel dans l'ancienne garde royale; quand il est à Paris, il n'est bruit que de son luxe, de ses beaux chevaux, de ses fêtes brillantes : ce ne peut être celui que vous connaissez, celui que vous tenez presque en votre pouvoir.

— Ma foi ! je ne le connais pas, je ne l'ai jamais vu; c'est mon notaire qui a arrangé ce prêt avec l'homme d'affaires du prince, et, comme l'immeuble est là pour répondre de ma créance, je ne m'en suis guère inquiété jusqu'ici. Mais je suis las d'attendre; l'expropriation aura son cours... et voilà !

Salviac voulut ajouter quelques mots; il sentit son bras serré comme dans un étau de fer par le mystérieux voisin.

— Pourquoi douteriez-vous, monsieur de Salviac ! — dit Moreau à voix basse avec une amère ironie; — pourquoi ce bourgeois, cet industriel, cet ancien chiffonnier, ne tiendrait-il pas en sa puissance la vieille aristocratie de nom comme la jeune aristocratie de talent? Laissez faire cependant; il trouvera des débiteurs qu'il ne forcera pas à lui crier merci.

Edouard regarda Moreau avec le plus profond étonnement, mais il n'osa l'interroger. Bambriquet reprit d'un air de bonhomie :

— Quoi qu'il en soit, mon cher Salviac, je veux bien, pour en revenir à notre discussion, oublier l'impolitesse que vous m'avez faite le jour du terme et vos fanfaronnades de tout à l'heure. Puisque vous êtes gentil, je consens à attendre encore quelques jours avant de demander la saisie de votre mobilier... mais soyez sage, je vous en avertis; vous êtes raide, orgueilleux, et cela ne me va pas.

— Monsieur ! — dit l'artiste, qui eut une velléité de rompre sa chaîne de nouveau.

— Prenez garde ! — murmura Moreau à son oreille avec vivacité.

Edouard se contint.

— Soit, — continua-t-il; — je serai heureux de mériter par ma bonne conduite le suffrage de monsieur Bambriquet.

Le propriétaire prit pour argent comptant cette soumission douteuse et ironique.

— Allons, — dit-il en ricanant, — vous devenez raisonnable, Salviac, et avec de bons conseils on ferait de vous quelque chose... Eh bien ! monsieur Moreau, — ajouta-t-il en se tournant vers l'autre locataire, — vous voyez que je suis de bonne composition; voulez-vous enfin me dire le motif de votre visite?

— Non, — répliqua Moreau d'un ton sec.

— Et vous persistez à quitter une maison où vous êtes si tranquille, où vous pouvez vivre suivant vos goûts?

— La nécessité de la quitter est devenue pour moi plus pressante que jamais.

— Cependant vous demandiez quelques réparations ou quelques embellissemens...

La conversation fut interrompue par une exclamation d'Edouard de Salviac, qui s'était éloigné discrètement des interlocuteurs. Il avait jeté les yeux par hasard sur le dessin d'Elisa, et n'avait pu retenir un cri d'admiration.

VIII

— Ceci est vraiment merveilleux ! — disait-il avec chaleur. — Quelle pureté de lignes ! quelle finesse de dessin !

— Monsieur de Salviac, — répondit Elisa avec une timidité charmante en baissant les yeux, — les éloges d'un homme de talent, tel que vous sont trop précieux pour qu'il me soit permis de croire que je le mérite.

Bambriquet, voyant qu'il ne gagnait rien à presser monsieur Moreau, se rapprocha de sa fille et dit à l'artiste d'un air de satisfaction :

— Vous trouvez donc, monsieur, que ce n'est pas bien mal ce que fait cette petite? Ma foi! je ne sais quel mérite on peut trouver dans ces lignes noires sur du papier blanc; enfin c'est la mode; que voulez-vous? il faut bien que Lisa fasse comme les autres.

— Mais mademoiselle votre fille a déjà un admirable talent! — s'écria Salviac dans son enthousiasme d'artiste ; — voilà un croquis que ne désavouerait pas le peintre le plus célèbre. Regardez, monsieur, — continua-t-il en s'adressant à Moreau, qui se trouvait le plus près de lui, en lui présentant le dessin, — eussiez-vous pu croire une jeune demoiselle qui sort de pension capable de produire quelque chose d'aussi parfait?

— Elle ferait mieux de raccommoder les bas de son père, — grommela la gouvernante d'un ton maussade, — au lieu de me laisser toute la besogne.

Mais personne n'eut l'air d'avoir entendu cette prosaïque observation. Moreau regarda le dessin, puis le déposa sur la table en disant froidement :

— C'est merveilleux!

L'artiste jugea que le mystérieux personnage ne s'y connaissait pas; mais cette froideur n'était qu'apparente, car monsieur Moreau reprit le croquis, l'examina longtemps, et le rendit à la jeune fille en poussant un profond soupir.

— Allons, — dit Bambriquet en fourrant ses deux mains dans ses poches, — je ne suis pas fâché que les maîtres que je payais si cher ne m'aient pas volé mon argent. Eh bien! messieurs, puisque vous êtes là, il faut que vous voyiez ce que la petite sait faire... Allons, Lisa, joue-nous un air sur ton piano et chante-nous quelque chose... Ces messieurs doivent s'y connaître, et ils me diront si ton *éducation* est telle que je le voulais.

— Mon père, — dit la jeune pensionnaire timidement, — je craindrais...

— Qu'y a-t-il ? — interrompit Bambriquet avec colère; — des observations, je crois, et devant le monde encore ! Est-ce qu'on ne t'aurait pas appris, mademoiselle, que ton premier devoir est d'obéir à ton père? Je voudrais bien voir qu'une morveuse se permît de contrôler mes paroles! Allons, vite, car il est tard, et je n'aime pas les simagrées.

Les deux visiteurs s'excusèrent d'assister à l'humiliant examen qu'on voulait faire subir à la jolie enfant; mais Bambriquet croyait de sa dignité paternelle de ne pas céder.

La pauvre petite, le cœur gros et les yeux pleins de larmes, alla donc ouvrir un vieux piano d'assez piètre apparence, qui depuis son arrivée décorait un coin du salon, et se mit à préluder avec légèreté.

Dès les premières touches, les auditeurs reconnurent que ce n'était pas par ignorance qu'Elisa Bambriquet avait hésité à se rendre aux ordres de son père ; l'exécution était facile, brillante, et (chose rare dans une femme) pleine de vigueur et de puissance. Bientôt elle joignit sa magnifique voix de contralto aux sons mélodieux de l'instrument. Cette voix était juste, sonore, étendue, dirigée avec un art supérieur, et elle avait un timbre, une expression qui allaient jusqu'à l'âme. Pendant ce délicieux morceau, la noble et grave figure de Moreau exprimait un profond recueillement : celle de l'artiste, plus ardent et plus expansif, reflétait une sensation délicieuse, une admiration profonde; Bambriquet s'épanouissait de satisfaction dans son vieux fauteuil, au coin du feu, et il n'était pas jusqu'à la maussade Jeanneton qui, dans l'ombre, le cou tendu, ne parût oublier son bas et ses aiguilles à tricoter.

Lorsque le chant cessa, Salviac bondit sur son siège pour aller offrir la main à Elisa et la reconduire à sa place.

— Mademoiselle ! — s'écria-t-il avec enthousiasme, — vous n'êtes pas seulement un grand peintre, vous êtes grande musicienne et grande cantatrice... Vous me voyez ému, pénétré; je n'ai jamais rencontré tant et de si beaux talens réunis dans une personne si jeune et si belle.

Elisa rougit de plaisir ; toutefois un sourire mélancolique vint corriger l'expression de joie naïve que le triomphe avait appelé sur son visage. L'artiste continuait de lui adresser les complimens les plus flatteurs; mais monsieur Moreau ne prononçait pas un mot d'éloge et de remerciment; il restait silencieux, méditatif ; seulement son regard ne quittait pas la jeune fille.

— N'écoute pas ce beau diseur, Lisa, — reprit Bambriquet en ricanant; — ce monsieur de Salviac, vois-tu, est habitué à glisser dans l'oreille de ces dames du grand monde un tas de cajoleries qui pourraient tourner la tête à une petite fille comme toi... Cependant, — continua-t-il d'un air de complaisance, — on n'est pas fâché de voir que tu n'as pas entièrement perdu ton temps au couvent, et que tu as profité des sacrifices de la famille.

— Monsieur Bambriquet, — s'écria l'artiste impétueusement, — ne voyez pas dans mes éloges à votre charmante fille de vaines paroles de politesse; je suis vraiment transporté, confondu d'admiration. Si vous vouliez bien permettre à mademoiselle d'assister à nos soirées de cet hiver, nous serions heureux de mettre en relief ses perfections en présence d'un monde digne de l'apprécier.

— Nous verrons cela ; si nous écoutons de cette oreille, ce ne sont pas les invitations qui nous manqueront, allez! Lisa est déjà invitée à un bal qui doit avoir lieu dans un mois chez le père d'une de ses bonnes amies, un comte, rien que cela! Comment appelles-tu cette demoiselle qui t'aime tant, Lisa, et qui veut à toute force que tu ailles chez elle au bal?

— Hermance de Montreville, mon père, — dit Elisa avec un orgueil naïf, — ma meilleure amie.

— Hermance de Montreville! — s'écria Salviac, — serait-ce la plus jeune fille du digne comte de Montreville ?

— C'est elle en effet, — dit Elisa en soupirant; — pauvre Hermance ! comme nous avons pleuré lorsqu'il a fallu nous séparer !

Ce nom de Montreville fit aussi tressaillir Moreau : il demanda distraitement :

— Hermance a donc quitté le couvent? elle va donc faire son entrée dans le monde ?

— Je crois bien, monsieur, — répliqua Elisa en souriant ; — on parle même d'un mariage pour elle.

— Un mariage ! — répéta Moreau. Puis il se tourna vers Bambriquet et lui dit avec ironie : — Savez-vous, monsieur, que vous devez être bien fier d'avoir reçu une invitation du comte de Montreville? sa maison est le rendez-vous de la plus haute noblesse.

— Mon Dieu ! — dit Bambriquet d'un ton dégagé, — on ne m'a pas fait une invitation dans les règles; mais puisqu'on invite ma fille, on peut bien supposer que je ne la laisserai pas aller seule chez des gens que je ne connais pas. Du reste, je me soucie peu de ces fêtes-là, je vous assure; à partir de demain j'aurai des affaires qui m'occuperont toutes les soirées et une partie de la nuit... rien n'est moins sûr que j'amène Elisa chez le comte ; je ne suis pas bien décidé encore à la laisser fréquenter des gens de cette volée... mais nous avons le temps d'y songer. Messieurs, voilà dix heures qui sonnent, et cette pauvre Lapiquette bâille à se démancher la mâchoire; permettez-moi de vous renvoyer.

En recevant un congé si précis, Moreau et Salviac se levèrent.

— Père Bambriquet, — dit l'artiste, — vous ne vous opposerez pas, je l'espère, à ce que mademoiselle votre fille monte de temps en temps faire un peu de musique avec madame de Salviac?

Elisa fit une modeste révérence.

— Non, sans doute, — répliqua Bambriquet, — d'autant moins que la musique me casse la tête; mais Lapiquette s'impatiente... Allons, adieu ; adieu, messieurs. Je vous souhaite une bonne nuit.

Les deux visiteurs s'inclinèrent devant Elisa et sortirent, éclairés par Lapiquette, qui referma bruyamment la porte sur eux.

Comme ils traversaient la cour, plongée déjà dans une obscurité profonde, monsieur Moreau, dont l'humeur semblait encore s'être aigrie davantage depuis quelques instants, s'arrêta tout à coup, et, saisissant l'artiste par le bras, lui dit d'une voix sourde :

— Est-ce que votre cœur ne saigne pas comme le mien ? est-ce que votre âme tout-entière ne se soulève pas d'indignation après ce que vous venez de voir ?

— Que voulez-vous dire, monsieur ?

— Eh quoi ! vous ne comprenez pas combien cette jeune fille si belle, si intelligente, si délicate, est à plaindre dans ce repaire de bassesse et de corruption où nous étions tout à l'heure ? Voilà une délicieuse créature, douée de toutes les qualités morales, de tous les avantages physiques, de tous les talens ; elle est faite pour le monde élevé, pour la société choisie, pour le sanctuaire le plus pur de la vie de famille, et il faut qu'elle soit soumise aux caprices grossiers d'une servante éhontée, aux volontés absurdes d'un père imbécile ? Les insensés ! voilà donc où ils en sont venus ! ils mettent leurs enfans dans la nécessité de les mépriser; ils sèment la corruption, et leurs enfans récoltent le mauvais exemple.

Sans attendre de réponse, il se remit en marche d'un pas inégal et saccadé.

— Vous avez raison, — dit l'artiste au bout d'un moment ; — cette pauvre petite est bien à plaindre, et déjà elle semble cruellement souffrir.

— Toute son âme est déchirée... Et ne pouvoir rien pour cet ange ! — On était arrivé au pied de l'escalier; le reflet d'une lampe voisine permit à Salviac d'observer son compagnon à la dérobée. Les traits de Moreau, si froids un moment auparavant, avaient pris une animation remarquable ; ses yeux brillaient d'un éclat extraordinaire. Mais dès qu'il s'aperçut qu'il était l'objet d'un examen attentif, il fit un geste d'impatience. — Monsieur de Salviac, — demanda-t-il sèchement, — est-il vrai que vous avez besoin d'une recommandation puissante auprès de l'ambassadeur de Saxe ?

— J'ai la certitude, monsieur, qu'un mot d'un ami particulier de Son Excellence suffirait pour me faire obtenir ma demande. Mais puis-je savoir... ?

— Rien. Il est tard... Adieu.

En même temps cet homme singulier monta l'escalier qui conduisait à son appartement, laissant l'artiste convaincu que son voisin était fou ou à peu près.

Dès que les visiteurs eurent quitté le salon, Elisa se leva et voulut se retirer dans sa chambre.

— Je suis content de toi, petite, — dit Bambriquet en se frottant les mains avec satisfaction ; — tu m'as fait honneur ce soir devant des personnes huppées... Je parie que je n'aurai pas de peine à te marier.

— Mon père, — dit Elisa avec mélancolie, — êtes-vous donc déjà fatigué de m'avoir près de vous ?

— Je ne dis pas, mais enfin tôt ou tard il faudra bien en finir par là, d'autant plus que j'ai pour moi-même des projets... Mais il n'est pas encore temps de parler de ça... Dieu ! avaient-ils l'air content ce soir, les locataires ! Ce fanfaron de Salviac se tordait sur sa chaise en t'écoutant, et cet autre grand sournois de Moreau, tout gourmé qu'il est, te dévorait des yeux... J'étais flatté, parole d'honneur ! j'étais énormément flatté.

— Et c'est pour cela que vous bousculez tout le monde ! — s'écria la gouvernante qui rentrait en ce moment et qui n'était pas fâchée de faire expier à la fille de son maître son innocent triomphe : — moi, j'étais fortement tentée de vous planter là et de m'en aller, à l'heure qu'il est, pour ne plus revenir. A-t-on jamais parlé à une pauvre femme comme vous m'avez parlé ce soir ? J'en étais indignée... Mais, je le vois bien, depuis que vous avez votre fille chez vous, vous perdez la tête, vous ne connaissez plus personne.

Elle se laissa tomber sur un siège, à demi suffoquée par sa rage trop longtemps contenue.

Bambriquet était interdit : mais Elisa, déposant sur la table le flambeau qu'elle venait d'allumer, se tourna vers le vieillard, et lui dit avec noblesse :

— Mon père, déjà plusieurs fois dans cette soirée j'ai été en butte aux grossières injures de Jeanneton ; je sais quelle indulgence on doit avoir pour une domestique dont on a éprouvé l'attachement et le zèle ; mais, de grâce, ne souffrez pas que dans votre maison je sois plus longtemps exposée aux insultes de votre servante; car, si cela était, je devrais regretter de ne pas être restée toute ma vie au couvent.

Bambriquet allait répondre quand Jeanneton se leva comme une furie.

— Une servante, moi ! — s'écria-t-elle en portant le poing sous le visage de la pauvre enfant, qui recula épouvantée derrière son père; — je suis plus maîtresse que vous ici et je vous le ferai bien voir... Et vous, monsieur, — continua-t-elle en se remettant à sangloter, — vous permettez qu'on me traite ainsi ! mais je m'en irai, et l'on vous connaîtra pour ce que vous êtes, allez ! Je ne veux plus rester chez vous, moi, et je dirai partout...

— Allons ! Jeanneton, calme-toi, — interrompit Bambriquet pendant que la gouvernante s'abandonnait à une douleur supposée ou véritable, mais certainement très bruyante; — cette petite ne sait pas, ne peut pas savoir... A tous les diables les femmes ! — continua-t-il en frappant du pied. — Je t'avais pourtant dit, Lisa, qu'il ne fallait pas parler à Jeanneton comme à une servante; je t'avais fait entendre que j'avais des idées sur elle, quoi ! Elle est d'une bonne famille ; c'est la fille d'un ancien boutonnier qui a eu des malheurs, et peut-être un jour te repentiras-tu de l'avoir malmenée.

— Mon père, — dit Elisa en baissant les yeux, — je ne vous comprends pas; mais tant que la condition de cette fille n'aura pas changé, je ne puis, je ne dois pas supporter ses insolences.

— Vous croyez ! — s'écria Lapiquette en grinçant des dents ; — eh bien ! l'on verra plus tard...

— Tais-toi, Lapiquette, tais-toi, — interrompit Bambriquet avec force ; — tu oublies trop à qui tu parles, ma chère; encore une fois tu vas trop loin ; après tout, ma fille est ma fille, entends-tu bien ! Et si je ne veux pas qu'elle te moleste, au moins ne la moleste pas... Ne pouvez-vous donc vivre en paix et bonnes amies ?... Mais nous causerons de cela demain, il est temps d'aller dormir. Bonsoir, petite, bonsoir ; va-t'en dans ta chambre et tâche de ne plus faire mauvaise tête.

— Mon père, — demanda Elisa avec un profond abattement, — vous trouvez donc que j'ai eu tort ? — Elle prit son bougeoir, embrassa le vieillard, et se retira en murmurant d'une voix étouffée : — Qui m'eût dit que je serais exposée à de pareilles scènes dans la maison paternelle !

Mais Bambriquet ne l'écoutait pas ; il était occupé de la gouvernante, qui simulait une attaque de nerfs dans son fauteuil, sans altérer pourtant la symétrie des magnifiques rubans roses qui surmontaient son bonnet.

— Allons, calme-toi, ma pauvre Jeanneton, — reprit-il affectueusement en lui frappant dans les mains; — que diable ! tu n'es pas raisonnable ; tu me mets dans l'obligation d'avoir l'air de te gronder, quoique j'en sois bien fâché, je t'assure.

— Laissez-moi, vous êtes un méchant homme, — dit la gouvernante d'une voix entrecoupée et en se démenant comme une possédée; — vous voulez ma mort, vous m'assassinez à petit feu... C'est vous qui m'avez perdue ! Je suis montrée au doigt dans le quartier, et, la dernière fois que j'ai vu mon père, il m'a menacée de me tuer si je continuais à vivre chez vous. Aussi je m'en irai et je raconterai à tout le monde ce que vous êtes, et je dirai à votre orgueilleuse de fille... Hi ! hi ! hi !

Et les larmes, les sanglots, les gémissemens recommencèrent avec une telle fureur que le malheureux Bambriquet en était étourdi.

— Jeanneton, voyons, que signifie tout cela? — reprit-il avec angoisse; — tu es folle, ma parole d'honneur! Songe donc à ce que je t'ai promis; je t'épouserai dès que ma fille sera établie. Comprends donc un peu la raison : si je t'épousais avant que Lisa fût pourvue, elle ne trouverait jamais à se marier; les gendres, vois-tu, ça n'aime pas les seconds mariages; mais, sitôt que j'aurai pu l'établir, je te promets, je te jure...

— Oui, et en attendant je servirai votre fille, moi, et je lui préparerai son dîner et je cirerai ses brodequins! Allez, allez, vous devriez rougir, monsieur, de votre conduite! Vous serez cause de mon malheur et de celui de ma famille! Si, depuis que je suis chez vous, j'avais écouté les propositions que l'on m'a faites, je serais moins à plaindre. Je suis jeune, pas mal tournée et je ne manque pas d'adorateurs. Monsieur Badillet, le boucher du coin, un homme établi et qui a de quoi, voulait m'épouser, et il aurait fait mon bonheur. Au lieu de cela, je suis restée près de vous pour être votre servante; mon père, mes frères et mes sœurs sont dans la misère et je ne puis les secourir; mon père ne veut plus me voir, il m'a menacée de me rompre les os si je reparaissais devant lui... Et voilà ce dont vous êtes cause! Vous déchirez le cœur d'une bonne créature qui vous aimait tant!

IX

Cette harangue touchante, entremêlée de toutes sortes d'agrémens pathétiques, acheva d'exalter la sensibilité du propriétaire.

— Voyons, ne pleure pas, ma pauvre Jeanneton, — dit-il presque en pleurant lui-même, quoique sa fibre lacrymale fût passablement coriace; — je ne suis pas méchant et ton chagrin me navre.

— Laissez-moi, je ne veux plus vous voir! — s'écriait la grosse fille dans un accès de fureur; — je veux finir cette misérable existence; je veux aller me jeter à l'eau; je veux bien la maîtresse, moi... oui, je veux me jeter dans la Seine!

— Tu réfléchiras à c la, ma chère Jeanneton, — dit Bambriquet d'un ton très humble, — tu n'aurais pas le courage de me causer tant de douleur! Voyons, parle, que pourrais-je faire pour te consoler. Tes parens sont pauvres, malheureux, dis-tu; pourquoi ne s'adressent-ils pas à moi, tes parens? Je ne les ai jamais vus. Je suis bonhomme au fond, tu le sais bien, et déjà plus d'une fois je t'ai remis de l'argent pour eux; en veux-tu encore? je t'en donnerai... mais, de grâce, calme-toi!

— Mes parens sont fiers, monsieur, quoiqu'ils soient pauvres; ils auraient honte de paraître devant un homme qui m'a perdue, car voilà ce qu'on dit partout en parlant de vous et de moi... Mais vous voulez vous donner des airs d'être généreux, et vous ne l'êtes pas, vous aimez trop l'argent pour cela.

— Parole d'honneur! Jeanneton, tu ne me connais guère. On s'imagine, vois-tu, parce que je poursuis impitoyablement ceux qui me doivent, que je suis un avare, un ladre : on se trompe fort. Je ne suis pas assez fou pour oublier mon argent entre les mains des autres, mais, une fois qu'il est dans ma caisse, je n'y songe plus. Je me creuse la tête à chercher comment je pourrais le dépenser, et je ne trouve rien. J'aime l'argent pour le plaisir de le gagner, voilà tout. Il y a maintenant dans mon secrétaire une grosse somme que je dois envoyer chez mon notaire; eh bien! sur ma parole! je ne sais pas exactement à combien elle s'élève. Je n'ai jamais aimé à tenir un tas de registres, et ma mémoire devient si mauvaise...

— Allons donc! vous voulez faire le bon apôtre; — dit Lapiquette en suspendant pour un moment ses spasmes nerveux; — mais vous savez à un sou près...

— Tu es dans l'erreur, je ne compte jamais que lorsque j'ai un versement à opérer, ce qui arrive souvent, car, ma parole d'honneur! je suis plus riche que je ne veux; on ne se doute pas, vois-tu, combien je suis riche; et cependant pour m'occuper, car je m'ennuie mortellement depuis que je suis retiré du commerce, je vais entrer dans une spéculation qui me rapportera des millions.

— Et quelle spéculation, monsieur?

— Je ne puis pas te le dire : c'est un secret; les femmes ne savent pas garder ces choses-là... Mais voyons, — continua-t-il en se levant et en se dirigeant vers un massif secrétaire qui décorait un angle du salon, — je n'entends pas que tu me prennes pour un Gascon; de quelle somme as-tu besoin?

— Hélas! monsieur, reprit la gouvernante d'un ton dolent, mes parens n'ont pu payer encore les deux derniers termes de leur loyer, et, quoique je leur aie donné l'argent de mes gages...

— Tu prendras l'argent de tes gages, — dit l'ancien chiffonnier en plongeant sa main dans le bureau d'où sortit un tintement métallique; — eh bien! cent... deux cents francs suffiront-ils?

— C'est trop, monsieur, c'est beaucoup trop, — dit Lapiquette avec effusion en jetant les deux bras autour du cou de son maître; — ensuite voici l'hiver, et mes pauvres petits frères et mes petites sœurs n'ont pas de quoi s'habiller.

— Mettons donc trois cents, — dit Bambriquet, en faisant glisser rapidement les écus entre ses doigts, — mais du moins tu seras gentille?

— Comment ne pas l'être avec un si bon maître!... Il y a encore le petit Jacquot qu'on va mettre en apprentissage et il lui faut un trousseau.

— J'ajoute cent francs pour Jacquot... mais tu ne pleureras plus?

— Pourquoi pleurer quand on est si contente?... Ah! maintenant, si mon pauvre frère Jérôme, qui vient de tomber à la conscription, était libéré, il ne me resterait plus d'inquiétude au sujet de ma famille.

— Allons! J'achèterai un remplaçant à ton frère Jérôme, — dit Bambriquet qui se hâta de fermer le secrétaire et qui remit quatre piles d'écus à sa gouvernante; — mais tu vas, je l'espère, laisser tranquille Elisa, que tu as prise en grippe, je ne sais pourquoi?

— Est-ce ma faute si je la déteste, moi? — dit Jeanneton d'un ton câlin; — je suis jalouse de tous ceux que vous aimez! Aussi, ce qu'il y a mieux à faire, c'est de nous en débarrasser au plus vite.

— Eh bien! cherche-lui toi-même un mari : je ne demande pas mieux. Je ne pourrai guère m'occuper de ce soin désormais, car l'affaire dont je t'ai parlé m'occupera une partie des nuits et par conséquent je dormirai une partie des jours.

— Miséricorde! que me dites-vous là? — s'écria Jeanneton, qui ne put néanmoins dissimuler une joie secrète. — Mais vous resterez malade à ce régime!

— On s'habitue à tout. Que veux-tu? je m'ennuie, je ne sais comment employer mon temps; d'ailleurs il y a des millions à gagner... Ainsi songe à marier Lisa, et, dès que la noce sera finie, ce sera notre tour, ma chère Jeanneton; tu trouveras alors la récompense de tes peines, de ta constance.

— Allons! allons! nous prendrons patience, — dit la gouvernante en minaudant; — je n'ai pas des maris comme ça dans ma poche... Cependant j'y penserai, et je tâcherai de trouver quelqu'un pour votre orgueilleuse; je connais une personne très comme il faut qui m'aidera; nous lui donnerons un vrai phénix. Vous avez eu grand tort d'élever votre fille comme une demoiselle; mariez ça si vous pouvez maintenant! Ça va faire la sucrée... mais pour peu que vous me souteniez, nous en viendrons à bout... Ah çà! monsieur, si vous passez désormais une partie de vos nuits dehors, je serai donc chargée seule de garder votre Lisa?

— Il le faudra bien, mon enfant; il s'agit d'opérations dans lesquelles je puis doubler ma fortune en quelques mois... Mais il est temps que j'aille me coucher. Ainsi donc tout est arrangé; tu ne te querelleras plus avec la petite?

— On fera son possible; à cause de vous on se sacrifiera.

— Quelle excellente créature! — dit Bambriquet d'un air attendri; — vrai, ma chère Jeanneton, si Lisa, de son côté, t'asticotait par trop, je serais capable de la renvoyer à sa pension pour le reste de ses jours.

— Il est d'autres moyens de s'en débarrasser, — répliqua la gouvernante; — mais ne vous tourmentez pas la cervelle à cet égard; tout ira pour le mieux, grâce à moi... Bonsoir, monsieur, et bonne nuit.

— Eh bien! Jeanneton, — dit le vieillard d'un ton câlin, au moment de se retirer, — tu ne m'embrasses pas pour faire la paix?

— Quel mauvais sujet de maître j'ai là!

Un gros baiser retentit sur la joue rebondie de Lapiquette, et Bambriquet se retira dans sa chambre en ricanant et en fredonnant de sa voix chevrotante une chanson grivoise.

Pendant ce temps, Elisa, renfermée dans sa chambrette solitaire, s'était agenouillée devant un petit christ d'ivoire et versait d'abondantes larmes dont Dieu seul était le témoin.

Dès que Bambriquet eut disparu, les traits de Lapiquette changèrent brusquement d'expression; on eût dit d'un acteur qui, après avoir rempli un rôle fatigant, rentré dans la coulisse. Elle se jeta sur un siége, bâilla, étendit les bras et parut attendre que le bruit eût cessé dans la chambre de son maître.

Elle n'attendit pas longtemps: bientôt un sourd ronflement, parvenant jusqu'à elle à travers plusieurs cloisons, lui apprit que Bambriquet était endormi. Alors elle se leva, chercha une clef dans sa poche et se dirigea vers le secrétaire.

— Le vieux ladre! — murmurait-elle en introduisant la clef dans la serrure, — me donner quatre cents francs, quand il est riche à millions... Mon cousin Joli-Cœur, qui est un bourreau d'argent, en aura pas pour deux jours de ses quatre cents francs! — Le pont-levis du bureau s'abaissa lentement, et le reflet lointain de la lampe laissa voir des piles d'or et d'argent, des papiers de toute espèce. La gouvernante examina scrupuleusement la place qu'occupait chaque objet, puis elle ouvrit un grand portefeuille et prit deux billets de mille francs dans une liasse volumineuse de valeurs pareilles. — Il n'en sait pas le nombre, — murmura-t-elle avec ironie, — le niais! l'imbécile! comme si je ne connaissais pas depuis longtemps sa négligence et sa mauvaise mémoire... Deux pauvres billets! il ne s'apercevra de rien, n'en a tant! je vais joindre ceux-là aux autres. Qu'il m'épouse ou non, je me serai du moins réservé une poire pour la soif. Joli-Cœur se contentera pour cette fois des quatre piles d'écus... Dieu! quelle noce il va faire, Joli-Cœur! si j'étais là! — Et elle poussa un gros soupir. — Je me puis prendre beaucoup à la fois, — continua-t-elle en passant légèrement la main sur ces richesses, comme pour les caresser; — il finirait par s'apercevoir de quelque chose... Peut-être aussi pourrait-on tirer parti de ces papiers qui sont jetés sans ordre dans un coin, et ce serait moins dangereux; il a si peu d'ordre qu'il croirait les avoir égarés. Si ce vieux fou ne m'épouse pas, je lui jouerai quelque tour de ma façon. Après tout, quand il viendrait à découvrir la vérité, il n'oserait pas me dénoncer; je dirais... enfin j'aurais beaucoup à dire. Mais qu'est-ce que je fais là? — ajouta-t-elle en refermant la caisse avec moins de précaution que la circonstance ne semblait l'exiger; — j'oublie qu'il est tard et que l'on m'attend. Je vais être grondée sûrement... Et

cette avare de madame Trichard que je suis obligée de mettre dans ma confidence! seulement, au premier mot d'indiscrétion, elle sera chassée sans rémission, elle peut y compter.

Tout en parlant ou en pensant ainsi, elle avait retiré la clef du secrétaire; puis elle prit la lampe et entra dans une pièce voisine qui lui servait de chambre. Cinq minutes après, elle sortit au milieu d'une obscurité profonde, enveloppée dans une mante noire à capuchon.

Elle traversa la cour, frappa deux petits coups au vasistas de la loge; aussitôt la porte extérieure s'ouvrit, et mademoiselle Lapiquette s'élança dehors, légère et silencieuse comme une ombre.

Elle marcha rapidement, sans regarder derrière elle, jusqu'à l'extrémité de la rue. A son approche un homme sortit de l'enfoncement d'une porte cochère et se montra sous un bec de gaz. Il avait près de six pieds, des moustaches noires, la carrure d'un tambour-major. Son costume était celui d'un fashionable de bas étage : chapeau pointu, redingote démesurément courte, pantalon large et flottant; il était appuyé sur un énorme gourdin. Quand il reconnut Lapiquette, il s'avança vers elle en disant d'une voix rauque et caverneuse :

— Cré mille tonnerres! arrive donc, Jeanneton ; je croque le marmot depuis deux heures... Fichtre! prends garde à toi, si tu ne m'apportes pas de quoi *fricoter!*

Sans rien répondre, Jeanneton se pendit à son bras, et tous deux disparurent dans une rue voisine.

X

Quinze jours s'étaient écoulés, et monsieur Moreau n'avait pas encore quitté la maison Bambriquet. Soit que son départ prochain lui eût décidé à se relâcher un peu de ses habitudes solitaires, soit qu'un changement se fût opéré tout à coup dans sa position ou dans ses idées, il se montrait un peu moins farouche, et, après avoir fait à Salviac une visite de politesse, il consentit à venir passer une heure chaque soir dans l'élégant salon de l'artiste. Seulement il prenait toujours soin de s'informer avant d'entrer si quelque personne étrangère ne se trouvait pas chez Salviac, et dans ce cas il se retirait aussitôt. Son costume avait aussi subi des modifications notables : au lieu de cette grande redingote dont il s'affublait pour ses promenades, il portait des vêtements qui en harmonie avec son âge et la distinction de ses manières. Sans être d'une grande élégance, il était vêtu en homme du monde d'une condition modeste, et le résultat de ce changement avait été de le faire paraître tel qu'il était, c'est-à-dire un homme encore jeune, à qui des préoccupations profondes avaient donné la gravité et la réflexion de l'âge mûr. Il paraissait aussi plus communicatif avec ses voisins, sans toutefois donner aucun détail précis sur sa personne et sur sa position ; on pouvait seulement acquérir la certitude d'un fait qu'on avait soupçonné d'abord, à savoir que monsieur Moreau connaissait parfaitement les usages de la bonne société, dont il avait au plus haut degré le ton et les manières.

Peut-être une circonstance, dont il nous reste à parler, n'était-elle pas étrangère à ce changement merveilleux qui s'était opéré dans le mystérieux locataire de la maison Bambriquet. Madame de Salviac, sur l'éloge exagéré que lui avait fait son mari de la fille du propriétaire, avait désiré la connaître, et, dès que ces deux charmantes femmes s'étaient vues, elles s'étaient aimées. Cécile avait donc essayé d'attirer chez elle l'aimable enfant qui souffrait tant dans l'ignoble compagnie de son père et de sa gouvernante ; elle avait si bien réussi qu'Elisa ne quittait presque plus l'appartement de sa nouvelle amie. Là seulement elle pouvait parler à l'aise, être comprise, appréciée ; là seulement elle n'éprouvait pas cette gêne insupportable qui devenait pour elle un supplice. Bambriquet, intérieurement flatté de cette liaison, ne faisait encore aucune objection sérieuse ; d'ailleurs, chaque soir, l'ancien chiffonnier sortait comme il l'avait annoncé et ne rentrait qu'à une heure fort avancée de la nuit. La gouvernante profitait de ces absences pour aller, disait-elle, visiter les divers membres de sa nombreuse famille ; et si la pauvre Elisa n'eût trouvé une gracieuse hospitalité chez les locataires de son père, elle eût dû passer toutes ses soirées seule, dans le noir et triste appartement de Bambriquet, ce qui arrivait parfois lorsque monsieur et madame de Salviac n'étaient pas chez eux.

On pouvait donc raisonnablement supposer que la présence de la belle pensionnaire était pour une part dans les assiduités du sauvage Moreau chez le sculpteur ; toutefois il ne se montrait pas plus communicatif et plus causeur avec elle qu'avec les autres personnes de la société. Assis dans un fauteuil, il passait une partie des soirées sans prendre une part active à la conversation ; si on l'interrogeait directement, il répondait en peu de mots, quoique avec cette politesse de l'homme bien né qui sait toujours s'immoler aux convenances sociales, et il retombait dans sa taciturnité ordinaire. Seulement son regard doux et méditatif était toujours fixé sur Elisa, et elle semblait absorber toute son attention.

La jeune fille pouvait, dans ce petit cercle de trois personnes amies, se livrer avec candeur à ses impressions, laisser voir toutes les belles facultés dont la nature l'avait douée et qu'avait développées une excellente éducation. Elle se livrait sans contrainte à sa gaieté naturelle, à cette fraîcheur de sentimens et de pensée qui est le propre de la jeunesse ; et parfois, sous son gracieux babil, on devinait le jugement droit, le pressentiment de la réalité, la justesse de vues qui caractérisent une haute intelligence. L'artiste et la femme raffolaient de leur jeune amie, et s'étonnaient à bon droit de sa supériorité précoce ; ils ne tarissaient pas d'éloges sur ses talens, sur les qualités de cœur, sur son esprit. Moreau, seul dans son coin, ne mêlait pas sa voix aux complimens dont on accablait Elisa Bambriquet à chaque perfection nouvelle que ses hôtes venaient à découvrir ; il se contentait d'approuver d'un signe de tête froid et silencieux ces éloges enthousiastes, mais à la rigueur on pouvait attribuer à la simple politesse l'assentiment qu'il leur donnait.

Si donc l'espèce d'attraction que la séduisante Elisa exerçait sur tout ce qui l'approchait s'était étendue à monsieur Moreau, il faut avouer que monsieur Moreau avait une manière particulière de sentir ; on n'était pas plus maussade, plus austère et plus triste. Cependant, malgré cette bizarrerie d'humeur, Elisa n'éprouvait aucune répugnance pour cet homme inexplicable qui passait des soirées entières à l'écouter et à la contempler en silence. Elle soupçonnait sans doute que dans cette réserve, dans cette méditation muette, il y avait plus d'admiration, d'affection réelles que dans les expansives démonstrations des autres personnes. Elle sentait instinctivement qu'une lutte mystérieuse avait lieu dans cette conscience impénétrable, et elle allait jusqu'à deviner une grande douleur qui méritait le respect.

Quoi qu'il en fût, voici comment se passaient à peu près toutes les soirées chez Salviac : aussitôt après le départ de son père, Elisa montait, nu-tête et en négligé, chez ses bons voisins. Presque aussitôt, sans qu'on sût précisément comment cela se faisait, le pas majestueux de monsieur Moreau retentissait dans l'escalier, et bientôt on le voyait lui-même entrer dans le salon. Après les complimens d'usage, il prenait sa place, toujours dans le même fauteuil, en face de la charmante jeune fille. On causait, on dessinait, on faisait de la musique. A dix heures, la portière montait avertir Elisa que mademoiselle Lapiquette était rentrée ; aussitôt la petite embrassait en soupirant Cécile, saluait Salviac et Moreau, et se retirait. Cinq minutes après, Moreau devenait inquiet ; il s'agitait sur sa chaise, adressait quelques phrases banales aux deux époux, et se retirait à son tour s'excusant d'un air distrait de les avoir importunés si longtemps.

L'étrange conduite de Moreau n'avait pas échappé à madame de Salviac ; elle disait parfois à son mari en hochant sa blonde tête :

— Vois-tu, mon ami, ou je me trompe fort, ou notre voisin aime déjà Elisa.

— Lui ! — répliquait l'artiste en souriant, — je croirais plutôt que l'ours des Alpes est devenu amoureux du rossignol... Il n'a pas adressé une seule fois la parole à la petite depuis qu'il la connaît. Veux-tu que je te dise ma pensée sur ce brave garçon dont nous voulons faire à toute force un tyran de mélodrame ? C'est un homme ennuyé qui ne sait comment employer son temps ; ses visites de chaque soir ne sont qu'une occasion pour lui de dépenser ce qu'il a de trop.

— Patience, mon ami, — répliquait Cécile en souriant finement, — nous verrons bien qui aura raison.

Voilà donc où en étaient les choses, lorsqu'un soir monsieur Moreau rentra un peu plus tard que de coutume. Il arrivait en toute hâte, et le cheval du remise qui l'avait ramené était couvert de sueur. Il passa rapidement devant la loge du portier, gravit l'escalier avec une précipitation toute juvénile, et alla sonner à la porte de Salviac.

XI

Au moment où l'on annonça le visiteur, Cécile était seule dans le salon. Une grande lampe Carcel, posée sur un meuble, éclairait d'une blanche et douce clarté les bronzes, les dorures, les tapis élégans qui étalaient sur le plancher leurs couleurs fraîches et brillantes. Moreau promena un regard rapide autour de lui, et une légère expression de chagrin se peignit sur ses traits quand il s'aperçut qu'Elisa manquait à leur innocent rendez-vous de chaque soir. Cependant il se contint et s'avança vers la maîtresse de la maison pour la saluer.

— Arrivez donc, mon cher voisin, — dit la jeune femme ; — en vérité je tremblais que vous ne vinssiez pas, et je serais restée seule avec ma gaieté et mes bonnes nouvelles... Je dis seule, car sans doute cette pauvre Elisa ne pourra monter ce soir.

— Elle ne viendra pas ? — demanda Moreau en tressaillant.

— Je le crains bien ; mais veuillez vous asseoir (et par un geste gracieux elle lui désignait un fauteuil). Je vous dirai tout à l'heure ce que j'ai appris de cette chère enfant ; mais avant tout je suis dans l'impatience de vous faire part d'un événement qui nous comble de joie, Edouard et moi, et auquel, à tort ou à raison, j'imagine que vous n'êtes pas étranger.

— Moi, madame ?

— Oui, vous-même, — répliqua Cécile en attachant sur lui son œil fin et pétillant de malice. — Vous ne devinez pas de quoi il s'agit ?

— Non, je vous assure.

— Allons, je vois, — dit la jeune femme d'un petit ton boudeur, — ou que je me suis trompée, ou vous avez des motifs particuliers pour... Eh bien ! mon mari a reçu aujourd'hui une lettre charmante de l'ambassadeur ; on lui annonce officiellement qu'il est chargé du monument de Dresde, et on l'invite à s'occuper sans retard de l'exécution. A travers les formules diplomatiques, monsieur de Salviac a cru démêler qu'il devait cette faveur à une recommandation puissante, et comme la personne dont il comptait employer le crédit est encore absente de Paris...

— Monsieur de Salviac a tort d'attribuer à une autre cause que son propre mérite la préférence de l'ambassadeur, — dit Moreau tranquillement.

Cécile l'examinait toujours avec une espèce de défiance.

— Enfin, — reprit-elle, — quel que soit l'auteur de cette glorieuse préférence, toujours est-il qu'Edouard est dans le ravissement. Oh ! il fera une œuvre magnifique et grandiose, j'en suis sûre !... Il est, dans ce moment chez l'ambassadeur pour s'entendre avec lui sur le plan définitif, et sans doute il va savoir à quoi s'en tenir sur son protecteur inconnu.

Moreau avait écouté d'un air poli le gai babillage de Cécile ; mais on pouvait juger à l'expression forcée de son visage que sa pensée était occupée de tout autre chose. Il reprit cependant avec une douceur mélancolique :

— C'est une consolation pour moi, madame, au moment de vous quitter et d'interrompre nos relations amicales, d'apprendre que vous êtes, vous et monsieur de Salviac, au comble de vos vœux.

— Comment ! serait-il possible ? — demanda la femme de l'artiste avec étonnement ; — songeriez-vous à partir ?

— Demain matin j'aurai quitté cette maison ; et j'étais venu vous faire mes adieux, à vous et... et à monsieur de Salviac.

— Mais votre absence ne sera pas longue ? vous reviendrez à Paris, nous nous reverrons sans doute...?

— Peut-être, — dit Moreau à demi-voix.

Un moment de silence s'ensuivit. Madame de Salviac avait pris sa tapisserie pour se donner une contenance, et observait le visiteur à la dérobée. Moreau, triste et morne, laissa son front tomber sur sa poitrine.

— Homme singulier ! — dit-elle enfin, — votre départ est aussi inconcevable pour nous que votre genre de vie. Vous avez donc des raisons bien impérieuses pour précipiter ainsi ce départ ?

— J'en ai, — répliqua Moreau avec agitation ; — aujourd'hui j'ai appris que des affaires importantes réclamaient ma présence... Je suis resté trop longtemps. Un lien fatal, irrésistible, m'attachait ici et me faisait tout oublier... Des devoirs impérieux, à l'accomplissement desquels j'ai consacré ma vie, m'appellent ailleurs. Oui, oui, je ne peux tarder davantage ! Ces dernières paroles furent prononcées d'une voix altérée et légèrement tremblante. Moreau remarqua l'étonnement qui se montrait sur le frais visage de Cécile. Vous ne me connaissez pas, — ajouta-t-il sans chercher à dissimuler son émotion, — mais un jour... bientôt peut-être... vous saurez mon secret ; vous saurez quelle vie de luttes et d'incroyables contrastes il m'a fallu accepter ; alors, comme vous êtes bonne et compatissante, vous me plaindrez, j'en suis sûr.

— Je sympathise déjà avec vos chagrins, car sans aucun doute ils proviennent d'une noble cause. Edouard et moi nous nous sommes bien souvent entretenus de vous, et, quoique nous sachions à peine qui vous êtes, votre conduite a été si délicate, si généreuse, dans une circonstance récente, que nous ne sommes pas près de vous oublier, malgré votre facilité à vous détacher de nous. Vous laisserez ici un grand vide, monsieur Moreau, et mon mari et moi nous ne serons peut-être pas les seuls à regretter votre absence.

— Eh ! qui donc, madame, pourrait encore...

— Vous oubliez cette pauvre petite Elisa, qui vous voyait ici chaque soir, — dit Cécile avec une froideur étudiée en reprenant son ouvrage. La chère enfant a trop peu d'amis pour ne pas remarquer l'éloignement de ceux qu'elle a.

Moreau fit un bond sur son siège.

— Quoi ! madame, — s'écria-t-il avec vivacité, — vous croyez que mademoiselle... (on eût dit qu'il lui répugnait de donner à la charmante fille ce nom trivial de Bambriquet), vous croyez que cette jeune personne pourra s'apercevoir de ce que je suis pour là ? Et cependant, — continuat-il avec amertume, — que suis-je pour elle, sinon un inconnu triste et morose, qui ne lui a jamais adressé ni un compliment ni un mot du cœur ? Comment ai-je mérité qu'elle conservât de moi un souvenir, ne fût-il que d'un jour, ne fût-il que d'une heure ? Je me suis fait aveugle et sourd pour ne pas admirer ses perfections ; et si elle a laissé tomber sur moi un regard, ce n'a été qu'un regard d'indifférence et d'ennui. — Et il ajouta comme à lui-même : — Oui, oui, j'ai bien joué mon pénible rôle !

— Eh bien ! — reprit Cécile vivement, — si Elisa est trop jeune, trop peu expérimentée pour reconnaître l'intérêt profond, quoique silencieux, que vous lui portez, je l'ai remarqué, moi son amie, et je regrette que vous vous éloigniez dans un moment où cette pauvre petite aura besoin peut-être de tous ceux qui lui portent intérêt. Elle est déjà bien malheureuse, et la confidence qu'elle m'a faite aujourd'hui...

— Une confidence ! — répéta Moreau dont les yeux pétillaient d'impatience.

— Oui... elle commence à entrevoir un bien triste avenir... Le vieux Bambriquet est si fort enticé de sa servante qu'il lui laisse plein pouvoir dans la maison ; Elisa elle-même est obligée de subir tous les caprices de cette ignoble femme. Sans doute la présence d'Elisa les gêne, et tout fait supposer que la chère enfant sera sacrifiée au premier qui se présentera pour l'épouser... En vérité, — continua Cécile en jetant un regard oblique sur son interlocuteur, mais en affectant toujours la plus profonde indifférence, — il serait heureux que quelque honnête garçon devînt amoureux d'elle ; si modeste que fût sa fortune, il n'aurait qu'à se déclarer ; Bambriquet et sa servante ont si grand désir de se débarrasser de la jeune fille qu'ils ne songeraient pas à faire de difficultés sérieuses, j'en suis sûre. — Madame de Salviac se tut, attendant que son auditeur manifestât son opinion sur l'insinuation mystérieuse que contenaient ses paroles. Mais, à son grand étonnement, Moreau ne répondit pas et détourna la tête comme pour cacher le trouble peint sur son visage. Cécile vit qu'elle devait frapper un grand coup, et elle continua :

— Toujours est-il que cette méchante créature qu'on appelle, je crois, Lapiquette, s'est mise dans la tête de trouver un mari pour la fille de son maître, et ce soir même elle présente un prétendant à Elisa. C'est pour cela que la chère petite n'a pu passer la soirée avec nous.

— Serait-il possible ? — s'écria Moreau avec violence.

— Enfin ! — murmura madame de Salviac en souriant. Puis, donnant à ses traits une expression grave et dolente : — Cela vous indigne, n'est-ce pas ? On imagine aisément ce que peut être un prétendant choisi par cette créature : savez-vous qu'elle serait capable d'employer la force si Elisa osait résister à ses volontés ?

— Mais son père, ce monsieur... Bambriquet, ne permettra pas qu'une servante dispose ainsi du sort de son enfant ! il aime sa fille, et je l'ai vu moi-même la défendre contre cette abominable gouvernante. Il ne souffrira pas...

— Bambriquet, après avoir montré un peu de fermeté dans le commencement, est retombé entièrement sous le joug de cette Lapiquette, et il n'osera la contrarier. Depuis quelques jours surtout elle semble avoir pris plus d'empire que jamais, et le vieux fou la laissera faire. D'ailleurs il s'absente une partie des nuits et souvent le jour ; il fallait bien confier à quelqu'un la suprématie dans son ménage. Il a ordonné aujourd'hui à la gouvernante comme à lui-même, et il lui a signifié qu'elle eût à recevoir convenablement la personne que Lapiquette devait lui présenter ce soir... La pauvre fille en me contant tout cela pleurait à chaudes larmes.

— Elle pleurait !

— Oui, et sans doute elle fait assez triste mine à l'amoureux qui est en ce moment auprès d'elle ; je suis sûre qu'elle aimerait beaucoup mieux être ici avec nous, la bonne chère enfant !

Moreau gardait toujours une silence obstiné ; peut-être s'était-il aperçu que madame de Salviac voulait le forcer à s'expliquer. Quoi qu'il en fût, il dit avec une sorte de dureté, après une pause :

— Et pourquoi donc, madame, déplorer d'avance le sort de cette jeune fille? Par respect pour son maître, la gouvernante ne peut avoir fait un choix trop indigne d'Élisa; et alors pourquoi mademoiselle Bambriquet ne verrait-elle pas d'un œil favorable le prétendant qu'on doit lui présenter? Quoiqu'elle ait reçu une éducation distinguée, elle ne peut mépriser des personnes qui, après tout, sont de sa classe; serait-il donc impossible qu'elle rencontrât quelque homme honorable, probe quoique obscur, capable enfin d'assurer son bonheur?

Évidemment ces paroles étaient arrachées à celui qui parlait par une grande torture; il se raidissait en ce moment contre quelque idée poignante et fatale; mais Cécile, piquée de l'affectation de son interlocuteur à ne pas la comprendre, répondit en haussant les épaules:

— Vous croyez? au fait ce serait bien possible. J'avais supposé à certains signes que la pauvre Élisa trouverait en vous un ami plus dévoué... mais je me suis trompée sans doute; Élisa devra chercher un mari dans sa *classe* (elle appuya malicieusement sur le mot), et peut-être aurait-elle dû y chercher aussi ses amis!

— Vous êtes impitoyable, madame, — dit Moreau avec plus de franchise qu'auparavant; — oubliez ces paroles amères... Eh bien! je l'aime cette jeune fille, car aussi bien vous l'avez déjà deviné; mais à présent que vous m'avez amené à cet aveu, sachez-le bien, un abîme infranchissable me sépare d'elle.

— Un abîme! mais expliquez-moi...

— Oh! je vous en prie, madame, ne m'interrogez pas! Je vous ai dit que bientôt peut-être vous sauriez tout; mais en ce moment ma volonté est chancelante; je n'aurais pas la force de vous résister dans le cas où vous désapprouveriez les motifs qui me font agir. Laissez-moi tout mon courage, je sens que j'en aurai besoin.

Madame de Salviac n'insista pas:

— Il suffit, monsieur, — dit-elle sèchement, — je ne chercherai pas à pénétrer vos secrets malgré vous.

Moreau resta pensif et muet pendant un moment; ses traits nobles et réguliers présentaient une grande altération.

— Avouez-le, madame, — dit-il enfin d'une voix brève, — sur je ne sais quelles suppositions vous avez pris une haute opinion de mon crédit, de mon influence dans le monde; vous vous êtes exagéré l'importance des services que je pourrais rendre à cette malheureuse jeune fille... J'ai compris comme vous, il est vrai, que son sort était horrible. Belle, bonnête, intelligente, pleine de délicatesse et de talens, on l'a plongée dans une atmosphère d'égoïsme, de bassesse, d'immoralité; on tuera son âme, on desséchera ses nobles facultés. Dans le seul but de se débarrasser d'elle, on la sacrifiera à quelque misérable de bas lieu, qui ne verra en elle que l'objet d'une vile spéculation... Ce sont des crimes cela, mais des crimes dont la répression n'est pas écrite dans les codes. Un père peut corrompre sa fille par le mauvais exemple, la sacrifier à son égoïsme, à ses passions, qu'importe cela; et que peut faire un homme, un particulier, contre cet état de choses? Aucun pouvoir au monde osera-t-il, dans l'état actuel de nos institutions, s'attaquer à la paternité, à ses droits imprescriptibles? Que pourrais-je plus qu'un autre, moi qui ne suis rien? Laissez, laissez faire, madame; qu'importent les cris de ces quelques victimes écrasées sous le char triomphal de notre société modèle! Le bras d'un géant serait impuissant à l'arrêter. — Ces dernières paroles furent prononcées avec amertume et ironie; on reconnaissait le misanthrope dont les colères contre la société sont exaltées par la souffrance et la méditation. Il continua d'un ton sombre mais plus calme: — D'ailleurs, quel intérêt aurais-je, moi pauvre solitaire, obscur bourgeois, à me faire le champion d'une jeune fille opprimée par ceux qui ont sur elle un pouvoir légitime? Comme un autre, plus qu'un autre peut-être, j'ai admiré ses perfections, ses belles qualités; mais de quel droit viendrais-je la défendre, contre son gré peut-être? Elle n'est pour moi qu'une étrangère; je l'aime, mais elle ne m'aime pas. Je n'ai plus qu'à l'oublier, voilà tout ce que je lui dois.

— Êtes-vous bien sûr, monsieur, — dit Cécile impatientée, — que celle dont nous parlons n'ait pas quelques droits à votre intérêt? êtes-vous bien sûr qu'elle ne choisirait pas votre appui de préférence à...

— Serait-il vrai? — s'écria Moreau impétueusement, — De grâce, madame, est-ce qu'elle vous aurait dit... est-ce qu'elle vous aurait fait entendre...?

— Elle ne m'a rien avoué, elle ne m'a rien fait entendre, je vous l'assure, monsieur; mais j'ai pu lire peut-être dans le cœur de cette naïve enfant.

— Assez, par pitié! ne m'en dites pas davantage... Bien que cette supposition soit absurde, elle ne pourrait qu'augmenter mon désespoir... Je ne dois pas rester ici un instant de plus.

Cette fois l'accent de Moreau était si déchirant, que la femme de l'artiste se sentit émue. Elle se leva et reprit à demi-voix:

— Eh bien! puisqu'il le faut, partez... partez avec votre secret. Malgré certains instincts d'égoïsme et de dureté qui percent dans vos paroles, je vous crois bien à plaindre.

— Oui, vous avez raison; je suis un martyr... martyr d'une conviction, d'un devoir, d'un préjugé peut-être; mais il faut que mon sort s'accomplisse! Allons, adieu; adieu, madame.

— Mais vous n'allez pas partir à l'instant... Edouard ne pourra-t-il vous serrer la main avant votre départ?

— Je n'attendrai pas un instant, pas une minute... Qui me répondrait de mon courage, de ma résolution, si je passais encore une nuit dans la solitude? Non, il le faut... une voiture est devant la porte... Mes ordres sont donnés pour que l'on vienne chercher demain le peu de meubles qui se trouvent ici; aucun misérable intérêt matériel ne pourra me rappeler dans cette maison où je laisse le repos de ma vie.

— Et vous n'aurez pas même un mot d'adieu pour... pour *elle*?

— Cruelle femme! — dit Moreau avec une accent de reproche et en s'arrêtant tout à coup; — pourquoi vous jouer de mes souffrances et retourner ainsi le couteau dans la plaie?

— J'avais conçu des projets de bonheur pour deux personnes que j'aime et que j'estime également, et peut-être une erreur, une fausse honte vont tout perdre.

— Merci, merci, madame, — répliqua Moreau en portant à ses lèvres la main de Cécile; — eh bien! dites-lui... dites-lui qu'elle m'oublie.

En même temps il s'avança vers la porte.

L'intérêt puissant de cette conversation pour les deux interlocuteurs les avait empêchés d'entendre jusqu'à ce moment un bruit confus de voix qui semblait venir de la maison même; mais lorsque Moreau voulut sortir, ces clameurs devinrent plus distinctes, et on reconnut clairement qu'elles partaient du corps de logis habité par Bambriquet.

Moreau resta immobile, une main appuyée contre la porte entr'ouverte, les yeux tournés vers madame de Salviac: celle-ci, penchée en avant, le cou tendu, écoutait aussi cette rumeur singulière, qui bientôt se fit entendre dans la cour.

— Mais c'est la voix d'Élisa! — s'écria Cécile en tressaillant. — Mon Dieu! que se passe-t-il donc? — Moreau ne fit pas un mouvement; il était d'une pâleur effrayante.

— Oui, c'est bien elle, — reprit la jeune femme après avoir écouté de nouveau; — on dirait qu'elle appelle au secours... Mais le bruit se rapproche, on monte l'escalier, on vient ici!

Pendant qu'elle parlait encore, on entra brusquement dans l'antichambre, dont la porte extérieure était restée ouverte, puis cette porte se referma avec violence, comme si la personne qui venait d'entrer eût craint d'être poursuivie.

Tout à coup Elisa, pâle, les cheveux en désordre, l'œil égaré, se précipita dans le salon en s'écriant d'une voix haletante :

— A mon secours !... Cécile, mes amis.. défendez-moi... protégez-moi... ils me poursuivent... Je me meurs !

Et elle tomba évanouie dans les bras de madame de Salviac.

XII

Revenons maintenant un peu en arrière et voyons ce qui s'était passé chez Bambriquet.

Depuis quelques jours déjà, Elisa avait pu remarquer un changement notable dans les manières de son père et de la gouvernante. Le vieillard prenait avec elle un ton paternel et caressant qui ne lui était pas ordinaire ; il lui parlait par sentences ; souvent il semblait faire allusion à quelque grand événement prochain dont elle ne devait pas encore apprendre le secret. De son côté, Lapiquette s'était radoucie avec la fille de son maître ; elle avait fait trêve aux tracasseries insupportables dont la pauvre enfant était autrefois victime ; sa figure était moins maussade, sa voix était devenue mielleuse ; elle se montrait presque polie envers Elisa. Ces brusques transformations eussent été de sinistre augure pour une personne plus expérimentée que la jeune pensionnaire, mais Elisa n'y vit rien qui dût l'alarmer, et s'en réjouit naïvement, sans en comprendre la cause.

Le matin du jour où elle s'était vue forcée de se réfugier chez madame de Salviac, au moment où elle achevait gaiement sa toilette, son père était entré dans sa petite chambre. Bambriquet avait déjà revêtu son costume de cérémonie : habit noir, cravate blanche brodée, à rosette volumineuse ; sa démarche était lente, grave ; ses traits avaient une expression pédantesque et guindée.

Elisa, surprise de cette visite, poussa un cri de plaisir et courut embrasser son père.

— J'ai à te parler, Lisa, — dit le vieillard avec emphase.

L'accent sépulcral que Bambriquet prenait sans doute pour le ton de la dignité, glaça la jeune fille.

— Bon Dieu ! mon père, comme vous me dites ça, — demanda-t-elle ; — qu'allez-vous donc m'apprendre ?

L'ancien chiffonnier s'assit dans l'unique fauteuil qui décorait la chambrette, conjointement avec quelques chaises de paille ; puis il toussa, cracha, se moucha, et, levant enfin les yeux sur Elisa, qui restait debout, il reprit d'un ton de prédicateur :

— C'est un beau jour, ma fille, que celui où... celui qui... celui enfin où un père va assurer le bonheur de son enfant. Ce beau jour est venu pour toi... pour moi... pour nous deux... et je compte bientôt remercier le ciel d'avoir comblé nos désirs.

Cette harangue burlesque et passablement obscure n'exigeait jusque-là aucune réponse ; cependant Bambriquet s'arrêta, soit pour donner à sa fille le temps d'admirer son éloquence, soit pour préparer une nouvelle bordée de fleurs de rhétorique.

— Mon père, — reprit Elisa, — dites-moi tout simplement ce que vous désirez de moi, et je m'empresserai...

— Laisse donc, ne m'interromps pas, — répliqua le bonhomme de sa voix ordinaire, — je ne veux pas que tu prennes ton père pour un colas incapable de tourner les choses comme il convient dans les grandes occasions.

Oui, ma fille, — continua-t-il avec le même accent déclamatoire, — ton bonheur m'occupe sans cesse, le jour, la nuit, à chaque instant ; et il occupe encore une autre personne que tu as méconnue, pour qui tu as été ingrate, et qui se venge en te comblant de bienfaits... Tu sais de qui je veux parler ?

Cette allusion à la gouvernante inquiéta la pauvre Elisa.

Elle soupçonna quelque méchant tour de sa persécutrice.

— Mon père, — dit-elle, — quel intérêt la personne dont vous parlez peut-elle avoir à...

— Quel intérêt ! — s'écria Bambriquet attendri, en levant les yeux au ciel ; — n'a-t-elle pas toujours été dévouée à ma personne et à ma famille ? Chère et digne femme ! je lui devrai encore le bonheur de ma fille, de mon unique enfant... car apprends, Lisa, que c'est Jeanneton qui a trouvé pour toi ce brillant parti.

— Quel parti ? Vous voulez me marier ?

— Oui, ma fille ; est-ce que je ne te l'ai pas encore dit ? Eh bien ! sache-le donc, il se présente pour toi un magnifique mariage, un homme comme il faut, riche, un cavalier superbe ; et c'est Jeanneton qui a découvert ce trésor. Ah ! petite, si j'étais à ta place, j'irais bien vite sauter au cou de cette excellente personne, et je l'embrasserais en lui demandant pardon pour le passé.

Elisa était consternée, mais l'étrange insinuation de Bambriquet lui rendit la voix.

— Un moment, mon père, — dit-elle vivement, — ma reconnaissance pourrait ne pas aller si loin... Je n'ai aucune envie de me marier.

— Allons donc ! toutes les jeunes filles ne disent-elles pas cela ?

— Mais moi, je le pense sincèrement, mon père. Oh ! de grâce ! renoncez à ce projet ; pourquoi vouloir m'éloigner ? Je suis si heureuse de me trouver près de vous, quoique vous me brusquiez parfois ! Mais vous m'aimez au fond du cœur, et moi je vous aime tant ! Ne me forcez pas à vous quitter, je vous en prie... votre santé est chancelante, et vos veilles continuelles l'altèrent de plus en plus ; gardez-moi près de vous ; je vous soignerai avec tant de zèle, tant d'affection !

Et elle fondit en larmes. Bambriquet ne parut pas touché de cette tendresse filiale.

— Les soins et l'affection ne me manquent pas, va ! — dit-il avec vivacité. — N'ai-je pas Lapiquette qui se mettrait au feu pour moi ? En voilà une qui s'entend joliment à soigner les malades ! Il y a deux ans, lors de cette pleurésie qui a failli m'emporter, elle ne quitta ni jour ni nuit le chevet de mon lit ; fallait voir ! Elle connaissait ma maladie mieux que le médecin, et elle m'a vraiment sauvé la vie... Aussi je la récompenserai ; oui, de par tous les diables ! elle sera récompensée... et, aussitôt que tu seras mariée toi-même, sans attendre davantage... Toujours est-il, petite, que tu n'auras plus besoin de t'occuper de moi dans l'avenir ; je serai comme un coq en pâte pendant le reste de mes jours... Et, pour en revenir à notre affaire, quand tu connaîtras le mari que je te destine...

— Par pitié ! n'insistez pas... j'ai une aversion profonde pour le mariage. Je souhaite rester près de vous ; si je vous quittais je serais malheureuse, et n'est-ce pas, mon père, que vous ne voudriez pas me savoir malheureuse ?

— Malheureuse ? mais au contraire, c'est ton bonheur que je vais assurer, petite sotte, et tu me remercieras plus tard de n'avoir pas écouté tes jérémiades ; car enfin, pour que tu le saches, ton futur est à l'aise ; il a cent vingt mille francs en actions sur la compagnie du... de la... enfin je ne me souviens pas du nom de la compagnie, mais c'est une entreprise magnifique, qui donne huit pour cent ; j'ai vu les titres, et tout est parfaitement en règle. C'est donc environ dix mille francs de rentes que t'apportera ton futur ; moi, de mon côté, je te donnerai une dot équivalente, c'est-à-dire deux cent mille francs comptant, et vous pourrez faire une belle figure dans Paris... D'ailleurs, si vous êtes bien gentils l'un et l'autre, je trouverai moyen d'augmenter vos revenus ; j'ai gagné de l'argent, ma fille, j'en ai gagné beaucoup ; j'en gagne chaque jour, et, pour que tu ne manques pas un si bon parti, je ferais des sacrifices énormes... oui, ma foi ! je doublerais la dot, je la triplerais... c'est-à-dire si je le pouvais sans me dépouiller de tout.

— Mon père, — s'écria la jeune fille, — je sais combien

vous seriez disposé à faire de sacrifices pour assurer mon bonheur, mais je vous prie instamment...

— Laisse donc ; je ne t'ai parlé encore que de la fortune, car je suis pour le positif, moi ; mais il me reste à te parler du futur lui-même, et j'ai gardé le plus beau pour la fin. Tu t'imagines peut-être que je t'amène quelque vieux pataud de mari, bête, lourd, sans éducation et de basse condition... oh ! que nenni, ma chère. C'est un noble, et de la vieille roche encore, il s'appelle *monsieur de Saint-Julien*... Hein ! petite, en voilà un nom de grand genre ! s'appeler madame Elisa de Saint-Julien ! et puis ce n'est pas non plus le premier noble venu : celui-là est, c'est-à-dire, a été militaire.. Il était capitaine dans la garde royale avant 1830 ; non pas, — continua Bambriquet avec un profond dédain, — un de ces capitaines roturiers qui sortent des écoles ou qui arrivent à ce grade par leurs services, c'est trop commun, cela, on trouve cela partout. Non, non, le capitaine Henri de Saint-Julien, car on lui donne encore ce titre de capitaine, avoue modestement lui-même qu'il devait son grade à la protection : il paraît que les Bourbons l'aimaient énormément sa famille ; aussi il est carliste, faut voir ! c'est d'une blancheur de neige, quoi ! Après la révolution de juillet, le gouvernement actuel n'a rien négligé pour attirer le capitaine Saint-Julien ; on a employé toute sorte de promesses et de ruses ; mais votre serviteur ! le capitaine Saint-Julien est au-dessus de ça... Il vous a fait la nique aux ministres, qui avaient un pied de nez, et il a brisé son épée. — Cette expression de *briser son épée* parut si belle et si poétique à Bambriquet, qu'il s'arrêta de nouveau pour permettre à sa fille de la savourer à loisir. La pauvre enfant s'était caché le visage dans ses mains, et pleurait en silence. — Après avoir brisé son épée, — reprit Bambriquet avec emphase, — le capitaine est rentré dans le civil, et... mais, — continua-t-il en souriant, — tu ne m'écoutes pas ; ah ! je comprends, ce n'est pas tout cela, qui t'intéresse, petite curieuse ! Tu voudrais savoir si ton futur est jeune, leste, bien tourné... Eh bien ! rassure-toi ; un Adonis, ma chère, un véritable Adonis ! Ça vous a un air gentilhomme, et des manières, et un langage ! Ça sent l'homme de cour à trois lieues à la ronde. Quant à l'âge, il a bien trente-cinq ans peut-être ; mais il est si bien tenu, si élégant, si coquet qu'on ne lui en donnerait pas plus de trente. De plus, il t'a aperçue l'autre dimanche, au moment où tu allais à la messe avec Jeanneton, et il est devenu éperdument amoureux de toi. Enfin tu me diras ce soir des nouvelles de ton prétendu, car tu le verras aujourd'hui même.

— Aujourd'hui ! — répéta Elisa effrayée.

— Oui, mon enfant, tout est convenu, arrangé, et il ne reste plus que ton consentement à donner ; or, tu ne le refuseras pas lorsque tu connaîtras le capitaine Henri de Saint-Julien ; aussi je veux que dans quinze jours ce soit une affaire bâclée... Ce soir il vient dîner ici avec un de ses amis, un ancien militaire qui lui sert de mentor et qui ne le quitte jamais ; ils sont ensemble comme les deux doigts de la main. Je n'ai pu m'empêcher d'inviter aussi monsieur Joli-Cœur, c'est ainsi qu'il s'appelle, d'autant moins qu'il est un peu parent à ma chère Jeanneton : aussi, pour cette fois, la bonne fille dînera à table avec nous, et ce sera madame Trichard, la portière, qui nous servira.

— Mais, mon père...

— Eh bien ! quoi ? ça t'étonne que mademoiselle Lapiquette mange à table avec nous ? Il faudra t'habituer à cela et à bien d'autres choses encore... il ne te convient pas d'être si fière, petite ; que diable ! tu n'es pas née non plus dans un palais. D'ailleurs, après dîner, je serai obligé de sortir, comme je le fais tous les soirs, pour aller à mes affaires ; ces messieurs passeront la soirée avec toi, et il faudra bien que quelqu'un te serve de chaperon. Ta pauvre mère eût été bien contente si elle eût pu prévoir pour sa fille un si beau mariage... mais puisqu'elle n'est plus là pour te protéger et de donner des conseils, Lapiquette la remplacera fort bien ; elle a tant d'esprit !

Elisa releva la tête.

— Mon père, — dit-elle avec fermeté, — je vous prie d'excuser ma hardiesse ; mais il s'agit du repos de ma vie, ne trouvez pas mauvais si, pour la première fois, ma volonté ose résister à la vôtre. Je vous en conjure, dispensez-moi d'assister à ce dîner, car ce mariage est impossible, et je ne saurais cacher à la personne que vous devez me présenter une invincible répugnance.

— Ah ! c'est comme cela, — dit Bambriquet d'un ton irrité, en se levant à son tour ; — eh bien ! je vous dis, moi, que vous l'épouserez, mademoiselle, entendez-vous ?... Ah ! vous me prenez peut-être pour une espèce de papa gâteau que l'on mène par le bout du nez ! mais j'ai de la dignité, et quand j'ai engagé ma parole d'honneur (car je lui ai donné ma parole d'honneur à ce jeune homme), je n'écoute plus rien. Voyez-vous la petite effrontée, prétendre faire la loi à son père, qui a tant sacrifié d'argent pour elle ! On m'avait bien prévenu que mademoiselle prendrait des airs de princesse ; mais je suis *monté*, vois-tu, oh ! je suis *monté*, et tu marcheras droit. Oui, tu viendras à ce dîner, et tu seras aimable avec le capitaine, ou sinon... Tu ne me connais pas encore ; tu verras si une morveuse comme toi me ferait peur.

Bambriquet paraissait véritablement fort irrité, et il était évident qu'on l'avait prémuni contre la résistance probable de sa fille. Il eût donc été imprudent de le heurter par un refus trop absolu ; d'ailleurs un moyen de faire manquer le projet de mariage sans offenser le vieillard venait de se présenter à l'esprit d'Elisa.

— Tout annonce, — pensait-elle, — que le prétendant est un homme honorable ; ce soir je le verrai, je lui parlerai en secret ; il est gentilhomme, il est militaire, il sera assez délicat pour ne pas insister dans ses poursuites.

Cette réflexion la rassura un peu ; elle répondit d'un air de résignation qu'elle assisterait au dîner, qu'elle s'efforcerait de recevoir convenablement le capitaine Saint-Julien, mais que c'était tout ce qu'elle pouvait promettre pour le moment.

— Et je n'en demande pas davantage, ma jolie petite Lisa ! — s'écria l'ancien chiffonnier aussi prompt à se calmer qu'à se mettre en colère ; — consens seulement à voir le capitaine, et je suis sûr de l'affaire. Tu l'aimeras quand tu l'auras vu une seule fois, car il a tout pour lui, ce garçon-là ; oui, ma parole d'honneur ! il a tout... il est beau, plein d'esprit, il a l'usage du monde et il t'adore déjà. D'ailleurs, songe donc, un homme qui a brisé son épée à la révolution de juillet !... Et puis tu verras son ami Joli-Cœur : en voilà un drôle de corps qui te fera pouffer de rire ! c'est un franc et loyal militaire... Dieu ! que j'aime les militaires ! J'avais rêvé d'avoir pour gendre un officier !... Allons, c'est dit, petite ; nous dînerons à cinq heures ; aie soin d'être prête. Ah ça ! ne néglige pas la toilette, mets cette robe qui te va si bien ; que diable ! je veux que le capitaine te trouve gentille, moi !

Et le bonhomme se retira joyeux, pour aller annoncer à Lapiquette comment la vigueur de son caractère l'avait emporté sur les répugnances de sa fille. Quant à la pauvre Elisa, après être restée un moment à pleurer dans sa chambre, elle monta furtivement chez madame de Salviac afin de lui confier ses chagrins.

Comme on peut le croire, la journée fut triste et pleine d'angoisses pour Elisa. Cependant jamais ni son père ni Lapiquette n'avaient paru si satisfaits ; Bambriquet parcourait la maison en poussant des éclats de rire capables de briser les vitres, et la gouvernante avait montré de la déférence pour sa jeune maîtresse jusqu'à venir lui demander d'un air gracieux si elle avait besoin de ses services pour l'habiller. Mademoiselle Bambriquet accepta ; car, par une inconséquence particulière aux femmes, elle eût été désolée de ne pas paraître belle à cet homme dont elle dédaignait la recherche. Sa toilette achevée, pendant que Lapiquette de son côté allait mettre ses habits des grands jours, Elisa réfléchit au moyen d'entamer l'explication délicate qu'elle devait avoir avec son fiancé inconnu.

XIII

Au moment où cinq heures sonnèrent, un fiacre entra dans la cour de la maison, et le cocher, à qui l'on avait sans doute promis un bon pourboire, annonça son arrivée par d'assourdissans claquemens de fouet. Élisa ne douta pas que cette voiture ne renfermât ceux qu'on attendait, et le cœur lui battit avec violence. Obéissant à une irrésistible curiosité, elle souleva un coin du rideau blanc qui ornait sa fenêtre et jeta un regard furtif dans la cour.

La personne qui descendit la première du fiacre était un homme de moyenne taille, tout vêtu de noir, en bottes vernies et en gants jaunes. Cependant, quoique son costume fût irréprochable, la raideur et la gêne de ses mouvemens prouvaient qu'il n'avait pas l'habitude de les porter. Ses traits étaient pâles, étirés; un collier de barbe noire encadrait son visage, qui n'eût pas manqué de distinction si des rides précoces n'eussent trahi certaines habitudes d'irrégularités. Il était mince, maigre, et rien dans sa personne ne démentait son origine soi-disant aristocratique; son œil seul avait une expression d'astuce, une mobilité d'assez mauvais augure. Toutefois mademoiselle Bambriquet dut s'avouer que son père n'avait pas eu tort de vanter le capitaine Saint-Julien ; c'était vraiment un assez beau cavalier, et comme les femmes jugent volontiers du caractère d'un homme sur son extérieur, la pauvre Élisa conçut l'espoir de ne pas invoquer inutilement la générosité d'un pareil prétendu.

Pendant qu'elle faisait ces observations, un second personnage était descendu ou plutôt avait sauté à bas de la voiture avec une agilité extraordinaire. Ce personnage, dont nous avons déjà entrevu la silhouette dans un chapitre précédent, était précisément le grand gaillard que Lapiquette se donnait pour cousin, et à qui elle prodiguait l'argent extorqué à l'imbécile Bambriquet. Monsieur Joli-Cœur, malgré les fonctions graves qu'il avait à remplir dans la circonstance actuelle, puisqu'il venait comme ami et conseil du capitaine Henri de Saint-Julien, portait un costume passablement hétéroclite, qui appela un sourire sur les traits malins de la jeune fille.

Sa haute taille était serrée dans un habit noir très court, qui évidemment n'avait pas été fait pour lui, et son gilet de velours écossais lui couvrait à peine la moitié de la poitrine. En revanche, son pantalon à carreaux de diverses couleurs était d'une ampleur extravagante, et, dès qu'il fut à terre, il s'empressa de fourrer ses deux grosses mains gantées dans les poches qui ornaient le susdit pantalon à la hauteur des hanches. Son chapeau, posé sur l'oreille, donnait à sa physionomie naturellement goguenarde un air hardi et provoquant. Mais lorsque après avoir congédié le cocher, les deux amis se dirigèrent vers la maison, messire Joli-Cœur modifia un peu ses allures, sans doute pour obéir à quelques paroles brèves que lui adressa le capitaine : les mains quittèrent précipitamment les goussets, le chapeau prit une position perpendiculaire, et les traits gouailleurs revêtirent une expression hypocrite. De son côté le capitaine se redressa, passa la main sur sa cravate, en affectant l'aisance, et tous les deux s'approchèrent de Bambriquet, qui accourait pour les recevoir.

Élisa avait laissé retomber le rideau dès que les visiteurs s'étaient dirigés vers la maison; mais eut-elle remarqué les imperceptibles et fugitives nuances dont nous venons de parler, sans doute elles n'eussent pu détruire dans son esprit l'effet de la première impression. La confiance était entrée dans son cœur, et ce fut sans trop de crainte qu'elle vit approcher l'heure du dîner.

Lapiquette vint enfin lui annoncer que tout était prêt. La gouvernante avait mis pour cette solennité une robe de soie d'un rouge écarlate, et un bonnet à fleurs de coquelicot qui avait trois fois plus d'ampleur qu'à l'ordinaire. Ainsi parée, elle marchait lentement dans sa gloire et dans sa majesté. Sa figure, assez fraîche, mais commune, reflétait une profonde satisfaction, une naïve admiration d'elle-même. Peut-être avait elle compté impressionner sa jeune maîtresse en se montrant à elle dans tous ses atours; mais elle s'était trompée. Soit que l'obscurité qui se répandait déjà dans la chambre empêchât de jouir du magnifique spectacle de la servante *déguisée en dame*, soit qu'Élisa fût entièrement préoccupée d'elle-même, la jeune fille se dirigea sans rien dire vers le salon où se trouvait la compagnie, et Jeanneton, désappointée, la suivit en grommelant.

Le couvert était mis dans cette pièce, car Bambriquet, comme beaucoup de petits bourgeois, ne se servait pas de sa salle à manger, par économie de bois et de lumière. Le piano, transformé en buffet, était surchargé d'assiettes et de bouteilles. Outre la petite lampe qui était sur la table, on avait allumé pour ce cas exceptionnel deux vénérables bougies qui, depuis trente ans au moins, surmontaient les chandeliers de cuivre à demeure sur la cheminée, et ce supplément de lumières permettait de voir parfaitement, attendu l'exiguïté de la pièce, toutes les personnes qui se trouvaient là.

Bambriquet, renversé dans son fauteuil, au coin du feu, les jambes croisées, le chapeau sur la tête, parlait avec son emphase habituelle; le capitaine Saint-Julien debout, le coude appuyé sur le support de la cheminée, une main dans ses cheveux déjà un peu rares (attitude évidemment copiée sur quelque jeune premier des petits théâtres du boulevard), écoutait d'un air d'intérêt et même de respect les phrases ampoulées de son futur beau-père. De l'autre côté de l'âtre, le cousin Joli-Cœur occupait le fauteuil réservé d'ordinaire à Lapiquette et semblait fort mal à l'aise : le corps raide et perpendiculaire, il n'osait faire aucun mouvement; son chapeau restait comme en équilibre sur ses genoux serrés l'un contre l'autre, et ses mains, sans doute par une irrésistible habitude, étaient allées se perdre dans le gouffre béant des poches de son pantalon. Il ne prononçait pas une parole ; seulement il riait ou approuvait d'un signe de tête lorsqu'il voyait rire ou approuver son ami. Madame Trichard, la portière, ornée d'un tablier blanc, allait et venait pour préparer le dîner ; mais elle prêtait l'oreille à ce qu'on disait, et faisait ample provision de commérages pour le lendemain.

Quand Élisa parut, tout le monde se leva. La jeune fille était vraiment charmante avec sa robe de mérinos bleu, son canezou blanc et les bandeaux de cheveux noirs qui encadraient sa figure d'un ovale parfait. En se voyant l'objet de l'attention générale, elle s'arrêta et baissa les yeux en rougissant.

— Eh bien ! avance donc, — s'écria Bambriquet en riant aux éclats, — le capitaine ne te mangera pas...! N'est-ce pas, capitaine, que vous ne mangez pas comme ça les petites filles à la croque-au-sel ?

Le capitaine vint au-devant d'elle et s'inclina profondément.

— Je serais bien malheureux, — dit-il avec un accent pénétré, — si le premier sentiment que j'inspire à mademoiselle était un sentiment de répulsion.

Ce compliment, assez convenable, et surtout le ton respectueux de Saint-Julien, confirmèrent la jeune fille dans la bonne opinion qu'elle avait déjà conçue de son futur. Elle fixa avidement son œil noir sur l'œil du capitaine, comme pour mettre son âme en communication avec cette âme qu'elle supposait sympathique; malheureusement le regard n'était pas en rapport avec les paroles. Élisa n'y trouva qu'une expression vague de curiosité et d'astuce qui la glaça. Elle baissa de nouveau la tête et balbutia quelques mots de politesse banale.

Cependant Joli-Cœur s'était levé et s'évertuait à saluer

sans qu'on s'en aperçût. Il en était à sa dixième inclination de corps, lorsque Lapiquette le tira brusquement par la basque de son habit et lui dit quelques mots à voix basse. En ce moment Bambriquet, dans son affectation ridicule des usages du monde, crut devoir présenter en règle les nouveaux venus à sa fille.

— Tiens, Lisa, — dit-il en lui désignant le capitaine, — voici monsieur de Saint-Julien, un digne jeune homme ; tu sais ce que je t'en ai dit, et tu le jugeras comme moi plus tard ; il y a surtout la chose d'avoir *brisé son épée* qui est fièrement honorable.

— Monsieur, — interrompit le capitaine avec une apparence de modestie, — vos éloges me rendent confus ; je craindrais de ne pas les mériter aussi bien aux yeux de mademoiselle votre fille.

— Hein ! comme c'est bien dit ! — s'écria Bambriquet ; — c'est de la politesse de l'ancien régime, ça... On voit bien, capitaine, que vous êtes gentilhomme; on n'est plus poli comme ça depuis qu'on a renversé nos rois légitimes. Moi, j'ai toujours été pour nos rois légitimes... Ce n'était pas comme ce gouvernement-ci : des gens de rien du tout... un beau gouvernement de deux liards, ma foi! Mais ne parlons pas politique pour le moment ; Lapiquette est républicaine : il ne faut blesser personne dans ses opinions... Quant à moi, capitaine, je suis des vôtres, vous savez... Suffit, nous nous entendons.

— Et nous nous entendrons toujours, monsieur Bambriquet, — répondit Saint-Julien, en souriant à son futur beau-père.

L'ancien chiffonnier regarda sa fille pour s'assurer de l'impression que le capitaine avait produite sur elle : la pauvre petite s'était assise dans l'ombre et restait pensive; Bambriquet attribua cet isolement à la timidité.

— Eh bien ! et monsieur Joli-Cœur ! — reprit-il en se tournant vers le gigantesque cousin de Lapiquette, — pourquoi ne s'égaye-t-il pas? Il était si amusant l'autre jour, lorsqu'il est venu pour la première fois.

Joli-Cœur voulut ouvrir la bouche, mais Lapiquette le tira encore par son habit.

— Il s'égayera au dessert, n'est-ce pas? — dit-elle en minaudant.

— Il ferait mieux de ne pas s'égayer du tout, — reprit le capitaine en jetant sur son acolyte un regard de travers. — Vous avez voulu à toute force, mon bon monsieur Bambriquet, que je vous amenasse mon... ami ; mais je dois vous prévenir, ainsi que mademoiselle, contre les écarts possibles de sa langue ou de ses manières... C'est un franc militaire, que j'aime beaucoup malgré ses petits défauts, mais il a conservé un peu les usages des casernes...

— Ah çà ! va-t-on m'interloquer longtemps comme ça ? — grommela Joli-Cœur vexé de cette espèce de mercuriale.

Lapiquette se hâta d'interrompre une conversation qui pouvait devenir dangereuse, et, montrant la portière qui venait de poser sur la table une immense soupière :

— Allons ! — s'écria-t-elle, — voici qui égayera tout le monde... A la soupe ! à la soupe !

— A la soupe ! j'en suis ! — s'écria Joli-Cœur en s'élançant de son siége avec cette légèreté acrobatique dont nous avons parlé.

Le capitaine Saint-Julien offrit la main à Élisa pour la conduire à sa place. A son tour Lapiquette voulut qu'on lui fît le même honneur, et comme son cousin ne semblait pas y songer, elle lui apporta sa grosse main rouge et calleuse. Joli-Cœur prit cette main qu'on lui octroyait si libéralement, la regarda d'un air étonné, et, ne sachant qu'en faire, la porta à ses lèvres ; après quoi il se dirigea seul vers la chaise qui lui était destinée, laissant sa cousine, la main en l'air, se rendre à table comme elle l'entendrait. En un instant sa serviette fut dépliée, étalée sur ses genoux, et il promena sur les mets un regard avide.

Pendant le dîner, la conversation roula sur des lieux communs. Bambriquet parlait de tout avec l'aplomb de la plus crasse ignorance. Lapiquette avait certaines velléités de bel esprit, et jamais plus malheureuses expériences ne furent tentées en ce genre ; ses balourdises n'appelaient pas même un sourire de pitié sur les traits des convives. Saint-Julien disait peu de choses, mais il s'occupait beaucoup d'Élisa, qui était assise près de lui. En revanche, le cousin Joli-Cœur ne disait rien du tout, mangeait énormément et buvait à l'avenant ; les bouteilles disparaissaient devant lui avec une telle rapidité que le capitaine et Lapiquette échangèrent plus d'une fois des regards d'inquiétude, et que la gouvernante dut risquer à voix basse un mot d'avertissement dont le silencieux cousin ne tint aucun compte. Sans doute en tout cela bien des choses devaient révolter l'exquise délicatesse de la jeune fille, mais Élisa prenait patience ; la réserve du capitaine, ses manières en apparence plus distinguées que celles des autres convives, lui faisaient bien augurer de l'explication qu'elle comptait avoir avec lui à la première occasion favorable.

Cependant une fois le courage faillit lui manquer, malgré son intention bien arrêtée de boire le calice jusqu'à la lie. Bambriquet, entre autres choses, avait demandé à Joli-Cœur quel métier il exerçait depuis qu'il avait quitté le service.

— Je suis professeur, — répondit laconiquement le cousin, la bouche pleine.

— Professeur ? et de quoi donc ?

— De *savate* ; je fais dans les coups de pied, les coups de poing, les coups de bâton, à la ville et à la campagne... à votre service.

En même temps il avala un grand verre de vin, fit claquer sa langue et se remit à manger.

Bambriquet ne parut pas très flatté de la singulière profession de l'ami de son gendre futur. Quant à Élisa, elle ne put retenir un mouvement de dégoût. Lapiquette et le capitaine remarquèrent cette fâcheuse impression.

— C'est un drôle d'état que vous avez, cousin, — dit Jeanneton avec une intention maligne ; — mais après tout il n'est pas plus déshonorant que d'autres dont certaines gens ne se trouvent pas trop mal.

Cette allusion à l'ancienne profession du maître du logis eût encore augmenté le malaise d'Élisa si le capitaine de Saint-Julien ne lui eût dit avec un peu de confusion :

— La profession de ce pauvre garçon est, je l'avoue, peu relevée ; mais que pouvait-il faire lorsque, après la révolution de juillet, la carrière militaire lui a manqué tout à coup ? Il fallait vivre, et je n'étais pas assez riche alors pour lui venir en aide... D'ailleurs un ancien soldat rougirait-il d'être à la charge même d'un ami... Faut-il le blâmer s'il a gagné sa vie comme il a pu ?

Une expression goguenarde se montra sur les traits de Joli-Cœur, mais il se tut et se contenta de sourire d'un air narquois. Élisa voulut répondre quelque chose, et ne trouva qu'une banalité.

— Il n'y a point de sot métier, — dit-elle en détournant la tête et en poussant un soupir involontaire.

— Oui, c'est cela ! — s'écria Bambriquet frappé de la profondeur de cette observation ; — elle est pleine d'esprit, cette petite ! Au fait, pourquoi monsieur Joli-Cœur ne serait-il pas professeur de *savate* ? il y a bien des maîtres d'armes, et c'est à peu près la même chose... Dites donc, Joli-Cœur, il faudra que vous me donniez quelques leçons... on ne sait pas de quoi on peut avoir besoin.

— Quand vous voudrez, papa, — répliqua le professeur de sa voix enrouée. — Toute ma boutique est à vous et je ne vous prendrai *rien* par leçon... passez au bureau tant qu'il vous plaira.

Le dîner s'acheva ; on apporta le café et les liqueurs sur la table encore chargée des débris du dessert. Joli-Cœur, dont les fréquentes libations pendant le repas avaient illuminé la face, avala coup sur coup plusieurs petits verres, et quand Lapiquette voulut par prudence enlever les flacons, il s'y opposa d'un air d'autorité, si bien que sa cousine n'osa, de peur d'un esclandre, exécuter son projet.

Pendant qu'elle cherchait à lui faire entendre raison, Bambriquet se leva, tira sa vieille montre d'argent et annonça qu'il était obligé de sortir.

XIV

Le capitaine avait observé avec attention la contenance de son compagnon; redoutant sans doute quelque fâcheux éclat, il se leva à son tour.

— Eh bien! monsieur, — dit-il précipitamment, — si vous voulez bien le permettre, nous allons nous retirer aussi.

— Comment ça ? — s'écria Bambriquet surpris, — ne comptiez-vous pas rester avec ces dames pendant que j'irais à mes affaires ? Je ne serai pas longtemps absent ce soir.

Le capitaine parut très embarrassé.

— Mon bon monsieur Bambriquet, — reprit-il, — j'aurais grand plaisir à passer encore quelques instans près de votre charmante demoiselle, mais ce pauvre Joli-Cœur est déjà gris, et je crains...

— Allons donc! Lisa est une brave fille, et, quoique élevée dans un couvent, elle ne sera pas assez bégueule pour se fâcher de voir un honnête garçon un peu en goguette : restez donc... elle vous chantera quelque chose pour vous amuser.

La jeune fille comprit qu'il n'y avait pas à hésiter; elle avait trop souffert dans cette soirée pour vouloir attendre une seconde épreuve. D'ailleurs, si elle laissait partir son futur sans s'être expliquée avec lui, l'occasion pourrait ne plus se représenter, et elle se trouverait enfin irrévocablement engagée. Aussi résolut-elle d'en finir à tout prix.

— Mon père m'avait fait espérer, — dit-elle en rougissant, — que monsieur de Saint-Julien voudrait bien nous accorder sa soirée.

Bambriquet poussa un grand éclat de rire et frappa sur l'épaule du capitaine.

— Vous entendez, — s'écria-t-il, — je ne le lui fais pas dire; c'est elle qui vous retient... Heureux coquin, va! Eh' bien! voulez-vous partir, maintenant?

— Je reste, — dit le capitaine, non sans jeter un regard de côté sur son ami.

Bambriquet prit son manteau et s'approcha de Saint-Julien.

— Ah çà! capitaine, — dit-il à voix basse en lui serrant la main, — nos projets tiennent-ils?

— Monsieur, je suis au comble de mes vœux.

— Tant mieux; alors j'ai votre parole ?

— De tout mon cœur!

— Vous avez la mienne : ainsi donc à mon retour nous fixerons le jour de la noce... Adieu, messieurs et dames, — continua-t-il en élevant la voix, — amusez-vous bien; je ne serai pas longtemps absent.

— Bonjour, vieux papa, — cria Joli-Cœur d'une voix de fogomme.

— Ah! ah! voilà la gaieté qui lui revient, — dit l'ancien chiffonnier; — vous allez bien rire, et je ne serai pas là... Au diable les affaires!... Allons, bonsoir tous, puisqu'il le faut.

Et il quitta la maison avec autant de sécurité que s'il n'eût pas laissé sa fille dans une compagnie où elle pouvait être exposée à des outrages de plus d'un genre.

Cependant Elisa ne s'effraya pas trop d'abord du départ de son père. Elle alla s'asseoir à son piano, espérant peut-être que le capitaine Saint-Julien profiterait de cette occasion de causer plus confidentiellement avec elle; mais le capitaine s'était penché à l'oreille de Joli-Cœur et lui parlait avec une extrême vivacité.

— Laisse-moi donc tranquille ! — s'écria celui-ci avec insolence; — à la fin ça m'ennuie d'être un homme comme il faut. Pourquoi tant se gêner, puisque le vieux n'est plus là ? Cousine Jeanneton, embrasse-moi pendant que je me verserai encore un petit verre.

— Mademoiselle, — s'écria Lapiquette de son verbe le plus haut, afin sans doute qu'on ne pût entendre les propos étranges de son malencontreux cousin, — n'allez-vous pas jouer de votre piano et chanter quelque chanson ?... ça fera bien plaisir à ces messieurs.

Elisa se hâta de promener ses doigts agités sur les touches de l'instrument, et elle préluda bruyamment. Elle commençait à regretter que son père se fût éloigné.

Cependant Saint-Julien s'était emparé avec autorité des deux flacons restés sur la table et voulait qu'on les fît disparaître; cette action porta au comble la colère de l'ivrogne.

— Cré mille tonnerres! Henri, ne m'échauffe pas la bile! — s'écria-t-il en se levant et en arrachant les flacons des mains de son camarade; — c'est aussi par trop embêtant si l'on ne peut ni se remuer, ni parler, ni rien faire. Je m'ennuie, moi, et je veux boire! N'aie donc pas peur que je me grise et que je dise des bêtises... Est-ce que je suis ton enfant, de par tous les diables! Fais l'amour, toi, et ne te mêle pas du reste.

La pauvre Elisa frappait sur son piano de manière à en briser toutes les cordes; elle se sentait humiliée, avilie; des larmes de honte brillaient dans ses yeux.

Enfin pourtant les observations du capitaine et celles de la gouvernante finirent par calmer Joli-Cœur. Sa voix devint moins bruyante, et bientôt elle cessa de dominer les sons de l'instrument; il est vrai qu'on avait été forcé de lui abandonner encore une fois les flacons, sur sa promesse d'en user avec réserve. Pendant que la gouvernante restait près de lui pour occuper son attention, Henri s'avança vers Elisa, qui continuait de tourmenter machinalement les touches du piano, et il s'assit à côté d'elle en lui disant avec respect :

— Soyez assez bonne, mademoiselle, pour excuser les inconvenances de ce pauvre garçon; il n'est pas habitué à se trouver en compagnie de femmes timides et bien élevées; la boisson lui fait dire, comme vous voyez, mille impertinences.

— Ne parlons pas de lui, capitaine, — répliqua la jeune fille, qui crut le moment favorable pour l'explication projetée; — malgré les liens d'affection qui vous unissent l'un à l'autre, je vous ai facilement distingué de cet homme grossier; et c'est avec confiance que je vais m'adresser à votre honneur, à votre délicatesse.

— Cette confiance ne sera pas trompée, je l'espère, — répondit Saint-Julien en s'inclinant d'un air embarrassé.

— Monsieur, — reprit-elle sans cesser de promener ses doigts sur le clavier du piano, — la position dans laquelle je suis me met au-dessus de certaines convenances... je me trouve dans la nécessité de sortir un peu de la réserve ordinaire aux jeunes filles... veuillez donc m'excuser si j'entre brusquement en matière,

— Je vous écoute, mademoiselle

— Monsieur de Saint-Julien, — continua-t-elle d'une voix étouffée, — vous m'avez parlé aujourd'hui pour la première fois, et je ne peux encore avoir produit sur vous une impression bien profonde; de mon côté, bien que j'aie pu reconnaître en vous des qualités estimables, je dois avouer que je ne me sens incapable de faire votre bonheur. Je n'ai aucun préjugé contre vous; cette déclaration eût été la même à l'égard de toute autre personne qui aurait recherché ma main... J'invoque donc votre générosité, et je vous conjure d'imaginer un prétexte honorable pour rompre le mariage projeté.

Le mécontentement et la colère se peignirent sur les traits du capitaine Saint-Julien.

— Mademoiselle, — dit-il, d'un ton piqué, — les confidences sont bien tardives; peut-être, avant de venir jusqu'à moi, eussent-elles dû d'abord être adressées à monsieur Bambriquet.

— Aussi ai-je tout dit à mon père, — reprit Elisa vivement; — mais, par des considérations particulières, il n'a pas voulu m'entendre. Je m'adresse à votre bonheur de militaire, à votre loyauté de gentilhomme, et je vous supplie instamment de ne pas abuser de vos avantages; vous aurez droit à toute ma reconnaissance.

Le capitaine se tut un moment comme s'il hésitait; Elisa avait à peine la force de mouvoir ses mains, si légères habituellement, et les notes expiraient inachevées sous ses doigts.

— Mademoiselle, — reprit enfin Saint-Julien d'une voix sarcastique, — vous vous êtes méprise sur le caractère du sentiment que vous m'inspirez; ce sentiment est plus sérieux que vous ne pensez, et je n'aurais garde de le sacrifier à de vains scrupules de jeune fille. Votre père vous aime sincèrement, et si les motifs que vous lui avez donnés n'ont pu le décider à renoncer à nos projets, sans doute j'aurais tort d'y renoncer moi-même.

Un demi-sourire errait sur ses lèvres pendant qu'il parlait. Elisa, par une rapide intuition, entrevit l'affreuse réalité : cet homme, fort de l'assentiment de son père, aurait le courage de l'épouser malgré elle; tout à l'heure, lorsqu'elle croyait qu'il hésitait, il cherchait sans doute les moyens d'éluder sa demande. En acquérant cette certitude, la jeune fille sentit comme une violente commotion à la poitrine; elle pâlit, et, les yeux fixés sur le capitaine, elle laissa ses deux mains s'arrêter à la fois sur le clavier du piano.

Cette interruption permit d'entendre Joli-Cœur, qui disait en se démenant sur sa chaise :

— De quoi diable as-tu peur, Jeanneton, puisque ton vieux n'est plus là? Nom de nom! allons-nous nous amuser quand tu t'appelleras madame... ?

Le capitaine frappa du pied.

— Ce butor me rendra fou! — s'écria-t-il en jetant sur l'ivrogne un regard foudroyant.

Joli-Cœur répondit par une bordée d'injures grossières, et Elisa, pour ne pas entendre les ignobles expressions dont il se servait, se remit à frapper sur son piano avec une sorte de désespoir. Son cœur se soulevait de dégoût, et cependant, lorsque le calme se fut rétabli à l'extrémité de la salle, elle eut le courage de tenter un dernier effort sur l'esprit de Saint-Julien.

— Monsieur, — reprit-elle en se penchant vers lui, — sans doute vous n'avez pas bien compris le sens de mes paroles. Je vous ai dit que je me sentais incapable de faire votre bonheur; cela signifiait (pardonnez si, contre mon gré, mes paroles sont dures), cela signifiait que je ne vous aimais pas, que je ne pourrais jamais vous aimer.

Le capitaine sourit.

— C'est un aveu désolant pour moi, mademoiselle, mais je ne le crois pas de nature à m'enlever tout espoir. Peut-être plus tard mes soins, mon affection...

— Eh bien! — balbutia la jeune fille poussée à bout, — puisqu'il le faut, je ne vous cacherai rien... j'aime une autre personne, et... oui... je crois que je l'aimerai toute ma vie.

La pauvre enfant savait à peine si elle disait la vérité, car elle n'avait jamais osé interroger son cœur. Cet aveu était venu jusqu'à ses lèvres, parce qu'il lui semblait un argument irrésistible dans la circonstance présente; cependant, effrayée elle-même de sa hardiesse, elle détourna la tête en rougissant.

Le capitaine ne parut pas s'émouvoir davantage; seulement l'expression de raillerie qui se montrait d'abord sur son visage fit place à une certaine expression de menace.

— Il est peu de jeunes demoiselles, — dit-il sèchement, — qui n'aient eu avant le mariage de pareilles amourettes; un mari ne doit pas s'effrayer de ces enfantillages... Quant à moi, mademoiselle, je saurais bien, le jour où je me serais uni à une femme, l'obliger à respecter ses devoirs.

Elisa était atterrée : une pareille infamie surpassait tout ce qu'elle avait pu imaginer : mais ce sentiment de consternation dura peu; elle résolut d'accepter franchement la lutte qui se préparait, et se leva pour sortir. Le capitaine comprit qu'il l'avait blessée, et il allait essayer d'atténuer l'effet de ses dernières paroles; mais ce qui se passait dans l'autre partie de la salle réclama impérieusement son attention.

Lapiquette cherchait à se défendre contre son audacieux cousin qui voulait l'embrasser.

— Allons donc pas tant de simagrées, Jeanneton, — criait l'ivrogne dont la vigueur extraordinaire rendait toute résistance à peu près impossible; — que diable! ce ne sera pas la première fois!

Et un gros baiser résonna sur la joue rouge de la gouvernante.

— Emmenez-le, capitaine! par pitié, emmenez-le! — s'écria Jeanneton en rajustant son bonnet, — il a perdu la raison... C'est un abominable vaurien!

— Ignoble brute! — dit Saint-Julien en lui prenant le bras, — tu as donc juré de ne faire que des sottises ce soir?

Et il voulut l'entraîner vers la porte; mais Joli-Cœur entra dans une épouvantable colère et se dégagea vivement.

— Brute? vaurien? — répéta-t-il; — ah çà! pour qui me prenez vous, vous autres? Eh bien! ma foi, au diable la comédie! je dis tout, j avale le morceau... Je ne suis pas un homme comme il faut, moi, je ne suis qu'un bambocheur, un *voyou*, quoi! et vous autres qui faites les fiers, je veux apprendre à cette jolie demoiselle ce que vous êtes.

— Te tairas-tu, infâme coquin! — s'écria le capitaine en s'efforçant inutilement de fermer la bouche au colosse.

Lapiquette s'avança vers Elisa, qui était pétrifiée et frappée d'épouvante.

— Mademoiselle, — dit-elle précipitamment, — il n'est pas convenable que vous écoutiez plus longtemps les vilains propos d'un homme ivre; rentrez donc dans votre chambre.

— Oh! pour cela, non! — s'écria Joli-Cœur en allant se placer devant la porte qui conduisait dans l'intérieur de l'appartement, — il faut que la demoiselle sache tout... Elle est gentille, cette petite; je lui veux du bien, et je ne souffrirai pas qu'elle épouse ce méchant Henri Janicot, *ni natif* de Saint-Julien en Béarn, et qui s'est déguisé aujourd'hui en *monsieur* avec l'argent que je lui ai donné.

— Pour Dieu! cousin Joli-Cœur, — interrompit Lapiquette d'un ton suppliant, — n'inventez pas des mensonges, et souffrez au moins que mademoiselle...

— Je n'invente pas de mensonges, et je ne suis pas ton cousin! — reprit l'ivrogne d'un ton brusque; — je suis ta *connaissance*, et je t'aide à manger l'argent que tu te fais donner ou que tu voles avec des fausses clefs, voilà tout! Tu veux me persuader que, lorsque ton papa épousé te vieux, tu le planteras là; mais je te connais bien : tu es aussi menteuse qu'effrontée!

— Seigneur, mon Dieu! — disait Lapiquette en levant les yeux et les mains vers le ciel, — faut-il entendre proférer de pareilles horreurs à son propre parent! Moi qui ai toujours été une fille si honnête et si vertueuse!

Le capitaine écumait de rage : ses traits étaient livides et décomposés; il s'efforçait toujours, mais inutilement, d'entraîner l'ivrogne.

— Viens, viens donc! — disait-il d'une voix étouffée; — viens, ou je te tuerai!

— Me tuer, toi, pauvre avorton! — répliqua Joli-Cœur en le repoussant d'un geste dédaigneux; — tu pourrais bien m'attendre au coin d'une rue, le soir, pour me porter un mauvais coup, mais tu n'oserais jamais m'attaquer en face... Voyez-vous, ma petite protégée, — continua-t-il en s'adressant à la jeune fille éperdue, — on vous a dit qu'il était riche, qu'il était noble, qu'il avait été officier dans la garde royale, ce sont des *blagues*, c'est un pauvre va-nu-pieds. Depuis plus de deux ans je l'ai à mon croc, et je le nourris tant bien que mal. Les cent vingt mille francs d'actions qu'on a montrées au papa ont coûté trois francs cinquante d'achat, et c'est encore trop cher ; mais cette damnée Jeanneton ferait croire au bonhomme, si elle voulait, que les vessies sont des lanternes ! Henri, que nous appelons à la salle d'armes Henri le Floueur, n'est pas plus noble que vous et moi... A la vérité il a reçu un peu d'éducation et, quand il veut, il sait prendre des airs comme il faut ; aussi n'a-t-il eu l'idée de se faire passer pour un ancien capitaine de la garde royale ; mais c'est un *chic* qu'il se donne, voyez-vous !.. Il n'a jamais été que caporal dans ce beau corps, où j'étais susceptible de *marcher avec* comme simple troubadour, et encore il en a été chassé au bout de trois mois pour avoir *mangé la grenouille*, si bien que, sans notre colonel qui a eu pitié de lui, il eût été condamné aux fers... Depuis ce temps il a traîné la misère dans Paris, et il comptait se remplumer avec l'argent de votre dot.

Elisa, malgré l'épouvante et l'indignation qu'elle éprouvait, n'avait pas perdu un mot de ce récit ; elle entrevoyait enfin la hideuse trame dans laquelle son père et elle se trouvaient enveloppés. Son imagination pure s'égarait dans ces monstrueuses conceptions de l'intrigue, de l'immoralité et du crime.

— O mon Dieu ! mon Dieu ! — s'écria-t-elle, — pourquoi m'avez-vous précipitée dans cette fange ?

Le soi-disant capitaine et Lapiquette étaient consternés.

— Mademoiselle, — dit enfin la gouvernante en essayant encore de prendre un air de dignité, — sans doute vous ne croyez pas un mot de ce que vous a dit cet ivrogne ; une personne comme moi est au-dessus de pareils soupçons ; cependant je serais fâchée que l'on répétât à votre père...

— Laissez-moi ! — dit la jeune fille en détournant la tête.

— Elle le croit, sainte Vierge ! elle le croit... suis-je assez malheureuse !

— Non, non, — dit le prétendu Saint-Julien en s'efforçant de sourire ; — mademoiselle est trop sage pour prendre au sérieux les propos de cette nature... Voilà ce qu'il en coûte d'admettre des gens grossiers dans une honorable compagnie.

— Et pourtant, — dit Elisa incapable de maîtriser ses impressions, — cet homme, tout grossier qu'il paraisse, n'est peut-être pas ce qu'il y a de plus méprisable ici.

— Bravo, la petite ! bien touché, ma petite mère ! — cria Joli-Cœur en riant aux éclats ; — Henri le Floueur en tient, sur ma parole !... On avait bien raison de dire que vous n'étiez pas aussi commode que votre vieux bêta de père. A toi le paquet, monsieur le faraud ! tu as trouvé ton maître.

Cependant Elisa, de plus en plus effrayée, cherchait à gagner la porte extérieure ; mais la gouvernante et Henri s'aperçurent de son projet.

— Ma bonne maîtresse, — dit Lapiquette, qui voulut essayer de la soumission et de l'humilité, — je vous le jure, ces abominations sont de toute fausseté. Je suis innocente comme l'enfant nouveau-né ; je n'ai jamais volé votre père, je n'ai jamais eu de fausses clefs... Le peu d'argent que je possède m'a été donné par...

— Laissez-moi !... ne me touchez pas ! — dit Elisa en reculant à mesure que la gouvernante s'avançait vers elle.

— Mademoiselle...

— Je ne veux rien entendre... je veux sortir... j'ai peur, ne me touchez pas !

— Mille tonnerres ! — s'écria le prétendu capitaine Saint-Julien en donnant enfin carrière à sa brutalité naturelle, — nous laisserions-nous molester par une morveuse ? vous entendrez la raison, mademoiselle, ou sinon...

Il allait porter la main sur elle pour la retenir de force, mais elle poussa des cris si perçans qu'il n'osa exécuter son projet. La pauvre petite profita de ce moment d'hésitation et s'enfuit dans la cour.

— Suivons-la, — s'écria Lapiquette ; — empêchons-la de raconter les choses à sa manière chez les voisins.

— Qu'importe, maintenant, — dit Henri d'un ton sombre, — ce stupide animal de Joli-Cœur a tout perdu... le coup est manqué.

— Pas encore, — répondit la gouvernante avec suffisance ; — vous ne savez pas quel est mon pouvoir ici : tout peut encore se réparer.

Pendant qu'ils se consultaient à demi-voix, l'ivrogne, assis sur la table, poussait des éclats de rire convulsifs et disait en les regardant d'un air goguenard :

— Eh ! eh ! les amis, ça vous apprendra ! Je n'aurai pas ma part au gâteau, mais je m'en moque pas mal ! Ah ! vous m'avez appelé vaurien et butor, et vous avez voulu me traiter comme un zéro ! eh b'en ! trémoussez-vous, maintenant... Dieu ! j'ai t'y fait de *la* belle ouvrage.

Et, dans un accès d'hilarité, il se laissa tomber sous la table.

Nous savons qu'à la suite de l'effroyable scène que nous venons de retracer, Elisa s'était évanouie en entrant chez madame de Salviac ; mais les soins empressés que lui prodigua Cécile la tirèrent de sa léthargie. Moreau respira lorsqu'il vit une teinte rosée reparaître enfin sur ses joues.

— Elle reprend ses sens, — dit madame de Salviac avec tristesse ; — pauvre enfant, comme elle a dû souffrir !

Moreau ne prononça pas une parole, mais il pleurait.

En ce moment on entendit un coup de sonnette réservé et discret. Ce bruit, tout léger qu'il était, fit tressaillir Elisa et lui rendit la mémoire.

— C'est elle ! — dit la jeune fille en se cramponnant au bras de son amie. — De grâce, madame, que je ne la voie pas... qu'elle n'entre pas ici, j'en mourrais.

Narcisse entr'ouvrit la porte du salon et annonça que la gouvernante de mademoiselle Elisa demandait à la voir.

— Est-elle seule ? — demanda Cécile.

— Elle est seule, madame, et elle a l'air bien affligée : elle fond en larmes.

— C'est de l'hypocrisie ! — dit Elisa en se serrant avec plus de force contre Cécile ; — si vous connaissiez cette horrible créature !

Madame de Salviac ordonna de faire entrer Jeanneton dans une pièce voisine, et voulut aller la joindre, afin d'obtenir d'elle l'explication de ce qui s'était passé.

— N'y allez pas, Cécile, par pitié, n'y allez pas ! — murmura Elisa d'un air égaré ; — ces hommes, ces brigands, sont sans doute embusqués à la porte... Ils s'empareront de moi malgré vous... Si vous me quittez, je suis perdue !

— Ne craignez rien, ma chère enfant, — dit Cécile affectueusement ; — personne n'entrera, je vous le promets... Calmez-vous : vous ne retournerez chez vous que lorsque votre père lui-même viendra vous chercher. En attendant, je vais renvoyer cette femme.

— Oh ! que vous êtes bonne... Mais vais-je donc rester seule ? Ne voyez-vous pas comme je tremble ?

— Je vous laisse un protecteur, — dit madame de Salviac en désignant Moreau immobile dans un angle obscur du salon.

Et elle sortit.

— Qui est là ? — demanda Elisa dont les larmes troublaient la vue.

— Un homme qui vous défendrait contre l'univers entier, — répondit Moreau avec énergie.

Elisa en le reconnaissant ne put retenir un cri.

— Vous ! vous ici ! — dit-elle avec une joie d'enfant ; — oh ! c'est Dieu qui vous envoie !... Qu'ils viennent maintenant, je n'ai plus peur !

XV

On entendait vaguement le bruit d'une conversation animée dans la pièce voisine ; la gouvernante semblait protester de son innocence, et Cécile lui répondait d'un ton bas et sévère.

Moreau dit à Elisa :

— Pauvre enfant, que vous a-t-on fait ?

— Oh ! monsieur Moreau, si vous saviez tout ce que j'ai souffert dans cette cruelle soirée !... J'étais seule, sans défense, au milieu de ces gens abominables; ils parlaient un langage qui me révoltait, et leurs sentimens étaient plus odieux encore que leur langage. J'ai résisté le plus que j'ai pu ; j'ai caché ma rougeur, retenu mes larmes ; mais enfin ils se sont révélés à moi dans toute leur épouvantable vérité... Cette femme à qui mon père aveuglé a donné sa confiance, et qu'il se propose d'épouser, est perdue de vices ; elle le trompe, elle le vole pour un ivrogne qui appartient au rebut de la société ; et moi, monsieur, on avait comploté de me livrer à un misérable escroc, qui cache sous des dehors presque décens une âme de boue... Il me semblait tout à l'heure que j'étais en enfer, au milieu des démons.

Les sanglots lui coupèrent la parole. Moreau la dévorait des yeux, mais il semblait encore retenir sur ses lèvres l'expression des sentimens tumultueux qui bouillonnaient dans son cœur.

— Mademoiselle, — reprit il en s'efforçant de prendre un ton calme, — serez-vous sans courage contre les premières atteintes de la vie réelle ? ne songez-vous pas que des scènes de ce genre se renouvelleront sans doute bien des fois autour de vous ?

— Hélas ! je le crains... mais j'aimerais mieux mourir que de me trouver encore en contact avec ce monde hideux.

Ce transport de désespoir acheva de fondre la glace dont le mystérieux Moreau semblait s'entourer à plaisir. Il saisit la main d'Elisa et dit d'une voix pénétrante :

— Eh bien ! mademoiselle, si ce monde au sein duquel vous êtes appelée à vivre vous inspire une si vive répugnance, pourquoi ne le quitteriez-vous pas ?

— Le quitter !... Eh ! le puis-je ?

— Vous le pourrez, si vous avez la force de le vouloir. Elisa, noble jeune fille, — continua-t-il avec une animation extraordinaire en se rapprochant d'elle, — songez à l'avenir affreux qui vous attend ! une vie toute de luttes, de déchiremens, de souffrances vous est destinée... A supposer qu'on vous délivre de l'homme méprisable qui a été démasqué ce soir, on vous imposera sans doute un mari brutal qui froissera votre délicatesse, qui choquera votre légitime orgueil ; vous serez martyre de vos devoirs, vous aurez à rougir même de vos talens, même de vos qualités les plus brillantes ; ne sera-ce pas là une condition horrible ?

— Il n'est que trop vrai. Déjà bien des fois j'ai regretté la fatale imprudence de mon père, qui a voulu m'élever par l'éducation si fort au-dessus de lui.

— Peut-être portera-t-il aussi la peine de cette faute ; mais le mal est fait, et il faut vous soustraire à ses conséquences.

— Vous me parlez par énigmes, monsieur ; comment pourrais-je...

— Ne vous offensez pas de ce que je vais vous dire, — reprit Moreau avec moins d'assurance. Il s'arrêta, comme embarrassé de trouver des expressions convenables pour rendre sa pensée. Un bruit rapproché de voix et de pas se fit entendre dans la pièce voisine. Elisa, croyant dans sa terreur puérile que Lapiquette et ses odieux acolytes revenaient l'arracher de cet asile, se leva, oubliant tout le reste, et se jeta en arrière. Moreau la retint doucement par le bras. — Il n'est plus temps d'hésiter, — reprit-il avec chaleur, — et les momens sont précieux... Elisa, je vous aime, et j'ai osé croire que vous n'aviez pour moi aucun sentiment de haine ; laissez-moi pour votre protecteur : je vous entourerai d'égards et de respect. Jusqu'ici vous ne m'avez pas connu : vous m'avez pris pour un misanthrope, ennemi de la société, de ses pompes et de ses joies ; mais j'ai une autre existence, agitée, éclatante, enviée. En sortant de cette maison, je vais porter un nom sonore, vivre au milieu d'un monde brillant, je me transformerai, et celui qui m'aurait vu ici obscur et solitaire ne saurait me reconnaître... Charmante enfant, consentez à vous fier à moi, acceptez mon appui. Je vous conduirai dans un lieu où vous jouirez de toutes les douceurs de la richesse, de toutes les splendeurs du luxe, où tout ce qui vous approchera sera humble et respectueux ; je donnerai moi-même l'exemple de l'obéissance à vos volontés, à vos moindres caprices. Parlez, mademoiselle, une voiture attend à quelques pas d'ici, et en quelques instans vous serez à l'abri des indignités dont vous avez tant souffert dans cette soirée.

Une vive rougeur colora le visage d'Elisa.

— Qu'osez-vous me proposer ? — dit-elle ; — cette fuite ne serait-elle pas un crime ?

— Eh ! pouvez-vous répondre que le désespoir ne vous fera pas commettre des fautes plus grandes si vous restez ?... Ecoutez, — continua-t-il en tendant la main vers la porte, derrière laquelle se faisaient entendre plusieurs voix animées, — ils viennent réclamer leur proie ; faudra-t-il donc la leur rendre ?

— Oh ! non, non ! plutôt mourir !

— Fiez-vous donc à un homme d'honneur qui vous aime.

— Je veux vous croire... vous êtes bon, vous êtes plein de courage, de générosité... mais mon père, mon pauvre père, dois-je le laisser seul ici, entouré d'ennemis que son aveuglement l'empêche de reconnaître ?

— Les yeux de votre père seront bientôt dessillés, — dit Moreau avec entraînement ; — d'ailleurs avez-vous réfléchi, Elisa, combien vous occupez peu de place dans le cœur de ce vieillard égoïste, qui depuis votre naissance vous a tenue éloignée de lui et qui vient de vous jeter dans les bras d'un misérable pour se débarrasser de vous ? N'ayez à son sujet aucune inquiétude : il a toujours vécu dans ce monde vulgaire, où il ne trouve ni humiliation ni dégoût. Seule vous êtes à plaindre, vous qui, par votre éducation, vos talens, vos sentimens élevés, êtes si supérieure à son misérable entourage. Elisa, si mon amour ne peut rien sur vous, songez du moins à vous-même, je vous en supplie ! La cruelle épreuve d'aujourd'hui peut se renouveler : votre père est faible, ignorant, incapable de vous défendre ; vous resterez exposée aux intrigues, aux insultes des méchans ; vous lutterez, mais votre courage s'épuisera, et un jour peut-être...

Il n'acheva pas : Elisa venait de laisser tomber sa main dans celle de Moreau en détournant les yeux.

— Que Dieu et mon père me pardonnent ! — murmura-t-elle.

Moreau pressa contre ses lèvres la main qu'on lui abandonnait.

— Eh bien, partons ! — dit-il avec transport en se dirigeant vers la porte.

Elisa le retint par un geste solennel.

— Vous le voyez, — dit-elle, — pour vous je quitte mon père, mes amis, le foyer domestique ; pour vous je brave l'opinion du monde et la réprobation de ma conscience. Au moment de renoncer à tout cela, je ne vous demande qu'une chose : jurez-moi que le nom que je dois recevoir de vous au pied des autels est celui d'un homme qui n'a aucun motif honteux pour le cacher. — Moreau parut interdit et baissa les yeux sans répondre. — Quoi donc, monsieur, — dit Elisa tristement, — auriez-vous à rougir de votre passé ?

— Mademoiselle, — répliqua Moreau avec effort, — nous ne nous sommes pas compris, et, au prix même de mon bonheur, je ne voudrais pas vous tromper.

Sa poitrine était oppressée et son front ruisselait de sueur.

— Parlez, monsieur, je vous crois trop fier pour mentir.

— Elisa, je vous aime de toutes les forces de mon âme... mais des nécessités inexorables, des devoirs terribles... Vous ne pouvez être ma femme.

La jeune fille le regardait fixement; elle semblait chercher l'explication d'un mystère.

— Je ne puis être votre femme! — répéta-t-elle; — mais alors que vouliez-vous donc? — Moreau se taisait; tout à coup elle pâlit et recula d'un pas. — O mon Dieu! — s'écria-t-elle d'une voix déchirante, — il m'outrage aussi... c'est infâme! c'est infâme!

Et elle retomba sur son siége.

— Mademoiselle, — balbutia Moreau, — écoutez-moi, de grâce...

— Je ne veux plus vous entendre! vous m'avez trompée... tout me trahit, tout me repousse, que me reste-t-il donc à aimer sur la terre?

La porte du salon s'ouvrit et Bambriquet parut, suivi de plusieurs autres personnes. Elisa s'élança vers son père et l'entoura de ses bras en fondant en larmes, sans prononcer un mot.

Bambriquet avait le teint rouge et animé; madame de Salviac et la gouvernante, se tenant à ses côtés comme le bon et le mauvais ange, lui parlaient l'une et l'autre à voix basse avec chaleur. Dans la pénombre de l'antichambre, on apercevait, par la porte entr'ouverte, le prétendu capitaine de Saint-Julien, qui n'osait entrer et semblait attendre le résultat du scandale dont il était la cause.

Bambriquet repoussa sa fille assez rudement.

— Laissez-moi, mademoiselle, — dit-il avec colère; — j'en apprends de belles sur votre compte! A-t-on vu faire pareil esclandre pour les propos d'un ivrogne? mettre la maison en rumeur, se sauver chez les voisins? Je ne suis pas d'humeur à souffrir ces simagrées, je vous en préviens.

— Mon père... mon père, pourquoi m'avez-vous laissée seule avec ces méchantes gens? Vous ignorez donc qu'ils se sont associés pour nous faire tomber, vous et moi, dans un piége affreux?

— L'entendez-vous? — s'écria la gouvernante en prenant un ton lamentable, — je vous disais bien qu'elle allait m'accuser de mille horreurs! Mais je suis connue dans le quartier pour une fille honnête et rangée... Demandez à madame Trichard, la portière, et...

— Ma mie, — interrompit madame de Salviac sèchement, — nous ne sommes pas ici pour entendre votre panégyrique. Quant à vous, monsieur Bambriquet, après la scène déplorable qui vient de se passer chez vous, vous devez moins accuser votre fille que votre propre imprudence. Je suis mère moi-même, et j'ai bien le droit de vous dire que vous avez méconnu vos devoirs dans cette circonstance... Au reste, ce déplorable esclandre aura du moins un avantage, celui de rendre impossible un mariage qui était odieux à votre fille.

Bambriquet ne répondit pas; sa conscience lui reprochait bien quelque chose, et madame de Salviac lui imposait. Lapiquette, qui désirait se disculper à tout prix, et qui, pour atteindre ce but, ne s'inquiétait pas d'abandonner ses complices, s'empressa de faire des concessions.

— Pour ce qui est du mariage, — reprit-elle, — monsieur est bien le maître d'agir comme il l'entendra... Je ne connaissais pas ce capitaine Saint-Julien, moi, et peut-être avons-nous été trompés; mais lorsqu'on ose m'accuser de...

— Tais-toi, ma bonne Lapiquette, — dit l'ex-chiffonnier, combattu par le sentiment de ses torts et par la fausse honte de paraître changer d'avis; — on n'a rien à dire sur ton compte, ma brave fille! mais je prendrai de nouveaux renseignemens à l'égard de ce monsieur de Saint-Julien, et cette fois plus sérieusement que la première, car je pensais que tu pouvais répondre de lui... Puisqu'il n'en est rien, j'aviserai.

— Je ne souffrirai pas qu'on doute de mon honneur! — s'écria Saint-Julien en s'élançant dans le salon désespéré. — Si l'on croit aux paroles d'un ivrogne lorsqu'il s'agit de moi, pourquoi n'y croit-on plus lorsqu'il s'agit de cette servante qui se joue indignement de la crédulité de son maître?

Lapiquette jeta sur lui un regard de hyène.

— Ah! c'est comme ça! — s'écria-t-elle, — eh bien! je vous assure, monsieur, que je commence à douter des bons rapports qu'on m'avait faits au sujet de cet intrigant-là, et je croirais volontiers...

— Tu ne me disais pas cela ce matin, — répliqua Bambriquet avec reproche; — mais n'importe! nous causerons de cela plus tard... Pour vous, — continua-t-il avec emphase en se tournant vers Saint-Julien, — je vous déclare que je retire ma parole... Vous ne convenez pas à ma fille, et un bon père ne doit pas gêner la volonté de son enfant.

Cette remarque un peu tardive fit sourire madame de Salviac, pendant qu'Elisa enthousiasmée embrassait vivement son père pour le remercier.

Le capitaine, voyant qu'il ne pouvait plus compter sur l'appui de personne et que sa cause était décidément perdue, donna carrière à son dépit.

— De par tous les diables! — s'écria-t-il d'une voix tonnante en montrant le poing à Bambriquet, — tu me payeras celle-là, vieil imbécile! tu verras si l'on se moque impunément de moi!

Une main de fer le saisit au collet et le secoua rudement.

— Pas d'injures, Janicot! — dit une voix ferme, — pas d'insolences, et sortez d'ici sur-le-champ!

C'était Moreau, qui venait de s'approcher tout à coup. Le soi-disant capitaine le regarda fixement et devint livide.

— Qui êtes-vous? que me voulez-vous? — balbutia-t-il sans chercher à se dégager.

— Tu ne me reconnais pas?.... En effet, je suis bien changé.

Moreau lui dit quelques mots à l'oreille.

— Comment! vous seriez...?

— Tais-toi, et sors... Quoique je n'aie plus d'autorité aujourd'hui, je pourrais encore te faire repentir de tes fanfaronnades.

L'autre s'inclina profondément devant le mystérieux locataire, et sortit sans même jeter un regard sur les autres assistans.

Tout le monde resta stupéfait.

— Ah ça! vous êtes donc le diable? — s'écria Bambriquet en écarquillant ses gros yeux.

— Il n'y a dans tout ceci rien que de fort simple, — dit Moreau avec distraction; — j'ai connu cet homme à une autre époque, et je l'ai menacé de révéler certains détails qui le concernent, sa lâcheté a fait le reste.

— Tiens, tiens! — murmura Lapiquette qui avait entièrement repris courage, — j'avais toujours soupçonné celui du second d'appartenir à la police... Je ne m'étais donc pas trompée?

Et elle s'esquiva aussitôt pour s'assurer que le cousin Joli-Cœur ne pourrait troubler la paix si heureusement rétablie.

Bambriquet essaya d'excuser auprès de Cécile le dérangement que lui avait causé la terreur de sa fille. Pendant ce temps Moreau se glissa auprès d'Elisa.

— Mademoiselle, — dit-il à voix basse, — je suis bien coupable, et pourtant j'ose espérer que vous n'aurez pas pour moi un souvenir de haine et de mépris.

— Je vous pardonne, monsieur, — soupira la jeune fille.

Et elle prit le bras de son père qui, en s'apercevant que la gouvernante n'était plus là, s'empressa de couper court aux politesses et sortit.

Moreau et madame de Salviac restèrent seuls un moment. Pas un mot n'avait encore été échangé entre eux quand la sonnette de l'appartement fut vivement agitée.

— Enfin c'est Edouard! — s'écria Cécile avec joie; — heureusement tout est fini, car sa vivacité ordinaire eût pu encore brouiller les affaires de cette pauvre petite.

C'était en effet monsieur de Salviac : il entra sans voir Moreau, et courut embrasser sa femme.

— Ma chère Cécile ! — s'écria-t-il comme s'il eût été incapable de garder plus longtemps la nouvelle qu'il apportait, — j'ai passé la soirée chez l'ambassadeur, et je suis enfin parvenu à savoir qui était mon protecteur auprès de lui.

— Et qui est-il donc, mon ami ?

Un mouvement de Moreau avertit Salviac de sa présence.

— Le voici ! — s'écria l'artiste impétueusement en se dirigeant vers son mystérieux voisin ; — il ne peut plus le nier !

— Lui, monsieur Moreau ?

— Lui, le prince Alfred de Z***, ancien colonel de la garde royale.

— Serait-il possible ! — s'écria Cécile.

Le personnage à qui nous avons donné jusqu'ici le simple nom de Moreau restait morne et silencieux.

— Monsieur le prince, — dit Salviac avec cordialité, — n'essayez pas de vous dérober plus longtemps à mes remerciemens... L'ambassadeur, pressé par mes instances, m'a montré la lettre qu'il avait reçue de son ami particulier, le prince de Z***. J'ai reconnu votre écriture aussi bien que votre devise : *Noblesse oblige ;* l'illustre héritier de la maison de Z*** n'est autre que mon voisin et ami monsieur Moreau. Mais, rassurez-vous, je n'ai point trahi le secret de votre incognito ; quelles que soient vos raisons pour cacher en ce moment votre nom illustre, je les ai respectées ; je n'ai rien dit à Son Excellence, qui avait fait droit à votre recommandation sans soupçonner le lieu de votre retraite. Seulement, en vous voyant ici, la reconnaissance l'a emporté sur la discrétion.

Moreau se leva lentement et pressa la main que lui tendait Salviac.

— Je suis celui que vous avez dit, — reprit-il ; — et sous un nom ou sous un autre je serai toujours votre ami.

— Mais c'est une trahison ! — s'écria Cécile gracieusement ; — voyez à quoi se trouve exposée une pauvre maîtresse de maison ! Elle croyait recevoir un petit rentier obscur, et pendant plusieurs semaines elle a eu là, dans son salon, le représentant d'une des plus anciennes familles de France !

— Ne lui enviez pas les heures de bonheur qu'il a passées chez vous sous son déguisement, — reprit le prince avec un sourire mélancolique, — ce seront sans doute les dernières dont il jouira sur la terre. — L'artiste, frappé de l'altération de sa voix, voulait questionner ; mais Cécile fit à son mari un signe mystérieux. — Adieu, Salviac ; adieu, madame, — reprit le prince après un moment de silence, — l'inexorable nécessité qui m'a conduit dans cette maison me force maintenant d'en sortir, mais nous nous reverrons dans peu. — Il serra encore une fois la main de l'artiste, puis, se tournant vers Cécile, il lui dit à demi-voix : — Eh bien ! madame, comprenez-vous maintenant de quelle nature sont les obstacles dont nous parlions ce soir ?

— Je comprends en effet, prince, que votre nom doit vous imposer de grands et pénibles sacrifices.

— Des sacrifices ! — répéta le noble locataire avec une explosion de fureur, — dites plutôt, madame, d'intolérables tortures... Ce nom, qui remonte aux origines de notre histoire, ce nom que tant de vaillans seigneurs, d'illustres guerriers, de savans prélats ont porté avant moi, ce nom dont l'éclat égale presque l'éclat d'un nom royal, cause le supplice de ma vie. Pour lui j'ai dû renoncer aux affections de famille, me cacher comme un criminel, pour lui je vais mourir de désespoir... qu'il soit maudit !

Et il sortit brusquement.

Cinq minutes après on entendit la voiture qui l'attendait dans la rue s'éloigner au galop.

XVI

Par une froide et brumeuse soirée d'hiver, une partie du faubourg Saint-Germain était en rumeur, et la rue de Verneuil présentait un spectacle inaccoutumé de mouvement et de bruit. Une longue file de voitures se dirigeait vers un hôtel brillamment illuminé et dont la double porte cochère était flanquée de deux gardes municipaux à cheval, en grand uniforme. Tout annonçait dans cette opulente demeure une de ces fêtes pour lesquelles notre vieille aristocratie semble retrouver par momens son luxe et sa prodigalité d'autrefois.

L'hôtel dont nous parions appartenait au comte de Montreville, un des bouders les plus sévères, les plus purs, les plus *blancs* enfin du noble faubourg. Monsieur de Montreville touchait par ses alliances à plusieurs maisons princières, et il avait eu le bonheur, bien rare à la révolution, de sauver presque toute sa fortune. Aussi, rentré en France avec les Bourbons, avait-il pu, à l'opposé de tant d'autres émigrés, reprendre ce train somptueux, cette existence de grand seigneur qu'il menait, avant la tourmente révolutionnaire. A une époque où l'aristocratie de la finance sortait de son comptoir enfumé pour étaler dans ses salons nouveaux une insolence tyrannique, il avait pu élever autel contre autel, et montrer en regard de ce faste économique la splendeur des grandes familles patriciennes. A travers les vicissitudes politiques, la société qui fréquentait l'hôtel de Montreville avait su se préserver de tout mélange : là on n'avait pas encore sacrifié au veau d'or, et, pour obtenir l'entrée de ce dernier sanctuaire de la vieille urbanité française, il ne suffisait pas d'être riche. Comme autrefois cependant, le talent et l'esprit avaient droit de cité dans ce salon aristocratique ; rien n'y faisait tache, rien ne rappelait ces disparates choquantes de certaines maisons de Turcaret où la grossièreté du ton et les manières des invités contraste avec le luxe extérieur. On pouvait être fier d'avoir été admis, ne fût-ce qu'une fois, dans cet asile du bon goût et de l'exquise politesse.

Aussi la fleur de la haute société parisienne s'était-elle donné rendez-vous chez le riche comte de Montreville, qui ouvrait ses salons pour la première fois de la saison. Le soir dont nous parlons, un intérêt particulier venait s'ajouter à l'empressement ordinaire des invités. Cette fête, disait-on, n'était que le prélude d'une autre plus brillante qui devait être donnée pour le mariage de mademoiselle Hermance de Montreville avec un personnage illustre. Bien que cette nouvelle ne fût pas encore officielle, elle avait mis en émoi tout le noble faubourg. Certaines familles, un peu gênées en secret, s'étaient préparées de longue main aux exigences possibles de cette solennité ; plus d'une voiture avait été repeinte ; plus d'une livrée avait été renouvelée au commencement de l'hiver, en vue des obligations futures. Plus d'un ami de la maison était resté fort tard dans ses terres cette année-là, afin de réaliser des économies qui devaient être dépensées en un seul jour. En attendant que ce jour vînt, s'il devait venir, on se faisait honneur de tout ce luxe anticipé ; on désirait surtout apprendre par soi-même si l'événement probable était encore éloigné, ce dont chacun comptait pouvoir juger pertinemment le soir dont il s'agit.

L'intérieur de l'hôtel de Montreville n'offrait pas au regard cette profusion de dorures et d'ornemens, ces oripeaux, ce clinquant fragile qui caractérisent les petites maisons du quartier de la Madeleine ou de la rue Notre-Dame-de-Lorette. Tout était grand, simple, majestueux, mais sévère ; tout était en harmonie avec la foule animée qui envahissait en ce moment les appartemens, et c'était en vue d'elle que l'édifice semblait avoir été construit sous l'ancienne monarchie. L'antichambre était assez vaste pour contenir un régiment de laquais. Les salons, avec leurs hautes fenêtres couvertes de rideaux de velours à crépines d'or, avec leurs plafonds à rosaces élevés de trente pieds, d'où retombaient des lustres de cristal chargés de bougies, eussent offert assez d'espace à un souverain et à une cour nombreuse. De même pour les détails : les meubles étaient lourds, mais solides et graves dans leur antique richesse ; les cheminées de marbre blanc, où brûlaient des arbres entiers, rappelaient par leurs dimensions le foyer hospitalier de nos ancêtres. Bref, on jugeait, en parcourant cette magnifique demeure, que ses maîtres n'avaient pas voulu en jouir seuls, qu'ils l'avaient rendue propre à recevoir tous ceux qu'il leur plairait de convier au banquet de leur fastueuse existence.

Il était dix heures environ : le vaste et sonore antichambre était encombré de grooms, de valets de pied, de chasseurs, occupés à examiner avec une curiosité respectueuse les femmes élégantes qui venaient déposer dans cette pièce les pelisses et les manteaux. Puis, les préparatifs de toilette terminés, lorsque les dames avaient posé leur petite main gantée sur le bras de leur cavalier, et jeté un dernier et rapide regard sur leur parure, une portière de velours se soulevait tout à coup, et l'œil des curieux plongeait dans l'éblouissante étendue des salons. Mais cette vision féerique durait peu : la voix éclatante d'un huissier vêtu de noir jetait le nom d'un duc ou d'une princesse, et la portière jalouse retombait derrière les arrivans.

Le comte de Montreville allait et venait dans les salons, tandis que madame de Montreville, assise auprès de sa fille Hermance, au coin de la cheminée, causait avec un essaim de femmes belles et parées. Le comte était un vieillard de soixante-dix ans, vert encore, et dont le costume, aussi bien que le langage, tenait à l'*ancien régime* le plus pur. Ses cheveux blancs, poudrés, affectaient légèrement la forme d'ailes de pigeon ; il portait un habit et des culottes noirs, une veste de satin, un jabot et des manchettes de dentelles, des souliers à boucles de diamans, et il était décoré de l'ordre de Saint-Louis. Mais ce qui surtout faisait reconnaître en lui un homme d'une autre époque, c'était ce ton de galanterie parfaite dont les traditions se perdent parmi nos gens du monde. Il possédait au plus haut point l'art difficile de complimenter. Bien que les formes de cette politesse chevaleresque fussent parfois un peu surannées, il savait par quelques paroles gracieuses donner de la joie et de l'orgueil pour toute la soirée à ceux qu'il rencontrait en allant de groupe en groupe.

Madame de Montreville était la digne compagne de ce beau type de l'ancien grand seigneur. Ses traits, corrects dans leur embonpoint, indiquaient encore qu'elle avait été belle ; ses cheveux, d'une blancheur de neige, relevés en boucles avec cette coquetterie modeste qui sied si bien à la vieillesse, s'harmoniaient avec la douceur et la sérénité de son visage. Suivant l'usage des maîtresses de maison un jour de réception, sa mise était de la plus grande simplicité : une robe de velours noir, un bonnet à fleurs en faisaient tous les frais. Cependant la comtesse avait un air d'aisance et de grandeur qui la distinguait au milieu des plus fières duchesses couvertes de diamans. Pleine de bienveillance et d'aménité à l'égard des hommes, attentive, prévenante, affectueuse à l'égard des femmes, il paraissait impossible de faire les honneurs du salon avec plus de grâce, de noblesse et d'affabilité.

Hermance, au rebours, était une svelte et mignonne créature de seize ans, blanche, rose, aux yeux éveillés, au nez finement retroussé, à la bouche rieuse, et elle avait peine à modérer, au milieu de ce grave cérémonial, sa pétulance ordinaire. Elle était tout en blanc, les bras et les épaules nus. Sous ce costume léger, avec cette mine moqueuse, la noble demoiselle de Montreville semblait être la plus adorable grisette qui se pût voir. Cependant certains signes caractéristiques eussent distingué Hermance de Montreville des agaçantes plébéiennes de la rue Saint-Denis : ce pied mignon, furtif, emprisonné dans un soulier de satin blanc, ne pouvait appartenir à une fille du peuple, non plus que cette main délicate aux doigts effilés, cette taille fine, souple et onduleuse, ces cheveux doux et soyeux : c'étaient là des indices auxquels, malgré son minois chiffonné, il était impossible de méconnaître une femme de *race* et (nous rougissons de nous servir de ces expressions peu galantes, mais consacrées) une femme *pur sang*.

Plus la soirée s'avançait et plus la foule s'accumulait dans les salons, plus mademoiselle de Montreville devenait inquiète, préoccupée, et donnait fréquemment des marques d'impatience. Chaque fois que l'on annonçait de nouveaux venus, elle tressaillait et regardait avidement du côté de la porte ; puis une expression boudeuse se peignait sur sa physionomie espiègle et mobile, et elle répondait à peine aux mignardises des dames qui, en venant saluer sa mère, croyaient devoir lui adresser aussi leurs complimens.

Sans doute ces signes fréquens de dépit avaient un sens particulier pour quelques-uns des assistans, car un groupe de vieilles femmes fort parées, qui avaient pris position de l'autre côté de la cheminée afin d'examiner, à la fois la mère et la fille, échangeaient des sourires, des hochemens de tête. Mais Hermance, indifférente aux suppositions de ces charitables personnes, continuait son petit manége. Bientôt son anxiété devint si visible que la comtesse elle-même, malgré ses préoccupations, finit par s'en apercevoir. Elle profita d'un moment où elle pouvait échapper à l'attention générale pour se pencher vers sa fille.

— Mon enfant, — demanda-t-elle avec bonté, — pourquoi donc es-tu si maussade ce soir ? on croirait que quelque chose te contrarie.

— Il est vrai. — dit Hermance avec cette impatience d'enfant gâtée qui ne sait supporter aucune contrariété ; — il est déjà onze heures, et elle ne vient pas...

— Qui donc, ma fille ?

— Élisa.. mon amie de pension ; elle doit chanter avec moi le duo italien qui va si bien à ma voix ; mon Dieu ! si elle allait ne pas venir !

— Tu chanterais avec quelqu'une de ces dames du théâtre ; madame P... a un contralto magnifique.

— Non, non, je ne veux pas, moi, — interrompit la jeune fille d'un ton boudeur ; — je ne peux chanter ce morceau qu'avec Élisa... Mais êtes-vous sûre, maman, qu'elle viendra ?

Des personnes qui s'avancèrent vers madame de Montreville pour la saluer interrompirent cette conversation. Le front blanc de la jeune fille se plissa légèrement, et son petit pied, sous sa robe blanche, frappa le tapis. Enfin les importuns se mêlèrent à la foule, et la comtesse put glisser d'un ton caressant à l'oreille de sa fille :

— Rassure-toi, petite folle ; n'ai-je pas pris la peine d'aller moi-même inviter ton amie ? Tu étais présente, et tu as entendu qu'on lui permettait de venir en compagnie de monsieur et de madame de Salviac. Allons, calme-toi ; elle sait que tu comptes sur elle, et elle n'aura garde de manquer à sa promesse.

— Oui, mais son père, ce vilain homme qui a des boucles d'oreilles et qui parle d'une façon si ridicule, n'aurait-il pas pu la retenir ? Bon Dieu ! maman, que cette pauvre Élisa a un vilain père ! Et puis avez-vous vu cette servante qui voulait toujours se mêler à la conversation ? Mais vous, maman, vous lui avez bien vite imposé avec votre grand air... Cependant ils ne paraissaient contens ni l'un ni l'autre que ma bonne amie vînt passer la soirée ici, et peut-être l'auront-ils retenue ; car enfin, si elle devait venir, pourquoi se ferait-elle attendre ? Mais je gagerais que la faute en est à cette madame de Salviac ; elle est si coquette !

La comtesse réprima par un sourire bienveillant cette

colère de colibri qui s'en prenait à tout le monde. En ce moment l'huissier annonça Son Excellence l'ambassadeur de... L'impatience de mademoiselle de Montreville redoubla.

— Déjà l'ambassadeur! — murmura-t-elle, — et sans doute le prince va arriver d'un moment à l'autre... Élisa et moi nous devions chanter notre duo en premier; je ne me soucie pas, moi, de me faire entendre après ces artistes du théâtre italien; si elle n'est pas ici dans un quart d'heure, je ne chanterai pas... non, vraiment, je ne chanterai pas.

Elle répéta deux fois ces paroles d'un ton décidé, comme une menace, mais la comtesse ne l'entendit pas. Un personnage vêtu de noir, couvert de plaques et de cordons, venait de s'incliner devant elle avec une raideur diplomatique : c'était l'ambassadeur. Madame de Montreville le reçut avec sa grâce habituelle; mais Hermance, à qui il adressa aussi ses salutations, l'accueillit d'un air distrait.

— Décidément il y a quelque chose d'extraordinaire, dit à voix basse l'une des vieilles dames dont nous avons parlé; — voici maintenant mademoiselle de Montreville qui fait froide mine à l'ambassadeur, le meilleur ami du prince... Ce mariage ne se fera pas de sitôt, vous verrez!

XVII

La curiosité des observatrices, qui, soit dit en passant, étaient trois nobles dévotes de Saint-Thomas-d'Aquin, trouva bientôt un nouvel aliment. On venait d'annoncer monsieur et madame de Salviac; Hermance se leva, et, sans écouter le diplomate qui lui débitait un madrigal dans le goût germanique, elle se tourna vers la porte ; par malheur la foule était telle de ce côté qu'elle n'aperçut pas d'abord ce qu'elle cherchait, et son anxiété s'accrut encore. Enfin le flot brillant des invités s'entr'ouvrit, et monsieur de Montreville parut, donnant la main à madame de Salviac.

La femme de l'artiste avait cette robe de velours bleu dont nous connaissons l'histoire; mais les rubans pareils que l'aimable coquette comptait mettre dans ses cheveux étaient remplacés par une superbe aigrette en diamans, et cette parure ne semblait pas peu la rendre fière. Cependant ce n'étaient ni Cécile, ni sa robe, ni ses diamans qui occupaient l'impatiente Hermance; elle cherchait à reconnaître d'autres personnes qui s'avançaient derrière ce groupe, et elle aperçut enfin Salviac, décoré de tous ses ordres, donnant la main à une belle jeune fille, vêtue de blanc comme elle, mais plus grande, plus noble, plus élancée. Cette jeune fille baissait les yeux vers la terre, et une légère rougeur colorait son visage. Étourdie de ce bruit, de cet éclat, de ces lumières, elle se laissait conduire par son cavalier, qui la rassurait tout bas en souriant; toutefois son trouble ne lui ôtait rien de sa dignité modeste ; ce luxe qui l'entourait semblait l'étonner mais non pas l'éblouir. On a deviné Élisa Bambriquet.

En l'apercevant, mademoiselle de Montreville ne put contenir sa joie. Sans égard pour l'étiquette, sans tenir compte des regards de son père qui présentait en ce moment madame de Salviac à la comtesse, elle courut au-devant de son amie. Élisa, très émue, savait à peine où elle était, quand Hermance s'empara de sa main avec vivacité.

— Te voilà donc enfin, mon ange! — dit-elle d'une voix caressante en l'embrassant. — Mon Dieu! que tu es donc gentille d'être venue!... Vraiment, madame de Salviac, je ne vous aurais pas pardonné si vous aviez manqué à votre promesse... Que tu es bonne, Élisa, que tu es charmante! et moi qui t'accusais! — En parlant ainsi, l'enfant gâtée entraînait sa compagne vers un fauteuil à côté du sien, sans laisser à la pauvre Élisa le temps de se reconnaître, de prononcer une parole. Tous les regards étaient fixés sur elle, et son embarras augmentait d'autant. Hermance remarqua enfin son étourderie. — Maman et vous, mon père, excusez-moi, — dit-elle avec une adorable naïveté ; — je suis si contente de voir ma chère Élisa que j'ai voulu la garder pour moi seule... C'est mon amie de couvent, monsieur le baron, — dit-elle avec une vivacité mutine en se tournant vers l'ambassadeur ; — nous étions comme deux sœurs.

L'ambassadeur et le comte s'inclinèrent. Madame de Montreville adressa quelques paroles affectueuses à Élisa. Des invités vinrent faire diversion, et les deux jeunes filles purent enfin causer en liberté.

— Connaissez-vous cette petite fille qui vient d'entrer? demanda d'un ton dédaigneux une des vieilles qui n'avaient pu entendre cette conversation.

— Non, ma chère, répliqua une autre; elle n'est pas de notre monde, c'est ce monsieur qui fait des statues qui l'a amenée ici.

— Vous avez tort de parler sur ce ton de monsieur de Salviac, madame la marquise; quoiqu'il ait, dit-on, du mérite comme sculpteur, il est de bonne famille, et cela efface tout. Quant aux diamans de sa femme, je ne m'explique pas... La femme d'un artiste ! mais je ne veux rien dire de plus ; je hais la médisance, et vous me comprenez; ensuite on fait si bien le faux aujourd'hui!

Pendant ce dialogue, dont il n'entendait pas et dont il se serait du reste fort peu soucié, Salviac avait conduit sa femme au siège le plus voisin, et il se tenait debout à quelques pas des deux jeunes filles, épiant l'occasion de s'approcher d'elles.

Hermance parlait à son amie avec sa volubilité ordinaire. Mais Élisa ne répondait pas à ce joli caquelage. L'artiste profita du moment où mademoiselle de Montreville, adressant une question à sa mère, et se glissa vers Élisa.

— De grâce, mademoiselle, — lui dit-il à l'oreille, — reprenez courage ; oubliez ce qui s'est passé chez vous ce soir... Votre père, malgré ses travers, est homme de bon sens ; il ne s'engagera dans aucune fausse démarche. Un peu de patience, je réponds de tout.

La fille du chiffonnier remercia d'un regard triste et plein de résignation. Salviac salua et se perdit dans la foule.

En ce moment Hermance se retourna vers sa compagne :

— Tu n'as pas oublié, — lui dit-elle avec sa volubilité enfantine, — que j'ai compté sur toi pour chanter avec moi notre duo favori, celui que nous exécutions si bien à la pension... Monsieur Bernard, notre accompagnateur, est ici... Nous savons notre partie parfaitement l'une et l'autre, ce sera charmant!

— Tu veux que je chante! — demanda Élisa avec une sorte d'effroi, — ici, devant tout ce monde?

— Et pourquoi pas, ma chère?

— Hermance! Hermance! je t'en supplie, n'exige pas cela de moi... Pas ce soir, une autre fois... Si tu savais! mon cœur est déchiré. Avant de venir ici, j'ai eu beaucoup à souffrir, j'ai longtemps pleuré ; ma voix est si fatiguée que je ne saurais fournir un son. Oh! non, non! ma bonne Hermance, je t'en prie, n'exige pas que je chante.

La noble demoiselle prit un air piqué et mécontent.

— Tu es bien la maîtresse, — dit-elle en pinçant les lèvres, — mais je te supposais plus de complaisance... Allons, il suffit ; je ne chanterai pas, car tu le sais, je n'ai de voix qu'avec toi... J'avais compté sur ton obligeance, mais si tu es triste et si tu crains de te fatiguer, n'en parlons plus, ma chère amie!

Elle prononça ces mots, *ma chère amie*, avec une intonation qui leur donnait un sens tout opposé au sens littéral, et elle se retourna d'un air boudeur. Élisa fixa sur elle un regard pénétrant. La pauvre fille venait de reconnaître la véritable cause des instances d'Hermance pour la faire venir à cette fête, des caresses qu'elle avait attribuées à la seule amitié. Sa noble compagne avait besoin d'elle pour briller avec tous ses avantages, et c'était pour cela seulement peut-être qu'elle se trouvait, elle obscure plébéienne, dans ce salon aristocratique. En acquérant cette certitude, son cœur se serra.

— Hermance, — dit-elle enfin d'un ton profondément triste, — tu as raison ; je n'ai pas le droit de te refuser... Je ferai tout ce qui pourra t'être agréable.

— A la bonne heure, donc ! — répliqua l'égoïste jeune fille, se méprenant sciemment peut-être sur la portée du sacrifice qu'elle imposait ; — je reconnais ma bonne amie... Tu es un ange, et nous aurons le plus grand succès.

De ce moment Hermance redevint charmante, et accabla mademoiselle Bambriquet d'attentions et de prévenances. Pendant qu'elles causaient ainsi à voix basse, on annonça le prince Alfred de Z***.

— Enfin ! — dit mademoiselle de Montreville.

Pour Élisa, elle resta calme et pensive. Ce nom sonore ne lui rappelait que vaguement un débiteur de son père.

Lorsqu'on annonça le prince, il se fit un mouvement général parmi les assistans : on chuchota, et tous les regards se tournèrent vers la porte. La foule, qui était compacte et animée de ce côté, s'entr'ouvrit respectueusement : le personnage que le lecteur a connu sous le nom de Moreau s'avançait à petits pas vers la maîtresse de la maison, en causant amicalement avec le comte de Montreville. Un changement merveilleux s'était opéré dans sa personne, et il eût été impossible de reconnaître en lui le bizarre locataire de Bambriquet. Débarrassé de la grande redingote bleue et du costume vulgaire qui lui servaient de déguisement, il présentait l'apparence d'un homme jeune encore, aux proportions mâles, aux traits doux et fiers à la fois. Les gros favoris qui le défiguraient rue de la Santé n'existaient plus, et il n'avait conservé de sa barbe qu'une moustache noire qui rajeunissait encore sa physionomie. Son habit de bal était orné de plusieurs ordres étrangers et de la rosette d'officier de la Légion d'honneur, distinctions obtenues quand il était colonel de la garde sous la restauration. Mais on remarquait surtout à cet air de dignité, à ces grandes manières dont il n'avait pas pu se défaire même lorsqu'il voulait passer pour un simple bourgeois du quartier Saint-Jacques. Il était distrait, abattu ; cependant il souriait en répondant au comte qui lui adressait les complimens les plus empressés, et il saluait d'un signe gracieux en passant devant quelques invités qui semblaient fiers de cette faveur.

Mademoiselle de Montreville, en voyant le prince s'approcher, avait interrompu son babil et jeté un regard rapide sur sa toilette. Elisa, sans connaître la cause du répit que lui laissait sa tyrannique compagne, en profita pour recueillir ses idées et calmer un peu son agitation. Rêveuse et les yeux baissés, elle s'encourageait contre les épreuves qu'elle avait déjà subies, contre celles qui peut-être l'attendaient encore. Dans sa méditation elle avait oublié le bal, le bruit, l'éclat de l'assemblée ; elle essayait, à force de volonté, de s'élever au-dessus de toutes ses faiblesses, de toutes ses terreurs, de tous ses souvenirs.

Le prince vint s'incliner devant la comtesse ; mais, avant qu'il eût pu lui adresser la parole, Hermance s'écria :

— C'est bien mal, monsieur de Z*** d'arriver si tard ; vous avez donc oublié que je dois ouvrir le concert en chantant un duo avec l'une de mes bonnes amies ? En vérité, peur vous punir de votre peu d'empressement, nous aurions dû commencer sans vous !

— C'eût été me punir trop sévèrement, mademoiselle, d'un retard qui peut-être...

Il s'arrêta tout à coup. Malgré son pouvoir sur lui-même, il resta muet, bouche béante, les yeux attachés sur Élisa qui tenait les s ens baissés.

— Petite folle ! — dit le comte de Montreville à sa fille en souriant, — prétendez-vous soumettre le prince à vos caprices, comme vous nous y soumettez, la comtesse et moi ? Depuis longtemps, mademoiselle, il n'y a plus de gouvernement absolu en France.

— Eh bien ! comme vous, mon excellent père, — répliqua l'espiègle avec malice, — je puis désirer de le voir revenir. — Pendant cette conversation, oiseuse en apparence, l'attitude du prince semblait inexplicable à ceux qui connaissaient sa convenance parfaite, son grand usage du monde. Il était pâle, déconcerté ; Hermance seule ne remarquait pas son malaise. — D'ailleurs, — continua-t-elle d'un ton enjoué, — j'eusse été désolée que monsieur de Z*** n'entendît pas ma chère Élisa... Ah ! par exemple, — ajouta-t-elle en s'adressant à sa compagne, — je le préviens que monsieur le prince est difficile ; mais nous nous surpasserons.

Jusque-là ce babillage avait été seulement pour Élisa une sorte de bourdonnement qui frappait son oreille sans arriver à son intelligence ; mais, en s'entendant interpeller directement, elle leva modestement la tête, et son regard rencontra celui du prince.

Elle retint un cri avec peine ; puis ses yeux se baissèrent de nouveau, et elle murmura d'une voix étouffée :

— Prince !... lui !

Cette surprise, quoique promptement dissimulée, n'échappa pas aux assistans ; Hermance elle-même comprit qu'il se passait quelque chose d'extraordinaire.

— Eh ! mais, ma chère, — demanda-t-elle avec étonnement, — connaîtriez-vous monsieur de Z***, par hasard ?

— Non, non, — balbutia la jeune fille ; — je me suis trompée... c'est impossible.

Alfred était aussi troublé qu'elle.

— Mademoiselle aura été induite en erreur par quelque ressemblance, — dit-il à demi voix ; — mais si elle peut oublier, elle ne peut être aussi facilement oubliée.

Puis, craignant sans doute d'en trop dire, il salua précipitamment et alla se mêler aux groupes qui remplissaient les salons.

A peine se fut-il éloigné, qu'Hermance accabla son amie de questions au sujet de l'émotion singulière qu'elle venait de montrer. Élisa, bien qu'il ne lui restât aucun doute sur l'identité du grand seigneur avec le sauvage locataire de son père, profita de l'explication donnée par le prince lui-même, et répondit avec embarras qu'une ressemblance entre monsieur de Z*** et une personne de sa maison avait été cause de son erreur. Heureusement mademoiselle de Montreville n'insista pas sur cet incident ; quelques instans après elle n'y songeait plus et elle avait repris sa gaieté.

Les paroles du prince n'avaient pu être entendues que d'un très petit nombre de personnes ; cependant on avait remarqué l'espèce de gêne des interlocuteurs, et, dans un monde où les plus futiles événemens ont une signification, il n'en fallut pas davantage pour baser les plus hardies conjectures.

— Voyez-vous, mesdames, — disait d'un air confidentiel la plus laide des trois vieilles qui meublaient un coin du salon, — ce mariage-là n'aura pas lieu de sitôt, vous pouvez m'en croire. Le prince n'a pas l'air très empressé auprès d'Hermance ; il ne l'a pas regardée, et il m'a paru qu'il faisait beaucoup plus attention à cette personne en blanc qui est à côté d'elle... C'est une affaire manquée, soyez-en sûres... Mais je ne m'en suis pas mêlée, et je ne m'en soucie guère.

— Vraiment il y a du louche dans tout ceci, — reprit une autre d'un ton mielleux, — et j'en suis fâchée pour la paroisse... Le prince est généreux ; il eût fait une belle offrande après la cérémonie. Ce pauvre monsieur le curé sera désolé.

— Le prince ne serait pas embarrassé de trouver mieux que cette petite fille, — dit la troisième, qu'à son rouge, à ses diamans et à sa parure extravagante, on reconnaissait pour une femme à prétentions ; — si, comme on le croit, ses affaires sont un peu dérangées, il lui serait facile de s'allier à une femme d'aussi bonne maison que la sienne, et dont la fortune...

— Une femme qui aurait hérité de trois maris, par exemple ? — insinua la dévote d'un ton patelin.

La coquette surannée lui lança un regard furibond, l'autre riposta par un sourire qui valait le regard ; puis la conversation continua d'un ton bas et animé.

Cependant le prince avait disparu, et plusieurs des assistans l'avaient vainement cherché depuis qu'il avait quitté les dames de Montreville. Mais Salviac l'avait suivi des yeux, et ne tarda pas à le rejoindre dans un salon écarté où étaient dressées quelques tables de jeu déjà entourées de joueurs. Alfred, à demi caché par les rideaux d'une fenêtre, tenait ses yeux obstinément tournés vers le grand salon ; c'était Elisa qu'il regardait à cette distance, au milieu de ce monde éblouissant d'or et de lumières, et telle était sa préoccupation qu'il ne vit pas l'artiste s'approcher de lui.

Une main gantée chercha la sienne et la serra affectueusement.

— Prince, — lui dit Salviac d'un ton de reproche, — je vous avais prévenu qu'*elle* devait se trouver ici... Il eût été plus sage peut-être de n'y pas venir.

— Vous avez raison, Salviac, — répliqua monsieur de Z*** d'un air sombre et désespéré ; — mais la force m'a manqué ce soir.., Je voulais écrire, m'excuser, imaginer un prétexte ; un sentiment plus fort que ma volonté m'a entraîné ici : qui cherche le danger y succombera, je le sais ; eh bien ! que j'y succombe, c'est la fatalité !

L'artiste fut effrayé des qu'il entendit cette exclamation d'un homme si réservé d'habitude et si maître de lui-même.

— Pour Dieu ! prince, — reprit-il, — ne vous abandonnez pas vous-même et ne vous laissez pas aller aux suggestions de cette passion insensée... Votre conduite, tout à l'heure, n'a pas manqué d'exciter l'étonnement ; aux termes où vous en êtes avec la famille de Montreville...

— La famille de Montreville ! que voulez-vous dire ?

— Mais le bruit des salons est qu'il existe des projets de mariage entre vous et mademoiselle Hermance, et l'on affirmait que ce soir même...

Alfred l'interrompit par un geste dédaigneux.

— Puis-je empêcher les sots et les oisifs de forger des fables à plaisir.

— Prenez garde, si je ne me trompe, l'erreur des oisifs pourrait être partagée par les maîtres de la maison eux-mêmes. Peut-être quelque parole inconsidérée, dont vous n'avez pas conservé le souvenir, a donné lieu à ces bruits.

Le prince parut réfléchir.

— Je vous dirai toute la vérité, — reprit-il. — L'année dernière, lorsque mademoiselle Hermance était encore au couvent et que je l'avais à peine entrevue, je fis certaines ouvertures à mon vieil ami le comte de Montreville, au sujet d'une alliance entre nos deux familles. Il ne repoussa pas cette proposition, mais aucun engagement ne fut pris ni d'une part ni de l'autre : Hermance n'était encore qu'une enfant ; nous convînmes d'attendre une année avant de causer de nouveau à ce sujet. Voilà tout ce qui s'est passé entre nous. Depuis mon retour, je n'ai rien fait, je n'ai rien dit pour rappeler ce projet oublié. Cette Hermance, vaine et frivole, ne saurait soutenir la comparaison avec... Tenez, — continua-t-il avec passion en désignant par un geste rapide mademoiselle de Montreville et Elisa, assises côte à côte dans la pièce voisine, — regardez ces deux jeunes filles, l'une sémillante et coquette, égoïste et légère ; l'autre douce, mélancolique, noble et imposante, et dites-moi si le sort ne s'est pas trompé en les faisant naître dans des conditions si différentes ? Dites-moi laquelle vous semblerait le plus digne de porter un grand nom, le plus digne d'être aimée ?

Salviac promenait autour de lui un regard inquiet, comme s'il eût craint que d'autres personnes n'entendissent les paroles d'Alfred.

— De grâce, laissez de pareilles idées ! — reprit Salviac avec chaleur ; — songez à ce que vous êtes, songez où

vous êtes ! Sachez vous contenir et montrez-vous dans le bal, afin qu'on ne soupçonne rien ; puis, si vous ne pouvez cacher le désordre de vos pensées, vous vous retirerez sans bruit... Prince, je ne vous reconnais plus ; vous êtes devenu plus faible qu'un enfant.

Alfred parut sortir d'un rêve.

— Oui, oui, c'est juste, — reprit-il ; — vous êtes mon ami, Salviac, et je vous remercie... En effet, je n'ai plus ni force ni courage, je ne lutte plus, je ne sais où je suis, je perds la raison, je deviens fou.

Une espèce d'agitation se manifesta dans le salon ; on vit les invités occuper précipitamment les sièges autour du piano.

— Les jeunes demoiselles vont chanter leur duo, — dit l'artiste comprenant que, dans ce moment d'atonie morale, le prince avait besoin qu'on lui conseillât ses plus simples démarches : — profitez de l'occasion afin d'effacer la froideur que vous avez montrée à mademoiselle de Montreville ; allez lui offrir la main pour la conduire au piano ; cette attention fera cesser bien des bruits propos.

— Vous avez raison, — dit le prince avec une docilité d'enfant ; — vous me rappelez aux devoirs de la plus vulgaire politesse : à bientôt.

En même temps il s'élança vers la porte du grand salon, en écartant ceux qui se trouvaient sur son passage. Salviac, enchanté du succès de ses instances, essaya de le suivre ; mais, moins impétueux qu'Alfred, il ne put fendre la foule, et fut forcé de rester près de la porte.

Alors, se soulevant sur la pointe du pied, il voulut voir du moins si le prince avait rempli sa mission. Deux couples s'avançaient lentement, à travers les flots pressés des spectateurs ; mais c'était l'ambassadeur qui donnait la main à mademoiselle de Montreville ; le prince conduisait Elisa.

Salviac ignorait si le choix d'Alfred avait été volontaire ; il put seulement constater que monsieur de Z*** était très pâle et Elisa elle-même semblait fort agitée. Cependant ils n'échangeaient pas une parole, tandis que l'ambassadeur, au contraire, développait toutes les ressources de son amabilité diplomatique avec Hermance, qui riait aux éclats.

— Cela finira mal, — pensa l'artiste ; — morbleu ! je ne croyais pas qu'il fût si difficile d'empêcher un homme d'esprit de faire des sottises.

Un brillant prélude se fit entendre, et le silence s'établit tout à coup dans l'assemblée. Un instrumentiste distingué était au piano ; les jeunes filles se tenaient debout devant un pupitre, attendant le signal. Hermance était toujours fière et souriante, persuadée que, dans le salon de son père et entourée des amis de sa famille, elle ne pouvait éprouver d'échec. Elisa, au contraire, semblait épouvantée de son isolement ; une fois elle promena son regard voilé autour d'elle, et se sentit prise de vertige : elle chancela, et sa main chercha le dossier doré d'un fauteuil pour s'y appuyer.

Salviac, en voyant la pauvre enfant sur le point de défaillir, eût bien voulu l'encourager de la voix et du geste ; mais un décuple rang de spectateurs se trouvait entre elle et lui. Il savait mieux que personne de quelles douloureuses réflexions Elisa était poursuivie, et cette émotion devait nécessairement nuire à ses moyens. L'auditoire, outre les gens du grand monde, se composait de ce que Paris contenait de plus célèbre en chanteurs et en instrumentistes ; une pareille assemblée ne devait pas être indulgente pour une jeune fille inconnue, qui, la mort dans le cœur, allait tenter de captiver ses suffrages. L'artiste trembla pour sa protégée, et au milieu de son anxiété le morceau commença.

Ces craintes furent vaines, et ce qui devait perdre Elisa rendit son succès plus éclatant. Toutes ses facultés, mises en jeu par une souffrance secrète, se fondirent dans une commune expression ; sa pauvre âme, douloureusement comprimée, rejaillit en notes vibrantes, mélodieuses, pleines d'énergie. Dès les premiers sons, un frémissement d'admiration courut dans la foule, puis il s'éteignit pour faire place à une attention religieuse. Bientôt des bravos éclatèrent, arrachés par l'enthousiasme. Hermance avait une voix agréable et fraîche ; mais, malgré la prévention des assistans en sa faveur, elle était écrasée par sa compagne. Ce fut surtout dans la partie d'ensemble que cette supériorité d'Elisa devint frappante ; bien qu'Elisa contînt généreusement son magnifique organe, le mince filet de voix de mademoiselle de Montreville était presque étouffé sous les puissantes harmonies de ce gosier de rossignol. Le morceau s'acheva au milieu des applaudissemens frénétiques de l'assemblée.

Hermance ne se fit pas illusion sur la part qui lui revenait dans ce succès : il était dû tout entier à son amie, bien que les félicitations s'adressassent particulièrement à elle. Mademoiselle de Montreville ne put cacher son dépit ; pendant que dans la salle on épuisait toutes les formules d'admiration, elle se tourna vers Elisa et lui dit assez haut, d'un ton d'ironie :

— Vraiment, ma chère, tu t'es surpassée ! je ne te connaissais pas cette voix qui pourrait lutter avec les orgues d'une cathédrale... je ne suis plus de force à chanter avec toi, et j'y renonce pour l'avenir.

Elisa lui jeta un regard de douloureuse surprise ; le charmant coloris qu'elle devait à l'inspiration musicale, l'orgueil et la joie que lui inspirait ce triomphe dans une telle assemblée, s'effacèrent tout à coup de son visage, et une larme brilla dans son œil noir. Elle voulut parler, Hermance, lui tournant le dos, tendit sa main à l'ambassadeur, qui devait la reconduire à sa place.

Les applaudissemens continuaient de tous côtés, mais les intimes et ceux qui se piquaient de discernement s'abstinrent bientôt d'y prendre part ; Hermance recevait les félicitations d'un air boudeur et contraint dont il n'était pas difficile de pénétrer la cause. Aussi les plus sages ne firent-ils aucune démonstration, afin de ne pas blesser la fille unique des maîtres du logis, et parmi ceux qui se pressaient autour des jeunes demoiselles pour offrir l'hommage de leur admiration, on ne remarquait aucun des familiers de l'hôtel de Montreville.

Hermance, entraînant son noble cavalier, se mit à marcher d'un pas rapide, comme pour échapper à l'attention de l'assemblée ; elle ne jeta même pas un regard en arrière sur Elisa consternée, et mademoiselle Bambriquet resta seule et debout pendant quelques secondes au milieu du salon. Un jeune homme qui se tenait près du piano lui offrit sa main, et la pauvre enfant, éperdue, sachant à peine ce qu'elle faisait, allait accepter, quand quelqu'un se jeta brusquement entre elle et l'obligeant inconnu ; c'était le prince, qui sortait d'un angle du salon où il s'était tenu pendant le duo. Il s'empara d'Elisa et la conduisit vers la place qu'elle occupait avant le concert.

Cette impétuosité, si contraire aux habitudes aristocratiques de monsieur de Z***, ne manqua pas d'être remarquée. On suivit des yeux, avec curiosité, ce couple qui traversait la partie du salon demeurée vide ; mais Hermance, soit étourderie, soit vengeance calculée, avait fait asseoir auprès d'elle une autre dame, en sorte qu'il n'y avait plus de place à ses côtés. Force fut donc au prince et à sa timide campagne de chercher du regard un siège vacant quelque part. La foule était si grande qu'il ne se trouvait pas un fauteuil d'inoccupé ; et peut-être Elisa fût-elle restée longtemps dans cette position humiliante, si madame de Salviac ne lui eût montré un espace vide sur la banquette où elle était assise elle-même au dernier rang. La jeune fille s'y réfugia comme dans un port, et se laissa tomber mourante auprès de son amie.

XVIII

Un morceau, chanté par les artistes italiens les plus célèbres, vint faire diversion à l'enthousiasme excité par les deux jeunes filles. Le silence était rétabli, et les regards se portaient de nouveau sur le piano. Elisa put enfin se reposer ; il était temps, car ses forces étaient épuisées. La voix affectueuse de madame de Salviac, en murmurant à ses oreilles des encouragemens, des félicitations, ramena un peu de calme dans son esprit. Bientôt elle respira plus librement et put remercier la bonne Cécile par un sourire.

Le prince s'était éclipsé de nouveau, mais Elisa avait deviné qu'il ne devait pas être loin. Derrière la banquette, plusieurs sièges étaient posés en désordre, et des hommes, les uns debout, les autres assis, remplissaient cette partie de la salle. Elle ne se retourna pas, mais son instinct de femme l'avertit que le prince était avec eux. En effet, au moment où l'attention générale était captivée par les chanteurs, mademoiselle Bambriquet sentit une haleine brûlante sur son épaule nue, et l'on murmura près de son oreille :

— Elisa... Elisa, pourrez-vous jamais me pardonner ce qui s'est passé le soir où je vous ai vue pour la dernière fois ?

La jeune fille rougit à ce souvenir.

— Silence, de grâce ! — soupira-t-elle en se retournant à moitié, — on pourrait vous entendre.

— Ne craignez rien, personne ne nous observe... d'ailleurs ce que j'ai à vous dire est grave et les momens sont précieux.

— Monsieur le prince, je vous en supplie...

— Non, non, il faut que vous m'écoutiez, — reprit-il en s'assurant que tous les assistans, même Cécile, se livraient exclusivement au charme de l'harmonie ; — cette soirée comptera dans mon existence, peut-être dans la vôtre... Elisa, depuis notre séparation, mes idées ont pris un cours nouveau ; ce qui me semblait d'abord un abîme sans fond ne me paraît plus qu'un obstacle ordinaire. Ce soir, en vous voyant si belle, si digne de tous les hommages, j'ai résolu que cet obstacle ne m'arrêterait pas.

Mademoiselle Bambriquet jeta sur lui un regard timide.

— Je ne vous comprends pas, — dit-elle ; — j'ai pu un moment montrer de l'affection à monsieur Moreau, ce locataire de mon père, dont je supposais le rang à peine supérieur au mien ; mais il y a trop loin de moi au prince de Z***.

— Ne prononcez pas ce nom qui fait mon supplice, — répondit précipitamment le prince ; — je me suis déjà trop soumis à ses exigences tyranniques ; je suis las de souffrir à cause de lui... Ecoutez, je vous aime ; je ne suis plus à cet âge où la passion est passagère, et ce n'est pas une vaine parole que je vous dis que cet amour ne cessera qu'avec moi. Une inégalité de rang nous sépare : cette inégalité n'existe plus dans nos mœurs, je le sais, mais elle existe dans mes souvenirs, dans mes préjugés peut-être ; eh bien ! je suis prêt à la fouler aux pieds, mais j'ai besoin de votre aide... m'aimerez-vous assez pour me faire aussi quelques sacrifices ?

Elisa resta un instant sans répondre.

— Prince, — dit-elle enfin avec effort, — rompons cet entretien ; un sentiment d'exaltation vous égare, et demain peut-être le repentir...

— Jamais je ne fus plus calme, plus sûr de moi-même ; l'hésitation rend faible, mais la décision donne de l'énergie. Elisa, ce mariage ne saurait s'accomplir ouvertement ; ces gens qui nous entourent ne me pardonneraient pas, et peut-être auraient-ils raison. Nous irons en Allemagne, en Italie... Les débris de ma fortune suffiront et au delà à des désirs bornés, à des habitudes modestes... Mais, de votre côté, il faudra renoncer à la France, à votre famille, et surtout... surtout à votre père.

L'un et l'autre parlaient si bas qu'ils avaient à deviner réciproquement leurs paroles. Elisa, en entendant le prince lui dérouler ses projets d'avenir, était d'abord éblouie; jamais, dans ses rêves de jeune fille, elle n'avait osé porter si haut son orgueil; et le sentiment secret qu'elle nourrissait pour Alfred rendait ces visions plus séduisantes encore. Cependant les conditions auxquelles le prince mettait la réalisation de ses plans refoulèrent ces sentimens de fierté et de joie.

— M'estimez-vous assez peu, — dit-elle avec dignité, — pour croire que je voudrais acheter par de pareils sacrifices non-seulement le titre de princesse, mais encore même une couronne de reine?

Monsieur de Z*** ne put retenir un geste de désespoir.

— Que voulez-vous donc? — demanda-t-il avec moins de précautions qu'auparavant. — Devrai-je avouer pour beau-père un homme que vous-même... — Il s'arrêta brusquement et se mordit les lèvres. Bien qu'il eût parlé à voix basse, son accent passionné avait attiré sur lui l'attention. Des chut! répétés se firent entendre dans diverses parties de la salle. Cécile se retourna, et, en voyant le prince si près de son amie, elle soupçonna une partie de la vérité; mais Alfred ne s'aperçut même pas de la présence de madame de Salviac : il s'était rejeté en arrière et semblait réfléchir profondément. Pour Elisa, elle restait immobile, les yeux tournés vers les chanteurs, et, n'eût été la légère oppression de sa poitrine, l'éclat particulier de son regard, on n'eût pu soupçonner qu'il s'agissait pour elle d'un si grand intérêt. Au bout de quelques minutes elle sentit que le prince se penchait encore à son oreille : — Elisa, — murmura-t-il doucement, — m'entendez-vous? — Elle exprima par un léger mouvement d'épaules qu'elle écoutait. — Elisa, — reprit-il d'une voix brisée, — je n'ai plus la force de lutter. Afin de vous obtenir, je renierais jusqu'au nom de mon père... Soyez généreuse avec moi, car, pour un regard de vous, je renoncerais à tout ce qui a fait l'orgueil de ma vie passée.

Cette fois, Elisa ne put rester insensible à un abandon si franc, si douloureux, si complet; elle se retourna, les yeux humides. Elle ouvrait déjà la bouche pour exprimer au prince combien elle appréciait une pareille abnégation, lorsque tout à coup une grande rumeur s'éleva dans l'antichambre où se tenaient les valets; on eût dit d'une violente dispute; des voix bruyantes et irritées dominaient les chants et la musique.

Un vif étonnement se manifesta dans l'assemblée; tous les assistans regardèrent du côté de la porte. Plusieurs se levèrent, et monsieur de Montreville quitta sa place pour aller imposer silence à la valetaille; mais, avant qu'il y fût parvenu, le bruit devint plus fort, plus rapproché; bientôt même il retentit à l'entrée du salon, quoique la foule empêchât encore de reconnaître de quoi il s'agissait. Elisa pâlit subitement. Le prince, que rien ne pouvait distraire de sa pensée, lui parlait toujours; mais elle ne lui répondait plus, elle ne le voyait plus, elle ne l'entendait plus; elle attendait en tremblant.

Les artistes impatientés se turent brusquement, et, au milieu du silence général causé par la stupeur, on put distinguer ces paroles :

— Laissez-moi, tas de brigands, d'assassins, de polissons!... Ne portez pas la main sur moi, coquins!... Nous verrons bien si vous avez le droit d'insulter une honnête fille qui vaut cent fois mieux que vos bégueules en falbalas! — Plusieurs personnes parlèrent à la fois d'un ton bas et animé. — Je ne sortirai pas, — s'écria la même voix avec fureur; — je ne partirai pas sans emmener ma fille avec moi... Ma fille est ici... je veux qu'on me la rende... Vos maîtres sont tous des carlistes, mais je les vaux bien, entendez-vous! et je ne m'en irai pas sans ma fille... Lisa! — appela-t-on avec force; — Lisa!

Au même instant la foule s'entr'ouvrit, et l'on aperçut Bambriquet, sans cravate et sans chapeau, poursuivi par deux valets qui n'osaient employer la force pour l'arrêter. Derrière lui, Lapiquette, avec sa robe rouge et son bonnet à fleurs, les vêtemens chiffonnés, les traits enluminés, parlait chaleureusement à l'huissier, qu'elle prenait pour le maître de la maison. Bambriquet, sans respect pour le lieu où il se trouvait, s'agitait comme un énergumène et redoublait ses cris.

— Mon Dieu! mon Dieu! — dit Elisa d'une voix déchirante en reconnaissant son père.

Et elle tomba évanouie dans les bras de ceux qui l'entouraient.

XIX

Revenons encore une fois en arrière et voyons par quel concours de circonstances Bambriquet et Lapiquette se trouvaient chez le comte de Montreville.

Nous savons déjà que, sur les instances de sa fille, la comtesse était venue avec Hermance inviter Elisa à la fête. Mademoiselle de Montreville souhaitait de se faire entendre avec son ancienne amie de couvent, et rien n'eût pu la dissuader de ce projet dont elle se promettait merveilles. Aussi était-ce vainement qu'Elisa avait voulu s'excuser d'assister à cette réunion; la jeune héritière avait réfuté victorieusement ses objections, et il fut décidé entre les dames qu'Elisa se rendrait à l'hôtel avec monsieur et madame de Salviac, qui se chargeaient aussi de la ramener à son père.

Bambriquet, qui était présent à cette entrevue et que l'on avait invité pour la forme, était ébloui par les manières imposantes de la comtesse, par la magnifique voiture qui stationnait à la porte, par les laquais en livrée qui attendaient leurs maîtresses dans la cour. Il ne s'opposa donc pas à ces arrangemens; bien plus, il pressa lui même sa fille d'accepter; et, lorsque tout fut convenu, il poussa la politesse jusqu'à reconduire les dames, chapeau bas, à leur voiture.

Les choses allaient donc pour le mieux, et mademoiselle Bambriquet, heureuse de faire son entrée dans le monde sous les auspices de son amie, commença immédiatement ses préparatifs de toilette pour cette soirée solennelle. Bambriquet n'était nullement avare, quoiqu'il fût mesquin par goût et par habitude; il voulut donc que sa fille n'épargnât rien pour paraître avec avantage chez madame de Montreville, et s'il se plaignit d'une chose, c'est qu'Elisa, d'après les conseils de madame de Salviac, eût fait choix d'une mise simple et de bon goût, qui ne paraissait pas suffisamment cossue au bourgeois enrichi.

Le jour prédestiné arriva enfin : la jeune fille, que ces préparatifs avaient distraite de ses fâcheuses préoccupations, était presque joyeuse. Dès le matin ses frais ajustemens étaient préparés dans sa chambrette; et, dès sept heures du soir, à l'issue du dîner, elle s'enferma pour s'habiller avec le secours de la femme de chambre de madame de Salviac, car la pauvre petite savait bien qu'elle ne devait compter ni sur la complaisance ni sur l'expérience de Lapiquette en cette circonstance.

En effet, la gouvernante voyait avec dépit et jalousie les distinctions dont Elisa était l'objet. Grâce à la lâche complaisance de Bambriquet, elle en était venue à se regarder comme l'égale de la fille de son maître; et tout ce qui tendait à placer Elisa au-dessus d'elle excitait sa haine et sa colère. Les modestes préparatifs de la jeune fille pour cette fête avaient particulièrement exaspéré cette âme basse et envieuse; mais, depuis la terrible scène que nous avons racontée, Jeanneton n'exerçait plus un pouvoir aussi absolu sur l'imbécile vieillard. Bambriquet, dès le lendemain, avait pris des renseignemens sérieux sur les personnages qu'elle avait introduits chez lui, et cette enquête ne leur avait été nullement favorable. Toutefois, il était si faible, si aveuglé à l'égard de sa gouvernante, qu'elle n'avait pas eu de peine à lui persuader qu'elle était innocente des menées de ces misérables, et tout avait repris dans la maison sa marche accoutumée.

Cependant, à partir de ce moment, l'ancien chiffonnier avait conservé un fonds de défiance ; il avait su mieux protéger sa fille que par le passé, et chaque nuit, en rentrant, il avait eu soin de compter les valeurs renfermées dans son bureau. De son côté, Lapiquette avait compris le danger de heurter son maître tant que cette impression défavorable ne serait pas effacée ; sûre qu'avec un peu de patience et d'habileté elle parviendrait à ses fins, elle avait renoncé au ton despotique ; elle affichait la modération et la résignation chrétiennes ; elle se donnait des airs de victime, affectait de soupirer et de lever les yeux au ciel à tout propos ; enfin sa méchanceté brutale d'autrefois avait pris les formes de l'hypocrisie.

Ainsi, par exemple, ni ouvertement ni en secret, elle n'avait fait aucune observation à Bambriquet sur l'invitation des dames de Montreville ; mais chaque fois qu'il en était question en sa présence, elle devenait silencieuse, elle donnait à son visage une expression triste et contrainte, comme si elle eût gémi tout bas d'un événement contre lequel elle n'osait même pas protester. Enfin pourtant, le jour de la fête, au moment où Élisa venait de se retirer pour vaquer à sa toilette, la bombe éclata.

Lapiquette et Bambriquet étaient assis devant le feu, dans le salon que nous connaissons déjà ; la gouvernante tricotait son bas, et le maître s'assoupissait légèrement, comme cela lui arrivait parfois après son dîner. Un profond silence régnait depuis quelques instants, lorsque Jeanneton, laissant tomber son ouvrage sur ses genoux, dit par forme de réflexion philosophique :

— Ah ! mon Dieu ! que c'est drôle tout de même, le monde !

Bambriquet ouvrit les yeux et bâilla démesurément.

— A quoi penses-tu donc ? — demanda-t-il d'un ton distrait.

— Eh bien ! me défendez-vous de penser, maintenant ! A la vérité je suis une pauvre fille, et je n'ai le droit ni de penser ni de parler.

— Allons, — reprit le vieillard avec humeur, — vas-tu recommencer tes bêtises ?... Voyons, qu'as-tu sur le cœur ? Trouverais-tu mauvais, par hasard, que cette petite allât chez des gens comme il faut ? Il n'y a pas de mal à cela, j'espère ?

— Non, sans doute, puisque vous le voulez... Et sans vous vanter, monsieur, vous devenez bien fier depuis que votre fille est ici. Fallait voir l'autre jour comme vous saluiez ces deux belles dames qui sont venues l'inviter ! c'était des madame la comtesse par-ci, madame la comtesse par-là ; vous en aviez plein la bouche ; et ensuite comme vous aviez l'air glorieux de leur avoir parlé chapeau bas ; il n'y avait plus moyen de vous approcher.

— Eh bien ! ne faut-il pas être poli ? Je suis toujours poli, moi ; c'est dans le sang, je ne peux m'en empêcher.

— Je ne dis pas, mais... Eh bien ! tenez, monsieur, — s'interrompit-elle avec un accent de franchise parfaitement jouée, — je ne peux y tenir plus longtemps, et je n'irai pas par deux chemins : où ça mènera-t-il votre fille de la lancer avec des gens de si haute volée ?

— Où ça la mènera ? ma foi ! je n'en sais rien.

— Eh bien ! je vais vous le dire, moi : à mépriser son père, comme elle n'y est déjà que trop portée... Cela me peine de vous parler ainsi, mais je ne saurais me taire, à cause de l'amitié que j'ai pour vous.

Quoique cette pensée fût exprimée d'un ton de candeur, Bambriquet n'en fut pas entièrement dupe, d'autant moins qu'elle blessait son amour-propre.

— Et pourquoi Lisa me mépriserait-elle ? — s'écria-t-il d'un ton rogue auquel la gouvernante n'était pas habituée ? — suis-je donc un homme dont on doive rougir ? N'ai-je pas les manières de la bonne société ?... Mais, tiens, vois-tu, Lapiquette, ce n'est pas tout cela, tu es jalouse de voir ma fille aller chez des gens de condition,

et tu voudrais encore que j'empêchasse cette pauvre petite diablesse de prendre un moment de bon temps.

La gouvernante fut blessée de cette supposition, qui était juste ; elle se renfonça dans son fauteuil et se mit à fondre en larmes.

— Suis-je assez malheureuse ? — dit-elle ; — vous ne m'aimez plus, et je ne puis rien dire dans votre intérêt sans essuyer une rebuffade ! j'en mourrai de chagrin, bien sûr, et, quand je n'y serai plus, vous comprendrez alors combien vous aurez été méchant envers moi ; mais il ne sera plus temps.

Bambriquet fut touché de cette douleur vraie ou fausse.

— Allons, suppose que je n'ai rien dit, — reprit-il d'un ton plus doux ; — je sais bien, Jeanneton, que tu es une bonne fille et que tu m'es attachée, malgré tes étourderies ; aussi tu en seras récompensée plus tard... Mais, pour en revenir à Lisa, quel mal vois-tu...?

— Quel mal je vois ? — interrompit Jeanneton en essuyant ses yeux ; — est-il donc bien convenable de laisser aller ainsi une demoiselle avec des voisins dans une maison que vous ne connaissez pas, où l'on ne vous a pas même invité ?

— Oh ! pour cela si, on m'a invité, ma chère ; à preuve que la grande dame a dit à ma fille, de l'air le plus gracieux, en me regardant : « Si monsieur Bambriquet ne nous faisait pas l'honneur de venir, nous vous enverrions la voiture. » Je suis donc invité, quoique tu n'aies pu entendre cela, et, si je ne vais pas à ce bal, c'est que je ne veux pas... D'abord je n'aime pas ces cohues ; et puis il faudrait faire un tas de simagrées... D'ailleurs, j'ignorais que je serais libre ce soir.

— Allez ! allez ! monsieur, dussiez-vous me tuer, je serais ingrate envers un si bon maître si je vous cachais ce que je pense. Je ne peux pas retenir ma langue, c'est plus fort que moi, et je ne conviendrai jamais qu'un père doive quitter sa fille comme ça... on ne laisse pas courir ainsi des jeunes personnes avec les premiers venus !

Bambriquet parut ébranlé.

— Ces Salviac sont des gens comme il faut, quoiqu'ils fassent plus de dépense qu'ils ne peuvent ; mais, s'il faut l'avouer, Jeanneton, la même idée m'était déjà venue. Peut-être en effet ne devrais-je pas me séparer de ma fille pour toute une soirée... Il faut te rendre justice, et quand tu as raison je te reconnais volontiers.

— Oui ! oui ! — s'écria Lapiquette, encouragée par ce succès, — et, je vous le demande, que pensera-t-on dans le quartier quand on saura que la petite Bambriquet va courir les bals sans son père ? car enfin on ne pourra cacher la vérité à madame Trichard, par exemple, et l'on saura partout que vous êtes un père négligent et dénaturé.

— C'est vrai, ça, — reprit l'ancien chiffonnier avec perplexité ; — eh bien ! Jeanneton, si tu étais à ma place, que ferais-tu ?

— Je n'y sais rien, mais je ne quitterais pas ma fille.

Bambriquet se gratta l'oreille.

— Au diable ! comment arranger cela ? — murmura-t-il, — je ne peux pas retirer une parole donnée à madame la comtesse. D'ailleurs, j'ai fait des dépenses pour Lisa, et je tiens à ce qu'elle en profite. D'un autre côté, je ne me soucie pas d'aller à ce bal, moi ; je m'y ennuierais à mourir... Eh bien ! il me vient une idée, — ajouta-t-il en se frappant le front ; — je conduirai la petite jusqu'à la porte, et je l'attendrai dans une antichambre, dans un escalier, n'importe où ; que diable ! il y aura bien par là quelque endroit pour s'asseoir et se reposer... En même temps je verrai passer le monde, et ça me distraira ; aussi bien j'ai l'intention de donner des bals cet hiver, et je suis curieux de voir un peu ces soirées du grand genre. Hein ! Jeanneton, en voilà une fameuse idée !... comme ça on ne pourra pas dire que j'ai quitté ma fille.

Ce plan ne cadrait pas tout à fait avec les désirs de l'envieuse gouvernante ; elle avait espéré que Bambriquet refuserait absolument de laisser sortir Élisa ; aussi dit-elle avec un accent de dépit :

— Mais vous n'avez donc pas besoin d'aller aujourd'hui où vous allez chaque soir?

— Non, ma chère, — répliqua son maître distraitement, — il y a eu la nuit dernière une descente de police, et nous craignons...

Il s'arrêta tout à coup; il venait de s'apercevoir qu'il avait laissé échapper un important secret.

— Une descente de police! — répéta la gouvernante étonnée. — Ah çà! monsieur, quel métier faites-vous donc?

— Chut! chut! — dit Bambriquet d'un air effrayé, — tais-toi, Jeanneton... la langue m'a tourné; je voulais dire... enfin je te défends de me parler de cela... Mais nous n'avons pas de temps à perdre; prépare-moi bien vite mes habits des dimanches; je t'appellerai pour que tu me mettes ma cravate.

Lapiquette comprit qu'il serait dangereux de relever en ce moment les paroles échappées à son maître, et elle se promit d'approfondir ce mystère plus tard. Elle se contenta donc de répondre avec mélancolie :

— Vous allez au bal, et moi je vais m'ennuyer ici à vous attendre... mais que la volonté de Dieu s'accomplisse!

— Au fait! pourquoi ne t'emmènerions-nous pas? — s'écria Bambriquet; — puisque je dois attendre à la porte, tu pourras rester avec moi et tu t'amuseras à voir les toilettes de ces belles dames... Nous prendrons un fiacre à l'heure, et, quand la petite aura fini, nous rentrerons tranquillement tous ensemble. Va t'habiller, Jeanneton, et fais-toi bien belle : on verra bien là que nous ne sommes pas des domestiques, et que nous attendons une personne de la compagnie.

Un éclair de joie brilla dans les yeux de la gouvernante.

— Oui, oui, ce sera charmant! — dit-elle avec vivacité; — et, comme nous serons bien mis, on nous engagera peut-être à entrer... car enfin, si ces gens-là sont polis, ils ne nous laisseront pas faire le pied de grue dehors; et puis je pourrai raconter à tout le monde que je suis allée au bal chez une comtesse, avec votre fille et avec cette chipie de madame de Salviac... Allons! monsieur, dépêchons-nous, Lisa est déjà prête.

En un clin d'œil Bambriquet fut habillé, et, après avoir fabriqué elle-même une immense rosette à la cravate blanche de son maître, la gouvernante courut à sa toilette. Bientôt elle reparut affublée de la robe ponceau et du bonnet à fleurs de coquelicot dont il a déjà été question. Au même instant, Elisa rentra, fraîche et gracieuse dans son élégante robe de bal; la femme de chambre de Cécile la suivait, fière de son ouvrage, et quêtant pour cette charmante enfant les éloges et l'admiration.

Elisa fut un peu surprise de voir son père et Jeanneton dans leur costume de cérémonie, et elle en demanda la cause. Avant de répondre, Bambriquet parla bas à la femme de chambre, qui sortit aussitôt; puis il vint conter triomphalement à sa fille comment Lapiquette et lui étaient décidés à l'accompagner chez le comte de Montreville.

En apprenant cet étrange projet, Elisa rougit de honte.

— Vous, mon père! — s'écria-t-elle avec un douloureux étonnement; — vous m'attendre dans l'antichambre, au milieu des valets, tandis que moi...! Oh! non, non, c'est impossible!...

— Qu'y a-t-il là d'extraordinaire, mademoiselle la sucrée? On prétend qu'il n'est pas décent de te laisser aller avec des étrangers; de cette manière personne n'aura rien à dire. Serais-je donc déshonoré pour avoir passé quelques heures avec des domestiques? J'en ai connu qui valaient bien leurs maîtres; et d'ailleurs il y a de braves gens partout.

— Sans compter, — s'écria Lapiquette, — que si ces nobles savent vivre, ils nous engageront à entrer au bal! Il me semble, — continua-t-elle en jetant sur sa personne un regard de complaisance, — que nous pouvons nous présenter partout... Ces invitations-là se font tous les jours.

Elisa ne pouvait s'imaginer que son père eût parlé sérieusement; elle se jeta sur un siège et se mit à fondre en larmes.

— C'est une leçon, — murmura-t-elle, — c'est une leçon sévère que vous avez voulu me donner, je le vois maintenant... Vous avez raison, mon père, je n'aurais pas dû accepter cette invitation; je n'aurais pas dû consentir à entrer dans ce monde qui vous est fermé, à fréquenter des personnes qui se croient d'un rang supérieur au nôtre... Je comprends le sens caché de votre conduite. Pardonnez-moi... Je vais quitter cette parure qui me pèse maintenant; je resterai près de vous sans me plaindre, sans murmurer.

Et elle se dirigea vers sa chambre.

Bambriquet ne pouvait comprendre l'erreur généreuse de sa fille; il lui ordonna impérieusement de rester.

— Qu'est-ce que cette nouvelle folie? — s'écria-t-il, — et où donc as-tu vu que je voulais te donner une leçon? Mais je ne t'empêche pas d'aller chez cette comtesse, moi; au contraire... Seulement Lapiquette et moi nous t'accompagnerons.

Elisa le regardait fixement; une absence aussi incomplète de dignité dans un vieillard lui semblait impossible.

— Mon père, — dit-elle enfin avec noblesse, — puisque vous parlez sérieusement, je vous supplie de me pardonner si je résiste à vos volontés. Je me repentirais toute ma vie de vous avoir mis dans une position dont vous devriez rougir, dont je rougirais la première. Si j'avais la certitude que vous seriez bien accueilli dans le salon de madame de Montreville, je serais heureuse d'y entrer avec vous, je serais fière d'y paraître appuyée sur votre bras. Mais comme nous avons à craindre pour vous un mauvais accueil, je ne dois pas souffrir que vous yous y exposiez, et je renonce moi-même au plaisir que je m'étais promis.

— Oui-da, mademoiselle, — répliqua Bambriquet avec colère, — comme vous arrangez ça! Mais vous tiendrez votre promesse en allant à ce bal : d'abord, parce que l'on vous y attend; ensuite parce que je le veux. De mon côté, j'ai bien des raisons pour me trouver là : je désire avoir une idée de ces bals du grand monde, parce que cet hiver je compte recevoir du monde pour vous trouver un mari, ce qui n'est pas facile avec vos exigences. D'ailleurs je rencontrerai sans doute chez la comtesse un certain prince de Z*** qui me doit de l'argent, et dont je ne serais pas fâché de voir enfin le blanc des yeux.

Cette dernière considération n'était pas de nature à changer la détermination d'Elisa; aussi la jeune fille répliqua-t-elle avec énergie :

— Mon père, j'aurai le courage de vous désobéir, s'il le faut; je ne consentirais jamais à paraître dans un salon tandis que vous resteriez dans l'antichambre confondu avec les valets.

— Qu'est-ce que cela signifie! — s'écria Bambriquet, naturellement très irritable, et excité d'ailleurs par les signes de Lapiquette; — vous ne voulez pas? voilà du nouveau! eh bien! moi, je veux..., et ne me pousse pas à bout, vois-tu, car je serais de force à t'emballer dans un fiacre et à te conduire là-bas bon gré, mal gré...! Ne me fais pas monter sur *mes grands chevaux*, petite, tu t'en repentirais.

— Mon père, je vous conjure...

— Ah! tu oses me résister! ah! tu prétends être la maîtresse!... eh bien! nous verrons; vous n'êtes pas encore majeure, mademoiselle!

— Tenez ferme, — dit bas la gouvernante.

Salviac, déjà tout habillé pour le bal, entra en ce moment. La femme de chambre l'avait prévenu qu'il n'était plus nécessaire d'attendre mademoiselle Bambriquet, et il venait s'informer de la cause de ce contre-ordre. L'ex-chiffonnier énuméra longuement les raisons, selon lui irréfutables, qu'il avait d'accompagner sa fille. Quant à Elisa, elle ne dit rien; mais son regard était si triste, si plein de désespoir, que l'artiste se sentit ému de pitié.

Salviac avait eu besoin d'étudier le caractère de son impitoyable créancier, et il savait qu'il n'obtiendrait rien de lui en froissant son orgueil; aussi, eut-il l'air d'abord de trouver la démarche projetée assez naturelle. Puis, prenant le vieillard à part, il se mit à lui parler avec chaleur. Quelle que fût la nature des considérations qu'il employa, elles eurent l'air de produire de l'impression sur l'obstiné Bambriquet.

— Au fait, vous pourriez avoir raison, — reprit-il, — ma considération personnelle... et puis ma dignité... Allons, ne pleure pas, petite, — continua-t-il en se tournant vers sa fille ; — ça te rendrait laide et on se moquerait de toi. Voilà bien du bruit pour peu de chose ; je ne sortirai pas.

— Comment, monsieur, — demanda Lapiquette avec colère, — vous consentez...

— Tais-toi donc, — murmura Bambriquet en souriant malignement, — il faut bien en finir. — Edouard s'était approché d'Elisa et essayait de la consoler. On vint annoncer que la voiture était prête et que madame de Salviac attendait. — Eh bien ! partez, — dit Bambriquet tranquillement ; — bonsoir, Lisa, et amuse-toi bien.

La jeune fille se leva.

— Non, mon père, — dit-elle avec accablement ; — cette cruelle discussion, où j'ai été forcée de résister à vos volontés, m'a éclairée sur mes véritables devoirs : je ne dois pas assister à une réunion où vous ne serez pas ; je prie monsieur de Salviac de présenter mes excuses à Hermance et...

— Ah ! il faut te prier maintenant ! — s'écria Bambriquet d'un ton foudroyant ; — eh bien, mille tonnerres ! ça m'ennuie à la fin ! je veux que tu ailles à ce bal, je le veux ! entends-tu ?

— J'irai, mon père, — dit Elisa épouvantée.

— Eh bien ! donc, emmenez-la ; ses larmes sécheront en chemin... et qu'elle parte bien vite, ou nous pourrions nous fâcher tout rouge.

Salviac s'empressa d'entraîner la pauvre enfant éperdue jusqu'à la voiture, et elle partit pour cette fête où il allait lui falloir chanter et sourire. Mais outre les impressions pénibles que lui avaient laissées la scène précédente, elle avait un autre motif d'inquiétude : elle soupçonnait que son père, tout en paraissant renoncer à son projet, avait conservé une arrière-pensée. Elle communiqua ses craintes à monsieur et madame Salviac, qui tentèrent, mais vainement, de la rassurer ; et l'on peut se faire une idée des souffrances de cette douce et timide créature pendant la soirée.

Les soupçons d'Elisa étaient fondés : quand elle fut partie, Bambriquet, tout joyeux et tout fier de son espièglerie, envoya chercher un fiacre et monta dedans avec Lapiquette qui riait aux éclats. On les conduisit à l'hôtel de Montreville, et dès qu'ils eurent déclaré au suisse qu'ils venaient attendre une personne de la société, on ne fit aucune difficulté de les laisser dans l'antichambre.

Tout alla bien d'abord. Bambriquet et Lapiquette, assis côte à côte dans un coin de cette immense salle, s'amusaient à examiner les toilettes, à écouter les titres pompeux des invités. Personne ne semblait les avoir remarqués dans la foule : ils pouvaient se livrer à toute leur admiration pour des splendeurs dont ils n'avaient pas eu d'idée jusque-là. Malheureusement ils avaient été reconnus par quelqu'un dont ils ne soupçonnaient par la présence et qui comptait bien s'amuser à leurs dépens.

Parmi ces laquais bariolés dont l'antichambre était pleine se trouvait Narcisse, le petit groom de Salviac.

Depuis longtemps il avait sur le cœur bon nombre de griefs contre Lapiquette et contre Bambriquet ; l'occasion parut favorable au méchant garnement pour se venger de l'un et de l'autre. Toutefois, sachant combien ses maîtres seraient mécontents s'il jouait un rôle apparent dans la plaisanterie qu'il méditait, il se garda bien de se montrer à ses futures victimes. Il se tint au contraire à l'extrémité de la salle, et, s'approchant d'un groupe au milieu duquel se distinguait un magnifique chasseur à moustache noire, au port majestueux, il parla longtemps à ces gens, qui semblaient être ses camarades. Une espèce de discussion s'éleva entre eux, puis un défi fut porté et accepté en riant, et les causeurs se séparèrent. Narcisse et les autres se retirèrent dans un angle de la salle, pour observer ce qui allait se passer, tandis que le grand chasseur, un poing sur la hanche et l'autre main à sa moustache, s'avançait, en se dandinant, vers l'endroit où le maître et la gouvernante étaient assis.

Ni l'un ni l'autre n'avait remarqué ce manège qui présageait une mystification. Bouche béante et le cou tendu, ils épiaient le moment où la portière se soulevait, pour jeter un regard curieux dans les salons. D'ailleurs le duo venait de commencer, et Bambriquet avait cru reconnaître, malgré la distance et malgré les chuchotements des laquais, la voix de sa fille Elisa. Il écoutait donc avec intérêt et ne remarquait pas que le grand chasseur était venu s'asseoir à côté de sa gouvernante sur le coin de la banquette. Jeanneton elle-même ne s'en inquiétait pas, lorsqu'elle se sentit doucement poussée par le bras, et une grosse voix lui dit d'un ton goguenard :

— Bonjour, Jeanneton ! ça va bien, ma petite mère ?

Elle se retourna et regarda fixement celui qui venait de parler. En voyant un visage inconnu, elle fit un geste de surprise ; cependant, comme le chasseur était un beau cavalier, qualité que Jeanneton admirait par-dessus tout, elle crut devoir lui répondre avec son plus gracieux sourire et de sa voix la plus mielleuse :

— Vous vous trompez sans doute, monsieur ; je n'ai pas l'honneur de vous connaître.

— Allons donc ! — dit l'impudent laquais en feignant l'incrédulité ; — voyons, ne vous appelez-vous pas Jeanneton Lapiquette ?

— C'est vrai ; mais...

— N'êtes-vous pas de Cambrai ?

— J'en conviens ; cependant...

— En ce cas-là tu as tort de ne pas reconnaître tes amis. Tu te souviens donc pas de Morissot, qu'on appelait le grand Morissot, ex-brigadier au 6e dragons, en garnison à Cambrai, il y a dix ans ?... Allons, tu m'as fait des traits, je le sais ; mais sois bonne fille et je te pardonne ; que diable ! je n'ai pas de rancune.

Jeanneton était stupéfaite et devenait aussi rouge que sa robe. Le chasseur citait des noms et des faits qui ne lui étaient pas étrangers, mais elle ne le connaissait pas lui-même et elle ne se souvenait pas de l'avoir jamais vu. Cependant son persécuteur parlait à voix haute avec un sang-froid imperturbable ; il avait reçu de Narcisse les renseignemens les plus précis, renseignemens que Narcisse tenait lui-même d'une ancienne servante, compatriote de Lapiquette et brouillée avec elle. Mais comme Jeanneton ignorait cette circonstance, elle croyait presque à une intervention surnaturelle ; une sueur abondante coulait sur son front et elle éprouvait de mortelles angoisses.

XX

En ce moment le duo finissait dans le salon, Bambriquet se retourna et, en apercevant le prétendu Morissot, il fronça le sourcil. Lapiquette voulut à tout prix se débarrasser de son persécuteur.

— Monsieur, — reprit-elle avec fermeté, — je ne sais ce que vous voulez me dire, je ne vous connais pas, et je vous prie de me laisser tranquille.

— C'est fort mal d'oublier ainsi tes amis, ma chère ! — répondit le chasseur avec un accent de reproche ; — ton père, que j'ai rencontré dernièrement à la barrière, n'est pas vaniteux comme toi, et nous nous sommes bravement grisés ensemble... A propos, il n'est pas très content de toi, ton père ; il assure que tu le laisses dans la misère, lui et ses enfans, et qu'il ne t'a pas vue depuis plus de six mois... Il a fini par m'emprunter trois francs, que je te prierai de me rendre si tu en as les moyens. Le pauvre diable m'a fait pitié, avec ses guenilles, et sans doute ses affaires ne vont pas mieux ici qu'à Cambrai.

Bambriquet ne put écouter plus longtemps ces piquantes révélations ; il intervint tout à coup, et dit au mystificateur, de son ton le plus rogue, en enflant sa voix :

— *Monsieur*, qu'y a-t-il pour votre service? que demandez-vous à mademoiselle?

Au lieu de répondre, le prétendu Morissot regarda Bambriquet avec insolence par-dessus l'épaule de Lapiquette.

— Que veut-il donc, celui-là? — demanda-t-il avec un sourire de mépris ; — est-ce que c'est ton *nouveau*, Jeanneton? il a l'air diablement ancien, ton *nouveau*!

— Non, non, — s'écria la gouvernante qui perdait la tête, — c'est monsieur... c'est mon maître enfin.

— Ton maître? — répliqua le chasseur dont le regard parut s'adoucir ; — tu as donc aussi été obligée de te mettre en service, ma pauvre Jeanneton? C'est comme moi : en quittant le régiment, j'étais tellement dépourvu de *quibus* qu'il a bien fallu manger le pain des autres... Enfin, puisque c'est ton maître, nous pouvons bien causer de nos petites affaires. Il a l'air très doux, ce monsieur, et il doit être la crème des bons enfans.

Ces paroles, prononcées avec un aplomb merveilleux, étaient un outrageant sarcasme. Bambriquet avait en ce moment un air furibond et son visage était crispé par la colère.

— Monsieur, — murmura Lapiquette avec effort, — je vous supplie...

— Bah! — interrompit tranquillement le grand gaillard, — ton maître, puisque c'est ton maître, ne trouvera pas mauvais que nous causions un peu du passé... Que diable! il a été jeune aussi... N'est-ce pas, monsieur, que vous avez été jeune? eh bien! regardez cette belle personne-là, j'en ai été fou pendant deux mois ; j'en aurais été fou plus longtemps, mais il y en avait tant d'autres au régiment à qui elle ne faisait pas mauvaise mine !... enfin elle m'a planté là pour suivre à Paris un mauvais chenapan qu'on appelait Joli-Cœur, un gaillard qui a eu la chance d'entrer dans la garde... Je ne l'en veux pas, à Joli-Cœur, mais si jamais je le rencontre, je l'échinerai... Ensuite tu as eu tant d'amoureux, ma bonne, que, si je devais les échiner tous, j'aurais trop à faire ; n'est-ce pas, Jeanneton?

Bambriquet était vert de rage : les yeux lui sortaient de la tête ; il suffoquait.

— Monsieur, mon cher maître, — lui dit Lapiquette d'une voix entrecoupée, — ne croyez pas un mot de ce que dit ce monsieur, je ne sais ce qu'il me veut... ce sont d'infâmes calomnies !

— Tais-toi, tais-toi, malheureuse ! — répliqua Bambriquet se contenant à peine. — Tu m'as trompé... moi qui te croyais la sagesse et la vertu même !

Pendant cette scène, les amis du mystificateur avaient donné le mot aux autres valets, et tous étaient attentifs à la petite comédie qui se jouait en leur présence. Ils ne pouvaient entendre les paroles des acteurs, mais ils devinaient à l'air animé de Lapiquette et de Bambriquet, à la contenance effrontée du chasseur, que la plaisanterie avait réussi au-delà de leurs espérances. Aussi riaient-ils de toutes leurs forces, et le malin Narcisse, particulièrement, se tordait dans un accès de gaieté convulsive.

Le prétendu Morissot s'efforçait de ne pas les imiter, afin de jouer son rôle jusqu'au bout.

— Eh bien! que se passe-t-il donc? — demanda-t-il froidement en regardant l'un après l'autre le maître et la gouvernante ; — est-ce que tu m'aurais trompé, vertueuse Jeanneton? est-ce que ce vieux-là aurait eu la prétention de te faire oublier le 6ᵉ dragons? Ça serait une fameuse honte pour le régiment, car nous étions diablement aimables !

Mais l'impudent ne put garder son sérieux plus longtemps ; son sang-froid factice l'abandonna, et il partit enfin d'un éclat de rire qui se confondit avec le rire des assistans.

C'était pendant que l'ancien chiffonnier devenait ainsi

N. ET R. CH. — II.

le jouet de la valetaille de l'antichambre que le prince de Z*** offrait sa main et son cœur à Elisa Bambriquet.

Cette joie bruyante révéla la vérité au vieux propriétaire ; s'apercevant qu'il avait été l'objet d'une grossière plaisanterie, il sauta, comme un chat effarouché, sur le mystificateur, qui ne s'attendait pas à cette agression, et le frappa au visage. L'autre, furieux, cessa de rire tout à coup, et d'un seul geste envoya tomber Bambriquet à dix pas. Lapiquette, hardie comme une poissarde, et irritée d'ailleurs des sanglantes révélations qu'elle venait d'entendre (et dans lesquelles, soit dit en passant, se trouvaient beaucoup de choses réelles), vola au secours de son maître et mordit au bras l'ennemi commun. Celui-ci à son tour enleva d'un revers de main le bonnet à fleurs de coquelicot, et le peigne de l'amazone vola en éclats. Enfin les cheveux de Lapiquette, retombant sur son visage, l'aveuglèrent et la mirent pour un moment hors de combat.

Cette bataille tragi-comique n'était pas de nature à calmer l'hilarité frénétique de l'antichambre. Cependant les imprécations de Bambriquet, qui venait de se relever sans beaucoup de mal, les cris perçans de Jeanneton, inspirèrent la crainte que la plaisanterie n'eût pour ses auteurs des suites fâcheuses. On cessa de rire : chacun prit un air indifférent comme s'il n'eût eu aucune part à cette scène scandaleuse. Le grand chasseur essuyait dans un coin son bras ensanglanté, tandis que le méchant Narcisse venait avec une mine hypocrite offrir ses services à Bambriquet, et lui demandait doucereusement s'il n'avait aucun mal.

Bambriquet était dans un tel état d'exaspération qu'il était incapable de distinguer ses amis de ses ennemis. Les domestiques de la maison, tremblant que le bruit de cette esclandre n'arrivât jusqu'au salon, étaient accourus et cherchaient à l'apaiser. Mais le vieillard se montrait intraitable ; il criait aussi haut que tous les autres ensemble, pendant que Lapiquette se rajustait en trépignant. L'intendant du comte de Montreville accourut aussi, et, sachant quelle importance son maître attachait à ce qu'aucun scandale ne vint troubler la fête, il ordonna d'entraîner dehors les perturbateurs.

Les valets se mirent en devoir d'obéir ; mais Bambriquet n'était pas disposé à supposer patiemment une pareille injure, et il s'écria en se dégageant :

— Que pas un de vous ne me touche, ou il s'en repentira... vous verrez, drôles, si je suis un homme qu'on puisse prendre pour plastron !

— Mais enfin qui êtes-vous? — demanda l'intendant qui craignait de commettre une méprise.

— Je suis un ami de votre maîtresse, et j'attends ma fille Lisa ; c'est ma fille qui vient de chanter avec votre demoiselle.

— Le père d'une chanteuse ! — dit l'intendant avec dédain ; — Comtois, et vous, Lafleur, jetez-moi *ça* à la porte, et lestement.

— Voulez-vous bien me lâcher ! — s'écria Bambriquet en fureur pendant qu'on l'entraînait, — je ne veux pas sortir d'ici ; ce que qu'on me rende ma fille. Je suis l'ami de plusieurs personnes qui sont dans le bal... Que l'on appelle monsieur de Salviac, que l'on appelle le prince de Z***.

A ce nom du prince, l'intendant ordonna aux valets d'arrêter.

— Vous connaissez donc monsieur de Z***, — dit-il avec inquiétude, — pour vous recommander de lui?

— Je ne le connais pas personnellement, c'est-à-dire si... il me doit de l'argent... une somme énorme pour laquelle je puis faire vendre son hôtel... et Salviac aussi me doit de l'argent ! car tout le monde me doit. Allez leur dire que le père Bambriquet est là et qu'il redemande sa fille ; vous verrez, vous verrez !

L'intendant ne savait plus à quel parti s'arrêter ; il n'osait prendre sous sa responsabilité de faire chasser honteusement une personne qui se recommandait du prince de Z***. En le voyant hésiter, Bambriquet recouvra son assurance, et ce fut alors qu'il pénétra dans le salon en appelant sa fille à grands cris.

On sait déjà quel effet avait produit son arrivée bruyante au milieu de la fête.

Les chants et la musique avaient cessé tout à coup; les nobles dames et les élégantes demoiselles, effrayées de cette apparition subite d'un individu débraillé, au regard menaçant, s'enfuyaient en poussant des cris de terreur. On renversait les banquettes; les plus hardis avaient peine à se défendre contre cette panique.

Un homme éperdu se jeta néanmoins devant l'intrus, comme un général d'armée qui, au moment d'une déroute, se dévoue pour sauver l'honneur : c'était le maître de la maison, le comte de Montreville. Ce qui se passait était un fait inouï dans les fastes de l'hôtel; le bon vieux gentilhomme levait les yeux et les mains au ciel, comme pour le prendre à témoin de l'outrage qu'il recevait. Il dit à Bambriquet avec un accent de colère et de désespoir :

— De quel droit, monsieur, pénétrez-vous chez moi d'une façon si inconvenante?

Bambriquet ne se déconcerta pas; dans l'état d'exaspération où il se trouvait, aucune considération humaine n'eût pu l'arrêter.

— C'est donc vous, — dit-il avec insolence, — qui êtes le maître? Eh bien! vos domestiques sont des brigands et des scélérats; ils ont osé outrager mademoiselle que voici (et il désignait Lapiquette, qui malgré son bonnet de travers se redressait fièrement); aussi les ai-je traités comme ils le méritaient. Maintenant ne craignez rien, je ne resterai pas une minute chez vous dès qu'on m'aura rendu ma fille. Mais qu'en avez-vous fait? — continua-t-il en regardant autour de lui; — Lisa! Lisa! où es-tu donc?

Personne ne répondit. Un sourd murmure s'éleva dans la foule.

— Il n'y a personne ici qui ait des rapports avec un pareil homme, — dit le comte avec dégoût en regardant autour de lui; — qu'il sorte donc bien vite; sa présence est une honte pour ma maison.

— Et pourtant ma fille est ici! — s'écria Bambriquet en s'avançant résolument de quelques pas; — je me moque pas mal de vos convenances, moi! vous êtes tous des aristocrates... Mais je me suis battu en juillet, voyez-vous, ou du moins j'aurais pu me battre tout comme un autre, et j'exige qu'on me rende ma fille.

— Votre fille, misérable! — dit une voix près de lui, du ton de l'indignation, — vous avez enfin réussi à la faire mourir de honte !

Bambriquet aperçut alors un groupe que son ahurissement l'avait empêché de remarquer plus tôt. Sur un fauteuil, dans l'embrasure d'une fenêtre, était Élisa entièrement inanimée. Elle avait les yeux fermés, et sa pâleur de marbre contrastait avec sa fraîche parure de bal. Cécile la soutenait dans ses bras, pendant que Salviac lui faisait respirer un flacon de sels. C'était le prince lui-même qui venait d'apostropher si rudement l'indigne père.

Une justice à rendre à Bambriquet, c'est que, à la vue d'Élisa évanouie, il oublia tout le reste et courut à elle avec empressement.

— Lisa! ma chère Lisa, — s'écria-t-il en saisissant sa main froide et inerte, — te voilà donc enfin? Mon Dieu! on dirait qu'elle est morte!

— Elle n'est pas morte, — dit Cécile avec un profond soupir, — mais votre conduite odieuse et brutale l'a peut-être frappée à mort... elle a besoin d'air, il faudrait la transporter hors d'ici.

— Voilà donc la personne que vous réclamez? — demanda le comte de Montreville, dont l'impatience étouffait en partie la générosité ordinaire; — eh bien! on va la porter dans une pièce voisine et lui donner des secours... mais, pour Dieu! que l'on délivre le salon au plus tôt de ce grossier personnage, et maudit soit celui qui a attiré sur ma demeure un pareil affront!

Cependant, le premier moment passé, les invités avaient repris leurs places. Le bruit se répandait que le père de la charmante cantatrice qu'on venait d'applaudir était cause de ce scandale, et une ardente curiosité succédait à l'effroi. Les femmes avaient été les premières à s'avancer vers le théâtre de cette scène, aussitôt que les gestes furieux, les éclats de voix de Bambriquet étaient devenus moins inquiétants. Parmi elles, se trouvait Hermance, qui avait entendu les paroles de colère prononcées par le comte.

— N'accusez personne d'une faute dont je suis seule coupable, mon père, — dit-elle à voix haute, d'un ton chagrin; — cette demoiselle était mon amie de couvent, et, quoiqu'elle n'appartînt pas à une famille honorable, je la croyais digne de paraître dans votre salon... Mon amitié pour elle m'avait aveuglée sans doute sur les dangers d'une pareille invitation; mais comment supposer que son père viendrait jusqu'ici la faire rougir?

En entendant parler d'Élisa avec tant de dédain par celle même qui se disait son amie, le prince tressaillit, et il ouvrit la bouche comme pour protester au nom de cette malheureuse jeune fille incapable de se défendre elle-même; une puissance irrésistible arrêta la parole sur ses lèvres.

Comme nous l'avons dit, Bambriquet commençait à se calmer et à éprouver une sorte de honte de s'être conduit avec tant de brutalité; mais les expressions méprisantes de mademoiselle de Montreville ranimèrent sa fureur.

— Moi faire rougir ma fille! — s'écria-t-il impétueusement; — mademoiselle, jamais personne n'a rougi de moi... Je suis connu dans mon quartier : je suis éligible, et j'ai eux trente-cinq voix aux dernières élections pour être conseiller municipal... et si l'on doute que je sois un homme comme il faut, il ne manque pas ici de personnes pour porter témoignage en ma faveur... Et, tenez, — continua-t-il en désignant le prince, — voici monsieur Moreau, mon locataire, qui pourra vous dire...

Des rires nombreux et moqueurs interrompirent l'ancien chiffonnier.

— Quelle plaisante méprise! — disait l'un.

— Cet homme est fou, — disait un autre; — on n'en saurait douter.

— Il prend déjà monsieur le prince de Z*** pour un de ses locataires; tout à l'heure nous allons trouver tous être de ses amis et même de ses cousins.

— Le prince de Z***! — s'écria Bambriquet, qui saisit ce mot au bond; — eh bien! si le prince de Z** est ici, qu'il se montre... Je suis monsieur Bambriquet, à qui il doit cinquante mille écus; et, s'il consent à me reconnaître pour un galant homme, il n'aura pas lieu de s'en repentir.

Des rires plus bruyants que les premiers s'élevèrent dans l'assemblée.

— Cessons une telle plaisanterie, — dit le comte de Montreville avec impatience; — vous pourriez, mon cher, inventer des mensonges moins ridicules. Le prince est devant vous et vous ne le connaissez pas, vous lui donnez un nom qui n'est pas le sien!

Bambriquet entrevit enfin la vérité.

— Comment? lui... Moreau... monsieur le prince! — s'écria-t-il d'un air de stupéfaction; — en effet, je ne le connaissais pas personnellement, c'est mon voisin qui a fait le prêt... Eh bien! monsieur, que vous soyez prince ou Moreau tout court, vous avez habité ma maison et vous pouvez affirmer...

Alfred releva la tête :

— Monsieur, — répliqua-t-il d'une voix brève, — je ne sais ce que vous voulez dire... Si je suis votre débiteur, adressez-vous à mes gens d'affaires. Quant à mon opinion sur vous, dispensez-moi de l'exprimer ici, elle ne vous serait pas favorable.

Et il lui tourna le dos.

— C'est pourtant notre locataire du second, — s'écria effrontément Lapiquette, — je l'ai bien reconnu; mais nous n'avons personne pour nous ici; heureusement que les cautions comme ce Moreau ne sont pas bien rares et bien précieuses.

Monsieur de Montreville frappa du pied.

— Eh bien! qu'attendez-vous donc? — dit-il aux valets; — emportez cette jeune fille et jetez ces gens à la porte... Ceci devient intolérable.

Les domestiques allaient obéir.

— Attendez, attendez! — s'écria Bambriquet d'un air d'angoisse; — si ce monsieur, prince ou non, dont je suis en train de faire vendre l'hôtel, ne veut pas me reconnaître, d'autres personnes pourront vous dire que je ne mérite pas d'être traité si indignement. Salviac et sa dame demeurent dans ma maison, et ils savent bien...

Mais l'artiste, pas plus que le prince, ne voulut accepter aux yeux de l'élite du monde aristocratique la complicité du monstrueux scandale dont tout Paris allait s'occuper le lendemain. Il secoua la tête et, prenant par la main Cécile, qui jusqu'alors avait prodigué à Élisa les soins es plus empressés, il l'entraîna en disant à haute voix :

— Je n'ai rien de commun avec vous... que justice soit faite!

En se voyant désavoué honteusement par ceux même qu'il croyait tenir sous sa dépendance absolue, Bambriquet fut pris d'un accès de rage.

— Ah! c'est ainsi! — s'écria-t-il en montrant le poing.— Eh bien! méchant gâcheur de terre glaise, si tu ne me connais pas, tu connaîtras mon huissier! Et, quant à ce prétendu prince...

Il ne put en dire davantage; deux robustes valets se jetèrent sur lui et le poussèrent vers la porte, tandis que d'autres enlevaient le fauteuil dans lequel Élisa était toujours inanimée. Lapiquette suivait ses maîtres, à demi portée par un chasseur qui s'était emparé d'elle, et, comme Bambriquet, elle poussait des cris de menace, des imprécations. Mais ces clameurs forcenées ne se firent bientôt plus entendre que dans l'antichambre, puis dans l'escalier, et elles finirent par être étouffées sous le bruit des conversations particulières, qui avaient repris leur cours dans le salon.

On peut se faire aisément une idée de l'agitation qui régna chez monsieur de Montreville après un événement si nouveau dans les fastes du monde élégant. On s'était formé en groupes, les uns mystérieux et discrets, les autres bruyans et exaltés. Chacun jugeait l'événement à sa manière, blâmant ou approuvant la conduite du maître de la maison, et l'on n'épargnait pas les suppositions peu charitables au sujet du prince Alfred. Mais il ne vint à la pensée de personne de plaindre la malheureuse jeune fille dont on avait admiré un moment auparavant les grâces et les talens; elle portait sa part de la réprobation qui pesait sur son père, elle était enveloppée dans le même mépris.

Il fallait se hâter de faire diversion aux réflexions passablement malignes qui s'échangeaient dans l'assemblée. Le pauvre comte de Montreville perdait la tête et s'agitait d'un air désespéré, sans songer que la fête restait trop longtemps suspendue. La comtesse, qui s'était tenue à l'écart pendant l'invasion inconvenante de Bambriquet, vit d'un coup d'œil combien il devenait urgent d'effacer cette impression défavorable. Elle donna des ordres à plusieurs valets, qui se mirent aussitôt en mouvement pour obéir, puis elle s'avança vers le comte, morne et consterné, et lui dit bas quelques paroles.

— Oui, oui, — répliqua monsieur de Montreville, — que la fête continue. Priez ces messieurs et ces dames de se remettre au piano... Quelle honte pour ma maison, — ajouta-t-il en gémissant. — J'en mourrai de chagrin!

Mais la comtesse ne paraissait pas disposée à prendre les choses au tragique.

— Excusez-moi, monsieur, — reprit-elle d'une voix joyeuse qui domina le bruit des conversations particulières; — mais, après ce ridicule événement, qu'il n'était au pouvoir de personne de prévoir ou d'empêcher, nos amis ne sauraient donner une attention suffisante à la musique, aussi bonne qu'elle fût... Il vaut donc mieux que le bal commence à l'instant.

Le comte y consentit, et aussitôt un orchestre joua les airs de contredanse les plus gais, les plus sautillans. En même temps une légion de valets entra, portant des plateaux de rafraîchissemens. Sans doute les gens avaient reçu des instructions particulières, car ils se hâtèrent de se répandre dans les groupes, et, avec les formes les plus respectueuses, ils importunèrent les causeurs qu'ils les forcèrent d'interrompre les conversations commencées pour prendre une glace ou un sorbet. D'autres valets remuaient les banquettes et les pianos, afin de faire place à la danse; l'orchestre devenait de plus en plus bruyant, et le cornet à piston faisait rage : bref, il n'y avait pas dans le salon entier un seul coin où pût avoir lieu un entretien suivi. Aussi les symptômes fâcheux qui avaient alarmé les maîtres de la maison ne tardèrent-ils pas à disparaître : les groupes se dispersèrent, les dames cessèrent de chuchoter entre elles, le sourire reparut sur les visages. Bientôt les couples s'avancèrent pour former les quadrilles; les oisifs s'enfuirent dans les salons de jeu. Il ne resta plus dans la pièce principale que les dignes personnes connues sous le nom de *tapisseries* qui pussent encore s'entretenir du scandale récent; mais pour celles-là il eût été bien inutile de chercher à les empêcher de médire, et, comme la comtesse le savait, elle ne s'en inquiéta pas.

Quand l'assemblée eut repris sa physionomie normale, le prince, qui s'était éclipsé après son colloque avec Bambriquet, se montra de nouveau. Une véritable transformation s'était opérée dans sa personne : quoiqu'il fût encore un peu pâle, il n'avait plus cet air sombre et contraint d'auparavant. Calme, attentif, poli, presque gai, il causait avec ceux de ses amis qui se trouvaient sur son passage; il avait retrouvé son urbanité et l'aménité habituelle de ses manières.

Au moment où l'orchestre donna le signal de la contredanse, il aperçut Hermance qui causait avec vivacité au milieu d'un groupe de bonnes amies; il s'élança vers elle, et l'invita gracieusement à danser.

Mademoiselle de Montreville pinça les lèvres.

— Prenez garde, monsieur le prince, — dit-elle avec un peu de dépit; — si vous me revenez, je puis croire que c'est par suite du départ d'une personne dont vous étiez exclusivement occupé tout à l'heure.

Cette allusion sembla faire vibrer dans le cœur d'Alfred une corde douloureuse, et ses traits s'altérèrent légèrement; mais ce ne fut qu'un éclair.

— Méchante! — répliqua-t-il en souriant, — vous ne savez rien pardonner à la faiblesse humaine. Vous ignorez que nous vivons dans un siècle misérable où la galanterie même à un motif intéressé.

— Que voulez-vous dire, monsieur le prince?

— Rien, sinon qu'il n'est pas permis à un pauvre débiteur d'être empressé auprès d'une autre dame quand la fille ou la femme de son créancier se trouve présente.

— Voilà donc pourquoi, pendant toute la soirée, vous avez été si attentif auprès de cette demoiselle?

— Hélas! oui, — dit le prince en affectant un air piteux.

Hermance partit d'un éclat de rire, et elle tendit la main à Alfred, qui la conduisit à la danse. Cinq minutes après, tous les invités savaient ou croyaient savoir pourquoi le prince de Z*** avait paru si prévenant pour la fille de Bambriquet, et pourquoi Bambriquet avait osé se recommander de lui. Alfred, par une tactique adroite, avait livré au monde le secret de sa fortune pour garder celui de son cœur.

On dansa toute la nuit. Jamais le prince n'avait été aussi galant avec Hermance. Salviac, qui le rencontra dans un salon écarté où il était venu respirer un moment, lui dit à voix basse :

— Prince, excusez-moi de vous avertir que, vous et moi,

nous nous sommes fait ce soir un ennemi irréconciliable. Tenez-vous sur vos gardes... il ne vous épargnera pas.

— Tant mieux, — répondit Alfred d'une voix sombre, qui contrastait avec la gaieté répandue sur son visage une minute auparavant; — il me deviendra si odieux que je finirai peut-être par étendre ma haine à tout ce qui le touche... La terrible leçon de ce soir ne sera pas perdue; j'ai été faible, mais je lutterai encore. Et voyez, — continua-t-il d'un ton où se confondaient l'ironie et le désespoir, — voyez comme la volonté est puissante... j'ai déjà eu le courage de *la* renier, de *la* calomnier ! Oh ! je suis lâche à force de courage !

Salviac lui serra la main, et ils se séparèrent. Mais au lieu de prendre un peu de repos, le prince courut inviter Hermance à une valse.

— Décidément, marquise, — disait l'une des vieilles dévotes que nous connaissons déjà, — le mariage pourrait fort bien avoir lieu cet hiver... Pourvu que le prince n'ait pas la fantaisie de se marier à Saint-Roch et de frustrer ainsi notre bon curé de Saint-Thomas-d'Aquin !

XXI

A l'extrémité du faubourg Saint-Germain s'élève un grand édifice, formé de deux hôtels contigus, dont les vastes jardins s'étendent jusqu'au boulevard intérieur. Là s'est établie depuis longtemps une congrégation de femmes, consacrée uniquement à l'éducation des jeunes filles dont les parens sont assez riches pour payer annuellement une pension élevée. Il ne nous appartient pas de rechercher si cette éducation se trouve ou non en harmonie avec les idées de la société actuelle; mais cette maison est peut-être la seule de ce genre qui donne aujourd'hui à Paris une idée exacte de ce qu'on appelait *un couvent* sous l'ancien régime, c'est-à-dire d'une maison religieuse où les jeunes demoiselles entraient dès l'âge le plus tendre, et d'où elles ne sortaient que pour se marier. Aussi les familles aristocratiques ont-elles adopté cet établissement, où certaines idées, certaines méthodes, certaines formes, se sont fidèlement conservées lorsque tout change alentour; et parmi les pensionnaires, les noms nobles l'emportent de beaucoup en nombre sur les noms obscurs et roturiers.

Sans doute des traditions d'orgueil doivent se perpétuer au sein de ces établissemens, formés en vue d'une caste privilégiée; mais Elisa, qui avait été élevée dans celui dont nous parlons, s'était trouvée assez bien douée par la nature pour apprécier ce qu'il y avait de faux dans cet enseignement où, tout en prêchant la charité et l'humilité chrétiennes, on exaltait la vanité de la naissance. D'autre part elle avait acquis dans la société choisie qui fréquentait la maison cette délicatesse de goûts, cette élévation de sentimens qui devaient lui faire souffrir plus tard lorsqu'elle rentrerait dans la maison paternelle.

C'était néanmoins au couvent où elle avait passé sa jeunesse que la fille de Bambriquet avait voulu se retirer après l'épouvantable scandale de l'hôtel de Montreville. Lorsque, en reprenant ses sens, elle avait appris de quelle manière humiliante son père et elle-même avaient été traités, sa honte et son désespoir n'avaient plus connu de bornes; si la religion ne fût venue à son secours, elle eût succombé sous le poids. Toutefois, dans sa douleur, elle ne prononça pas un reproche, pas une plainte; elle se contenta de demander à Bambriquet comme une grâce la permission de reprendre cette vie simple et monotone qui lui semblait le bonheur après tant de luttes et de secousses.

Bambriquet accueillit sa demande sans difficulté. Il commençait à comprendre l'odieux de sa conduite et il sentait qu'il avait beaucoup à se faire pardonner. D'ailleurs l'influence de la gouvernante avait encore baissé; les révélations du chasseur de l'antichambre avaient donné à penser au crédule vieillard, et, à force de réfléchir, de comparer, il avait acquis la certitude que cette femme ne méritait pas sa confiance. Aussi ne tenait-il plus à elle que par la force de l'habitude, tandis que sa fille, au contraire, gagnait chaque jour dans son affection. Elisa n'eut donc pas besoin de supplier pour obtenir ce qu'elle souhaitait; bientôt elle rentra au couvent, non plus comme écolière (son éducation était parfaite depuis longtemps), mais comme pensionnaire libre, c'est-à-dire ayant le droit de suivre les exercices de la maison ou de rester dans sa chambre, comme elle l'entendrait.

Un mois environ s'était écoulé. Bambriquet venait voir sa fille presque tous les jours. Ses visites étaient les seules qu'Elisa reçut dans sa retraite : le reste du monde semblait l'avoir oubliée, et Bambriquet, par un sentiment de délicatesse dont il eût été incapable autrefois, ne prononçait jamais un mot relatif aux personnes qu'elle avait connues pendant son séjour dans la maison paternelle. En voyant Elisa triste et abattue, il se contentait de proférer de vagues menaces contre ceux qui étaient la cause de sa tristesse; car Bambriquet, malgré le témoignage de sa conscience, n'avouait pas encore qu'il fût l'auteur des maux de sa fille : il les attribuait à la méchanceté du monde, et il n'y connaissait qu'un remède, la vengeance.

Grâce à son isolement et aux consolations de la religion, Elisa parut bientôt calme et résignée. Quand elle se promenait dans les jardins, elle n'évitait plus, comme les premiers jours, les graves religieuses et les joyeuses pensionnaires qui se trouvaient sur son passage; elle avait pour les unes un mot affectueux, pour les autres un encourageant sourire. L'air de souffrance maladive répandu d'abord sur son visage avait disparu peu à peu; sa douleur sombre était devenue de la mélancolie; cependant un observateur attentif eût reconnu que ce calme était seulement le résultat d'une grande fatigue après des luttes violentes; le plus léger incident, en éveillant des souvenirs plutôt assoupis qu'étouffés, pouvait déterminer une explosion nouvelle.

Par une belle et froide journée de décembre, elle se promenait seule, suivant son habitude, dans les vastes allées de l'espèce de parc attenant à la maison. C'était un dimanche; la cloche venait d'appeler à la chapelle les religieuses et les pensionnaires. Elisa, malgré sa piété bien connue, avait refusé de les suivre, et elle errait au hasard, son livre d'heures à la main, en essayant de lire l'office du jour. Elle était vêtue d'une simple robe de laine montante, et, quoiqu'il fît froid, elle n'avait pour coiffure qu'un foulard noué sous le cou, à la mode espagnole. Sa figure ainsi encadrée avait une candeur et une pureté angéliques.

L'hiver avait dépouillé de leur feuillage les grands arbres du jardin, dont les branches nues laissaient passer librement les rayons d'un soleil sans chaleur. Une brise aigre emportait quelques feuilles sèches à travers les allées, sur les gazons flétris des boulingrins. Le sable glacé criait sous les bottines de la jeune fille, et çà et là on remarquait encore des couches cristallines de gelée blanche.

Cependant, malgré l'aspect désolé de ces lieux, si délicieux au cœur de l'été, ils avaient conservé une sorte de poésie sévère; ce soleil si froid jetait des teintes brillantes sur les touffes diversement colorées de tilleuls, d'acacias et de sorbiers, et pénétrait en coins d'or jusque dans les plus épais massifs; de petits oiseaux se disputaient en pépiant les miettes que les pensionnaires avaient semées pour eux à la dernière récréation ; on entendait dans le lointain, lorsque la brise cessait par intervalles de tourmenter les arbres desséchés, des voix claires de jeunes filles qui chantaient des cantiques dans la chapelle.

Elisa avait déjà fait plusieurs fois le tour de ce vaste enclos, lorsqu'elle s'entendit appeler par son nom. Elle passa rapidement la main sur ses yeux, pour s'assurer qu'aucune larme furtive ne pouvait trahir ses réflexions secrètes, et s'avança au-devant de la personne qui venait interrompre sa solitude.

C'était la religieuse spécialement chargée de recevoir les visiteurs, vieille maussade et passablement rechignée, qui, malgré son voile noir et son vœu d'humilité, se glorifiait encore de porter un nom aristocratique. Elle apprit à Elisa qu'une dame se disant son amie l'attendait au parloir.

Elisa, dans sa misanthropie, se croyait oubliée de tous ceux qu'elle avait aimés sur terre; aussi, ne sachant qui pouvait être cette amie inconnue, elle hésitait à se rendre à cette invitation.

Comme elle questionnait la sainte femme au sujet de la visiteuse, un bruit de pas précipités se fit entendre à quelque distance; elles se retournèrent brusquement, et virent une femme, enveloppée d'une pelisse de soie qui la cachait entièrement, s'avancer vers elles avec rapidité. C'était celle que la religieuse avait laissée dans la salle commune un instant auparavant, et qui, ne pouvant modérer son impatience, l'avait suivie dans le jardin. La religieuse fronça le sourcil d'un air mécontent; mais avant qu'elle eût pu adresser un mot de reproche à cette inconnue qui pénétrait ainsi, contre toutes les règles, dans l'intérieur de la sainte maison, Elisa s'élança vers la visiteuse, les bras ouverts, et elles s'embrassèrent en sanglotant.

C'était madame de Salviac.

D'abord les deux amies ne prononçaient que des paroles inintelligibles et entrecoupées, en se serrant l'une contre l'autre; enfin elles se séparèrent avec effort.

— Madame, — dit Elisa en se tournant vers la religieuse qui les observait d'un air inquisiteur, — cette dame est en effet mon amie, et j'aurai le plus grand plaisir à passer quelques instans avec elle.

— Il suffit, mademoiselle; mais le jardin n'est pas un lieu destiné à recevoir les visites : d'ailleurs il fait grand froid, et, si vous vouliez bien vous rendre au parloir...

— Oh! non, non! — interrompit Cécile précipitamment; — ma bonne Elisa, je désire vous parler de choses importantes, qui doivent être entendues de vous seule.

Mademoiselle Bambriquet fit à la religieuse un signe suppliant.

— Comme vous voudrez, mademoiselle, — dit la vieille nonne, blessée dans sa curiosité; vous n'êtes pas soumise à la loi commune de nos pensionnaires, et vous pouvez agir à votre guise; cependant je vais prévenir madame la supérieure, et elle en décidera.

Puis elle s'éloigna en grommelant pour faire son rapport.

Mais les deux jeunes femmes étaient trop émues pour s'inquiéter de ces puériles tracasseries de couvent. Dès que la religieuse fut éloignée, elles entrelacèrent de nouveau leurs bras et leurs mains; puis, se tenant embrassées comme deux sœurs qui se revoient après une longue absence, elles s'enfoncèrent sous les longues charmilles dépouillées de feuillage.

D'abord, leur cœur était trop plein à l'une et à l'autre pour qu'elles pussent parler : mais quand elles furent arrivées dans la partie la plus retirée du parc, Cécile regarda fixement mademoiselle Bambriquet, et lui dit d'une voix altérée :

— Elisa, ma bonne et chère enfant, vous ne m'en vouliez donc pas? Il est donc vrai que vous n'avez contre moi ni haine ni colère?

— Eh! pourquoi en aurais-je, Cécile? — demanda la jeune fille avec étonnement.

— Pourquoi? — répéta Cécile en baissant les yeux; — avez-vous oublié le lâche abandon auquel je me vis forcée dans la soirée fatale...

— Ne me parlez pas de cela, — interrompit Elisa avec amertume; — oui, oui, le soir dont il s'agit je fus repoussée, reniée par tout le monde... Je n'ai accusé, je n'ai maudit personne; mais, par pitié! ne réveillez pas ces souvenirs...

— Il le faut cependant, Elisa; je dois vous expliquer comment, à la suite du scandale causé par une personne qui vous touche de près, il fut impossible à vos amis de prendre votre défense sans attirer sur eux la réprobation qui retombait sur votre... Si vous saviez, mon ange, comme le monde est cruel, tyrannique, surtout pour ceux qui sont forcés par position de subir ses exigences! Dans cette assemblée se trouvaient des personnes puissantes dont monsieur de Salviac devait conserver à tout prix la bienveillance et l'appui.... Quant à moi, Elisa, je vous le jure, si mon mari ne m'eût entraînée, j'allais...

Elisa poussa un profond soupir.

— Abrégeons ces pénibles explications, — reprit-elle; — Cécile, votre visite n'a-t-elle d'autre but que de reporter ma pensée sur des choses que je voudrais oublier?

— Eh! comment vous apprendre l'objet de ma visite, — dit madame de Salviac en fondant en larmes, — si vous conservez contre moi au fond du cœur un levain de rancune et de colère? Je viens vous demander un douloureux sacrifice; je viens vous supplier de me sauver, moi, mon mari, mon enfant et... d'autres encore.

Elisa s'arrêta.

— Serait-il possible? — répliqua-t-elle, — et vous doutez de moi?... Oh! parlez, parlez, Cécile; n'êtes-vous pas ma plus tendre, ma meilleure amie?

— Oh! je savais, — s'écria la jeune femme avec transport, — que je ne m'adresserais pas vainement à votre cœur!

Les deux amies recommencèrent à se promener dans les allées les plus solitaires du jardin. Elisa, après avoir cédé d'abord à un mouvement généreux, ne put s'empêcher d'exprimer un sentiment d'amertume et de regret :

— Cécile, — reprit-elle en soupirant, — je dois donc attribuer à un motif d'intérêt personnel le souvenir que l'on m'accorde après un mois presque entier d'oubli?

— L'oubli! — répéta madame de Salviac avec véhémence; — Elisa, rétractez cette parole, c'est de l'ingratitude envers moi, envers tous vos autres amis... Depuis la fatale soirée je n'ai pas cessé un instant de penser à vous, de m'occuper de vous. Bien des fois je me suis présentée chez votre père pour apprendre de vos nouvelles; mais je l'ai supplié vainement de m'accorder la permission de vous voir; il n'a répondu que par des injures et des menaces à mes supplications... Hier seulement j'ai connu le lieu de votre retraite, et...

— Assez, Cécile, ne vous excusez pas, — interrompit Elisa; — j'ai tort; mais un peu d'injustice est bien permise quand on est si malheureuse! Pauvre amie! je connais le ressentiment de mon père contre vous et les vôtres.

— Et vous savez, Elisa, jusqu'à quel point il a poussé ce ressentiment, quelle vengeance il prépare contre ceux dont il croit avoir eu à se plaindre à l'hôtel de Montreville?

— Je l'ignore tout à fait.

— Eh bien! apprenez donc... Je ne voudrais pas vous offenser... mais comment parler de ses procédés envers nous sans ressentir une juste indignation? Vous n'avez pas oublié que mon mari devait à votre père une somme assez forte; si, passé un certain délai, elle n'était pas remboursée, tous nos meubles, tout ce luxe modeste dont je me suis fait une douce habitude, revenaient de droit à monsieur Bambriquet... Le terme prescrit par le contrat est échu depuis quelques jours.

— Excusez-moi, mon amie, — reprit Elisa timidement, — mais n'ai-je pas entendu dire à monsieur de Salviac que, s'il obtenait la commande du monument de Dresde...

— Il est vrai, ma chère, — répondit Cécile en rougissant; — et, grâce aux sollicitations d'un ami généreux, mon mari a obtenu ce qu'il désirait; une somme assez considérable lui a été avancée sur ses travaux à venir; mais ici je me vois obligée à un pénible aveu... Cet argent a été dépensé, gaspillé avec une légèreté que moi seule n'ai pas le droit ne blâmer. Vous savez combien Edouard m'aime; il veut que je brille, il craint toujours que la simplicité de ma mise ne soit un objet de moquerie pitié pour les femmes opulentes que nous fréquentons...

La veille du bal de madame de Montreville, j'avais eu l'imprudence de dire que, de toutes les dames invitées, seule peut-être je n'aurais pas de diamants ; le lendemain, au moment de m'habiller, je trouvai sur ma toilette l'aigrette en brillants que je portais à cette fatale soirée... Edouard, pour satisfaire un de mes caprices, avait dépensé toute cette somme, notre seul espoir !

— Voilà donc ce que c'est que le luxe, — murmura la jeune fille.

— Dieu m'en est témoin, — continua Cécile, — bien que je ne sois pas insensible aux jouissances de la parure, j'ai déploré cette prodigalité inutile ; le lendemain même de la fête, j'ai voulu revendre ce bijou ; mais l'orfèvre en offre un prix bien inférieur à celui qu'il a coûté. D'ailleurs, il nous est impossible, quoi que nous fassions, de nous libérer envers votre père, car le désir de la vengeance seul l'anime désormais contre nous. Jugez-en plutôt. Il a su que, en dehors des sommes qui lui étaient dues par mon mari, nous avions d'autres dettes encore ; il a acheté sous main ces créances, il a rempli les formalités nécessaires, et si demain à midi tout n'est pas intégralement payé, nous serons honteusement chassés de la maison ; nos meubles même ne nous appartiendront plus ; mon mari, mon bon, mon généreux Edouard, le père de mon enfant, sera jeté en prison comme un criminel !

Les sanglots lui coupèrent la parole.

— Ne vous laissez pas aller ainsi à la douleur, — dit Elisa en pleurant comme elle ; — Cécile, mon père ne peut avoir conçu des projets aussi cruels ! Il se laissera fléchir...

— Attendez, — interrompit madame de Salviac, — vous ne savez pas tout encore ; je vous ai parlé seulement de mes chagrins ; mais votre père s'est choisi une autre victime, un homme stoïque, plein de noblesse et de générosité, qui eût dû être à l'abri de pareilles atteintes.

Elisa devint pâle et tremblante.

— De grâce, madame, de qui parlez-vous ? — demanda-t-elle.

— Du prince de Z***, Elisa, de l'ami que vous avez vu caché dans la maison de votre père sous le nom de Moreau. Comme nous il a bravé la colère de monsieur Bambriquet, et comme nous il est menacé de sa vengeance. Si demain, à pareille heure, le prince n'a pas payé une somme considérable, il sera chassé de l'hôtel habité pendant plusieurs siècles par ses ancêtres ; cet hôtel lui-même sera mis en vente, et tout Paris apprendra que le dernier rejeton d'une des plus grandes familles de France est ruiné, insolvable, déshonoré !

— Le prince ! monsieur Moreau !... Cécile, je vous en supplie, expliquez-moi enfin le mystère dont il s'est enveloppé ; je ne puis comprendre...

— Vous ne comprenez pas, enfant, que le prince a une fortune bornée, et que, ne pouvant soutenir convenablement son nom et son rang, il est obligé de se soustraire pendant six mois de l'année aux exigences de sa haute origine... Tandis qu'on le croit occupé à parcourir la France et l'Europe dans l'élégante chaise de poste où on l'a vu partir, il rentre dans Paris, seul, à pied ; et, sous la modeste apparence d'un petit rentier, il vit dans l'économie, dans les privations même, afin de pouvoir reprendre quelques mois plus tard le rôle brillant que sa qualité lui impose. Edouard tient ces détails de la bouche même du prince ; on n'a jamais porté plus dignement le poids d'un grand nom et d'une grande infortune.

— Il est vrai — s'écria Elisa les joues rouges, l'œil enflammé, dans un transport fébrile ; — et pourtant une fois il a mis à mes pieds cet orgueil, ce nom, cette grandeur... C'était le soir où... Mais, folle que je suis ! — continua-t-elle d'une voix sourde en baissant les yeux, — il s'en est repenti aussitôt... il m'a repoussée, reniée comme les autres ! — Cécile la regardait d'un air étonné. — Eh bien ! — reprit Elisa avec égarement, — s'il est pauvre, s'il ne peut soutenir son rang, pourquoi n'épouse-t-il pas la riche héritière qui lui est destinée ? C'est ainsi, dit-on,

que se relèvent les grandes familles. Herminie est noble comme lui, elle aura une fortune immense, et, si j'en crois certains rapports, aucune difficulté sérieuse...

— Rien n'est moins sûr que ce mariage, quoique bien des gens le regardent comme prochain. Quand j'en parle à Edouard, il secoue la tête et affirme qu'il existe un obstacle invincible. Elisa, vos paroles me prouvent que vous savez de quelle nature est cet obstacle... En effet, depuis la soirée qui nous a laissé de si cruels souvenirs, le prince n'a pas paru dans le monde ; il reste enfermé chez lui, indifférent pour tout ce qui ne touche pas au secret de son cœur ; il s'est à peine inquiété des actives poursuites de monsieur Bambriquet, quand il pouvait encore les ralentir ou les faire cesser... Et qui sait, mon enfant, si vous n'êtes pas, sans vous en douter, la complice des vengeances de votre père contre lui ?

Elisa écoutait avidement. Quand Cécile s'arrêta, elle se jeta dans ses bras avec transport sans prononcer une parole.

— Eh bien ! ma chère, — reprit-elle après une pause, — que puis-je faire pour le... pour vous sauver tous ?

— Voyez votre père, et suppliez-le d'accorder de nouveaux délais.

— Hélas ! Cécile, j'ai si peu de crédit auprès de lui !

— Oh ! il est bien changé ; il se reproche ce qu'il vous a fait souffrir pendant votre court séjour dans sa maison ; il est triste et honteux de ses torts envers vous, et l'acharnement qu'il met à vous venger prouverait seul combien il les déplore. Votre prière le désarmera ; il croira donner satisfaction à vos griefs en cédant à vos instances. D'ailleurs, Elisa, on ne lui demande que du temps et de la complaisance. Le talent de mon mari est largement rétribué ; nous modifierons notre genre de vie, nous économiserons ; tout sera intégralement payé un peu plus tard. Le prince, de son côté, pourra facilement trouver un autre prêteur, quand il aura l'esprit assez libre pour défendre lui-même ses intérêts. S'il voulait s'adresser à certains amis puissants...

— Il suffit, — dit la jeune fille avec chaleur, — je verrai mon père ; dussé-je me traîner à ses genoux, dussé-je pleurer toutes les larmes de mes yeux, j'obtiendrai qu'il renonce à ses projets.

— Oh ! merci, merci, ma bonne Elisa, j'avais bien raison de compter sur vous ! Je suis venue vous trouver à l'insu de tout le monde, car Salviac et le prince eussent été trop fiers pour encourager ma démarche... Mais je ne craignais pas de m'humilier devant vous ; vous êtes bonne, généreuse, vous m'aimez et je vous aime... Eh bien ! venez à l'instant ; ma voiture est à la porte ; partons, partons sans retard.

— Cécile, ne m'accorderez-vous pas un instant pour remettre un peu d'ordre dans mes idées ? peut-être que demain...

— Mais demain il sera trop tard ! — s'écria madame de Salviac ; — demain mon Edouard sera traîné en prison, nos meubles seront vendus, mon enfant et moi nous serons sans asile ; demain, le prince sera chassé de sa demeure. Ecoutez, Elisa, aujourd'hui un homme de loi est venu apporter chez monsieur Bambriquet toutes les pièces qui concernent la créance du prince et la nôtre, afin de remplir certaines formalités indispensables. Demain matin on viendra chercher ces papiers, et dans la journée les saisies auront lieu... Il n'y a pas une minute à perdre.

— Eh bien ! partons, — dit Elisa, — je vous sauverai tous, Cécile, lors même que mon père devrait m'écraser sous ses pieds.

XXII

Elles quittèrent le jardin et firent une courte station dans la chambre d'Elisa, où la jeune fille prit son chapeau et sa pelisse; puis elles descendirent au parloir. Élisa expliqua en peu de mots à la surveillante qu'une affaire de famille du plus haut intérêt l'obligeait à se rendre auprès de son père sur-le-champ. La nonne voulut faire des observations; mais, sans l'écouter, mademoiselle Bambriquet s'élança dans la cour extérieure avec Cécile, qui se tenait cramponnée à son bras.

En la voyant venir, Narcisse se hâta de déployer le marchepied, et elles se blottirent dans la voiture, qui sortit de la cour avant qu'on eût pu mettre aucun obstacle à ce départ précipité.

Le cheval attelé à l'élégante *demi-fortune* de madame de Salviac semblait avoir des ailes, tant il allait vite, et pourtant Narcisse, qui savait peut-être le prix des instans, le fouettait sans cesse.

Les rues, les quais, les places se succédèrent avec rapidité; plus on approchait du terme du voyage, plus Cécile et surtout Élisa sentaient leur cœur se serrer. Toutefois, quand la voiture pénétra dans la rue de la Santé, Élisa, dont les regards erraient au hasard sur la voix publique, fut frappée d'une rencontre inattendue.

La rue était déserte, mais dans l'encoignure d'une porte cochère se tenait un homme de haute taille, à figure sinistre et railleuse à la fois; mademoiselle Bambriquet le reconnut facilement, bien qu'il fût enveloppé d'un manteau, et que son chapeau fût enfoncé sur ses yeux; c'était Joli-Cœur, le prétendu cousin de la gouvernante, qui avait joué un si triste rôle au souper des fiançailles. Il avait l'air d'être en observation, et ses allures, passablement suspectes, eussent donné beaucoup à penser à Élisa, si elle eût été plus calme. Cependant elle se rejeta brusquement en arrière afin de ne pas être aperçue, et l'impression désagréable causée par cette rencontre n'était pas entièrement dissipée lorsque la voiture pénétra sous la porte cochère toujours ouverte de la maison.

A peine les deux jeunes femmes eurent-elles mis pied à terre qu'elles purent soupçonner un fâcheux contre-temps. Les fenêtres et la porte du petit pavillon que Bambriquet occupait au fond de la cour étaient fermées, sans doute le maître et la servante étaient absens. Cécile et Élisa se regardèrent d'un air consterné; avant qu'elles eussent pu se communiquer leurs craintes, ces craintes se trouvèrent justifiées.

La porte de la loge s'ouvrit, et dame Trichard, qui cumulait les fonctions de femme de ménage de Bambriquet avec celles de portière de la maison, accourut en donnant à sa physionomie l'expression la plus gracieuse.

— Eh! c'est la bonne demoiselle Élisa! — s'écria-t-elle; — en voilà une de surprise! Sur ma foi! on ne s'attendait pas à vous voir aujourd'hui, et surtout en compagnie de...

— Madame Trichard, — interrompit la jeune fille précipitamment, — mon père serait-il sorti?

— Comme vous dites, mademoiselle; le pauvre cher homme est allé se promener à la campagne avec mademoiselle Lapiquette, et ils ne rentreront que ce soir.

— O mon Dieu! que faire? — dit Élisa.

— Si ces terribles papiers sont encore entre ses mains, — murmura madame de Salviac, — il n'y a rien de perdu; il faut l'attendre.

— Avec ça, — reprit la bavarde portière, — qu'il n'avait guère envie d'aller aujourd'hui à la campagne, ce digne monsieur! Tout en rôdant pour faire le ménage, j'entendais, sans le vouloir, je vous jure, ce que l'on disait. Il avait des affaires pressantes chez son huissier, et il désirait s'y rendre aujourd'hui même; mais mademoiselle Lapiquette l'a tant prié, tant prié, qu'il a fini par céder. Cependant la chose en question lui tenait fièrement au cœur; il *bougonnait* en s'habillant; au moment de partir, il voulait encore sauter à bas du fiacre que j'étais allée chercher, et rentrer dans la maison; c'est mademoiselle Jeanneton qui l'a retenu.

Ces détails semblaient de sinistre augure, et un profond découragement se peignit sur le visage de la jeune fille.

— Élisa, — dit madame de Salviac avec un accent de reproche, — reculeriez-vous déjà?

Son amie la rassura par un sourire mélancolique.

— Madame Trichard, — reprit-elle en s'adressant à la portière, — vous avez sans doute, comme à l'ordinaire, la clef de la maison?

— Certainement, mademoiselle; on a toujours eu confiance en moi, et cette confiance n'est pas mal placée; ce n'est pas moi qui laisserais entrer chez vous des *malfaiteurs*. Ce méchant vaurien de Narcisse avait eu le front de dire que je m'endormais quelquefois dans ma loge... mais je l'ai joliment rembarré; allez; j'en demande pardon à sa maîtresse!... Oui, — continua-t-elle, — j'ai la clef de la porte d'entrée; mais, par exemple, je ne réponds pas que vous trouviez tout ouvert dans l'intérieur, car monsieur ferme toujours le salon, où est sa caisse.

— Il suffit: donnez-moi cette clef; j'attendrai, s'il le faut, dans l'antichambre ou dans la salle à manger.

— Comme vous voudrez, mademoiselle; ensuite ma loge est à votre disposition, et je me ferai un honneur de vous y tenir compagnie.

— Et ne monteriez-vous pas chez nous, ma chère Élisa? — dit madame de Salviac; — vous aurez peut-être longtemps à attendre...

— Non, non, Cécile; je connais le caractère de mon père; s'il supposait que je suis venue à votre instigation, je ne pourrais rien obtenir de lui... C'est peut-être un bonheur qu'il ne se soit pas trouvé ici pour nous voir descendre de voiture ensemble; il se serait inévitablement raidi contre mes prières. Remontez donc à votre appartement, Cécile, et attendez avec patience le résultat de mes efforts. — Madame de Salviac sentit la justesse de ces raisons, et n'osa pas insister. — Quant à vous, madame Trichard, — reprit Élisa en se tournant vers la portière, qui était allée chercher dans sa loge la clef du pavillon, — souvenez-vous bien de ceci: ni mon père, ni sa gouvernante, ni personne ne doit savoir que je suis arrivée ici en compagnie de madame de Salviac.

La portière sourit de cet air familier qu'avaient tous les domestiques de Bambriquet.

— Allez, allez, vous ne me connaissez guère, mademoiselle, — dit-elle d'un ton de suffisance; — vous avez bien trouvé la femme pour jaser à tort et à travers! Je ne vais pas deçà et delà sans savoir de quoi il tourne, voyez-vous; mais je le garde pour moi. Je sais des choses que, si je voulais... Mademoiselle Lapiquette connaît ma discrétion, elle... enfin, suffit. Vous ne voulez pas qu'on dise que vous êtes venue dans la voiture de cette dame? c'est bien, on se taira. Pourtant je ne vois pas grand mal à cela, moi; vous êtes bien faite pour aller en voiture, et, sans offenser madame, celle-là ne tardera pas à vous appartenir avec tout le reste... Un jour plus tôt, un jour plus tard, ça ne change rien à la chose.

Ces paroles, qui prouvaient que la ruine imminente de Salviac n'était plus un secret pour la bavarde portière, firent monter le rouge au visage de la pauvre Cécile; Élisa lui dit à demi-voix:

— Allons! mon amie, retournez chez vous, et priez Dieu pour le succès de mes efforts.

— Courage! ma chère, courage! — murmura Cécile.

Et elle s'empressa de rentrer.

Élisa resta immobile devant la loge, et elle cherchait comment elle devait s'y prendre pour fléchir l'opiniâtre Bambriquet.

— Je parierais, — dit la portière d'un air confidentiel, — que je sais pourquoi cette belle dame de rien du tout est allée vous chercher au couvent: c'est pour l'affaire de demain, n'est-ce pas? Eh bien! voyez-vous, vous n'avez pas chance de réussir, et, si vous m'en croyez, vous ne vous en mêlerez pas... Je connais monsieur depuis longtemps, et, quand il est *buté* à une chose, le diable et l'autre diable n'obtiendraient rien de lui... et il est buté cette fois, si buté que jamais je ne l'ai vu comme ça. Si vous saviez comme il faisait des yeux en parcourant ses papiers, et comme il tapait du pied lorsque mademoiselle Lapiquette a voulu le faire sortir! C'est un conseil d'amie que je vous donne, ma jolie demoiselle ; ne fourrez pas les doigts dans cette affaire, ou il en résultera peut-être malheur pour vous-même.

Malgré le ton de protection humiliante avec lequel étaient donnés ces conseils, Élisa comprenait qu'ils ne manquaient pas de sagesse ; mais elle se garda bien de laisser voir cette impression, et reprit froidement :

— Il suffit, madame Trichard ; l'affaire qui m'amène ici concerne seulement mon père et moi. Je vais attendre mon père ; souvenez-vous bien, encore une fois, qu'il ne doit pas savoir avec qui je suis rentrée : je le lui dirai moi-même quand il faudra.

Elle se mit en devoir de traverser la cour, afin de gagner le pavillon.

— Bon Dieu! mademoiselle, — s'écria l'officieuse portière, — vous vous ennuierez toute seule ; ne voulez-vous pas que j'aille vous tenir compagnie ? on cause, et le temps passe plus vite.

— Restez, — dit Élisa ; — je vous remercie de votre offre ; mais si j'ai besoin de vous, j'appellerai.

Et elle pénétra dans la maison, laissant madame Trichard assez mécontente de la manière dont ses fatigantes attentions avaient été reçues. La digne portière, pour se consoler, alla reprendre la lecture d'un vieux roman prêté par une de ses voisines : cette lecture était si attachante, qu'elle ne tarda pas à s'endormir dans sa bergère graisseuse, auprès du poêle de tôle où cuisait son dîner.

XXIII

Elisa eût bien voulu pénétrer dans la chambre qu'elle avait occupée autrefois ; mais quand elle essaya d'ouvrir le salon, qu'il lui fallait traverser, elle reconnut que Bambriquet, par mesure de précaution, en avait emporté la clef. Elle fut donc forcée de s'arrêter dans la pièce destinée à servir de salle à manger, mais dont on avait fait une sorte d'antichambre, encombrée d'armoires et de vieux meubles ; on y recevait ceux que le maître de la maison ne se souciait pas d'introduire dans le *sanctum sanctorum* où se trouvait sa caisse. La pièce, éclairée par une seule fenêtre, donnait sur un petit jardin à l'extrémité duquel s'élevait l'atelier de Salviac, et, par une exception singulière, cette fenêtre était ouverte en ce moment, quoique toutes les autres de la maison fussent hermétiquement fermées avec de solides volets doublés de tôle. Mais cette circonstance n'excita pas les soupçons d'Élisa, qui se contenta de pousser négligemment les battans vitrés, afin de se garantir du froid ; puis, se jetant sur un siége, elle se mit à rêver aux moyens de fléchir son père.

Plus elle y songeait, plus son projet lui semblait d'une exécution difficile. Bambriquet, comme tous les petits esprits, était, dans certaines circonstances, opiniâtre et rancunier à l'excès. Sa colère bruyante, ses violences désordonnées n'avaient pas d'ordinaire une longue durée ; c'était, suivant l'expression vulgaire, un feu de paille qui s'éteignait facilement. Mais la manière dont il avait conduit sa vengeance depuis quinze jours, les sacrifices pécuniaires qu'il s'était imposés, le silence qu'il avait gardé vis-à-vis de sa fille, l'acharnement qu'il avait montré le matin même, indiquaient pour cette fois une détermination sérieuse et réfléchie. Or, en pareil cas, son obstination était aveugle, insensible, sourde, stupide enfin, mais par cela même inexorable. Aussi, malgré l'affection qu'il avait témoignée récemment à sa fille, Élisa s'attendait-elle à un échec.

Elle se livrait déjà depuis quelques instans à ces désolantes pensées, lorsqu'un léger bruit qui semblait partir de la pièce voisine attira son attention. Elle écouta, mais le bruit cessa aussitôt et elle crut avoir été la dupe de son imagination. Qui eût pu en effet s'introduire dans cet appartement si soigneusement fermé, en plein jour, dans une maison habitée ? Cependant une crainte vague s'empara de son esprit. Le plus profond silence régnait autour d'elle : Narcisse était sorti avec la voiture pour aller chercher son maître chez l'ambassadeur ; l'atelier était désert, et, excepté madame de Salviac, qui sans doute s'était enfermée chez elle pour pleurer, la portière et Élisa se trouvaient seules dans la maison. Personne ne passait à cette heure du dimanche dans la rue voisine, si solitaire en tout temps ; d'ailleurs les cris de la jeune fille eussent été trop faibles pour se faire entendre des passans, à travers d'épaisses murailles et une vaste cour.

Élisa pouvait donc s'alarmer avec raison de son isolement. Elle se rappelait maintenant la présence inexpliquée de Joli-Cœur à quelque pas de la maison, et la circonstance d'abord inaperçue de cette fenêtre ouverte lui parut, en y réfléchissant, de nature à exiger quelques précautions. Elle se levait donc pour appeler madame Trichard, quand le bruit se renouvela dans la pièce voisine, et cette fois très distinctement, on eût dit d'une serrure qui se brise avec effort ; et un instrument de fer assez lourd résonna sur le plancher.

Elisa ne douta plus que des voleurs ne se fussent introduits dans le salon, et elle ne put retenir un cri d'effroi ; puis, se dirigeant vers la porte de la cour, elle allait l'ouvrir afin de donner l'alarme. Malheureusement la terreur avait ralenti ses mouvemens ; avant qu'elle eût pu exécuter son projet, on s'élança sur elle, et on lui dit d'une voix menaçante :

— Taisez-vous, ou vous êtes morte! — Elisa se sentit défaillir ; cependant elle essayait encore d'ouvrir la porte extérieure, lorsqu'un morceau d'étoffe fut jetée sur son visage, autant sans doute pour étouffer ses cris que pour l'empêcher de voir le malfaiteur ; puis on l'entraîna dans le salon dont la porte se referma derrière elle. — Là on lui laissa la liberté de se dégager de cette espèce de voile, qui n'était autre chose qu'un vieux châle de Lapiquette oublié sur une chaise ; mais mademoiselle Bambriquet n'en put pas davantage reconnaître l'auteur de cette inconcevable agression. Le salon était plongé dans une obscurité complète ; les volets et les portes étaient soigneusement fermés ; n'eût été un tison fumeux qui désignait la place d'une cheminée, Elisa n'eût pu s'orienter dans cette pièce qui lui était pourtant si familière. — A peine se fut-elle débarrassée de ce bâillon, que la même voix menaçante lui dit : — Si vous poussez un cri, si vous essayez un mouvement pour fuir, je vous tuerai sans pitié... Tenez-vous tranquille, et ayez un peu de patience ; on ne vous fera pas de mal. D'ailleurs il n'y a personne dans la maison et toute résistance serait inutile ; bientôt vous serez libre.

On la prit par le bras, on la conduisit vers l'un des grands fauteuils placés à demeure auprès de la cheminée, et on la força de s'asseoir. Lors même que la pauvre petite aurait eu le désir d'appeler au secours ou de faire quelque résistance, elle n'en eût pas été capable. Elle tremblait, la voix lui manquait. L'inconnu se hâta de mettre à profit ce moment de faiblesse, et, retournant au secrétaire, il parut tenter de nouveaux efforts pour en forcer la porte, qui était solide, épaisse, et à laquelle Bambriquet avait ajouté récemment une serrure de sûreté.

L'audace de ce vol, au milieu de la journée, dans une maison occupée par plusieurs locataires et en présence d'Élisa, bien impuissante il est vrai à l'empêcher, prouvait que le voleur, car il était seul, possédait les renseignemens les plus exacts sur les localités et sur les circonstances qui rendaient son entreprise exécutable. Il agissait avec une sécurité parfaite ; il allait et venait au milieu de l'obscurité comme si les êtres de l'appartement lui eussent été familiers. Bientôt la serrure céda, et le tintement des sacs d'argent annonça que le misérable avait réussi dans son coupable projet.

Peu à peu Elisa avait habitué ses yeux aux ténèbres, et elle entrevoyait d'une manière plus distincte les objets environnans. Elle observait particulièrement l'homme qui la retenait prisonnière, mais il était enveloppé d'un grand paletot, et une casquette à oreillettes et à visière de cuir cachait presque entièrement son visage. Bien qu'il parût tout occupé de sa besogne, il tournait parfois la tête vers sa victime, comme pour surveiller ses moindres mouvemens, et faisait entendre un grondement sourd, bien capable d'entretenir l'effroi de la jeune fille.

Cependant Elisa finit par secouer sa torpeur; la présence d'esprit lui revenait, et elle cherchait le moyen d'empêcher le crime qui se commettait sous ses yeux. Le malfaiteur, quoique la caisse fût ouverte, ne semblait pas encore satisfait; il fouillait dans les tiroirs, éparpillait les paperasses avec impatience. Elisa, croyant le moment favorable pour une tentative de résistance, se leva brusquement; mais, avant qu'elle eût fait un pas, son persécuteur s'élança sur elle, et elle sentit la pointe d'un couteau sur sa poitrine.

Elle retomba dans son fauteuil, et le voleur reprit sa tâche sans qu'une seule parole eût été prononcée.

Enfin il parut avoir trouvé ce qu'il cherchait, et une exclamation de joie, ou plutôt un blasphème, s'échappa de ses lèvres. Elisa le vit serrer quelque chose dans son paletot; c'était le portefeuille dans lequel son père plaçait ses billets de banque.

— Malheureux! — dit-elle d'une voix étouffée, — allez-vous priver un honnête homme du fruit de son travail?
— Lui un honnête homme! — répliqua l'inconnu en ricanant; — je ne ferai jamais autant de tort à ce vieux coquin de Bambriquet qu'il en a fait aux autres. Il n'osera pas se plaindre, vous verrez! Il aurait trop peur que la justice lui demandât d'où vient cet argent.
— Comment, malheureux! osez-vous encore calomnier...?

Paix! — dit la voix d'un ton impérieux. Un coup de sifflet bruyant et aigu se fit entendre dans la rue, comme un signal. — Déjà! — reprit le voleur avec regret; — je croyais avoir plus de temps à moi... C'est heureux pour vous, petite, car nous avions aussi un ancien compte à régler ensemble. — Ces dernières paroles rendirent à Elisa toutes ses terreurs; mais, sans faire attention à elle, le misérable se hâta de remplir ses poches de rouleaux qui semblaient contenir de l'or. — Je ne prends pas tout, — reprit-il avec un accent d'ironie sinistre, l'argent blanc est trop lourd... d'ailleurs il faut laisser de la graine pour une autre fois. — Un nouveau coup de sifflet retentit au dehors plus vif et plus bruyant que le premier. — Diable! — dit le coquin s'approchant d'Elisa et en fixant sur elle des yeux qui brillaient d'un feu sauvage dans l'obscurité, — il est pressé.... c'est dommage, j'aurais été enchanté de profiter d'un si heureux hasard... A revoir donc, puisqu'il le faut!

Il se pencha vers elle et, avant qu'elle eût pu s'en défendre, elle sentit sur son visage les lèvres impures du voleur. Ce baiser produisit sur elle le même effet que le contact venimeux d'un crapaud ou d'une vipère: tout son être se souleva de dégoût, se renversa en frissonnant et poussa un cri d'horreur.

L'inconnu craignit sans doute que ce cri n'eût été entendu, car, s'enveloppant de son paletot, il s'élança vers la porte, qu'il referma derrière lui; puis, au lieu de sauter par la fenêtre du jardin, il traversa hardiment la cour, prêt à employer la force, s'il en était besoin, afin de s'ouvrir un passage; mais personne ne se présenta pour contrarier sa fuite, et il gagna la rue sans avoir été inquiété. Elisa, en effet, ne pouvait plus donner l'alarme; l'outrage qu'elle avait reçu avait produit sur elle une impression plus vive que les menaces de mort, et elle avait perdu tout sentiment.

XXIV

Ce fut seulement une heure après cette terrible scène que mademoiselle Bambriquet sortit peu à peu de son évanouissement. L'appartement était toujours plongé dans une profonde obscurité; elle n'entendait aucun bruit, et elle crut d'abord avoir fait un songe affreux. Cependant la mémoire lui revint, et son premier sentiment fut encore un sentiment de terreur; elle songeait que le malfaiteur pouvait ne pas être éloigné, elle n'osait ni remuer ni pousser un soupir.

Enfin, rassurée par le calme qui régnait autour d'elle, elle se leva péniblement et alla ouvrir l'un des volets de la fenêtre; des flots de lumière pénétrèrent aussitôt dans le salon, où tout se trouvait dans le plus grand désordre. Les meubles étaient épars et renversés, des papiers importans jonchaient le plancher; le bureau, laissé ouvert, offrait aux regards des piles d'écus que le voleur avait négligé de prendre, satisfait des valeurs plus portatives en or et en billets de banque dont il s'était emparé.

Une circonstance du vol était surtout remarquable : la porte du salon ne présentait aucune trace de fracture, et, sans la serrure de sûreté, l'ouverture de la caisse n'eût présenté non plus aucun obstacle, car la serrure ordinaire avait été ouverte sans doute au moyen d'une fausse clef. Ce fait seul eût pu donner à Elisa la pensée que le crime avait été commis d'intelligence avec une personne de la maison, si d'autres circonstances ne lui eussent indiqué clairement d'où le coup était parti. La présence de Joli-Cœur dans la rue, où il semblait faire le guet, l'insistance de Lapiquette pour entraîner Bambriquet loin de chez lui, cette fenêtre laissée ouverte à dessein, le signal parti du dehors, tout prouvait que la gouvernante et ses affreux amis s'étaient concertés pour dépouiller l'aveugle Bambriquet. D'ailleurs Elisa avait parfaitement reconnu la voix du malfaiteur; c'était celle de l'odieux personnage qu'on avait présenté chez son père sous le nom de capitaine Saint-Julien.

En se confirmant dans la pensée qu'elle connaissait les coupables, la jeune fille se demanda s'il était prudent de donner l'alarme comme elle en avait eu d'abord l'intention. Certaines paroles énigmatiques du voleur pouvaient faire supposer que Bambriquet ne verrait pas volontiers la justice intervenir dans ses affaires; et puis le vieillard, toujours porté à l'indulgence pour sa perfide gouvernante, voudrait peut-être tenir l'événement secret. Enfin à quoi eût servi d'appeler du secours? Le mal était accompli, irréparable; et la seule personne qui eût pu accourir aux cris d'Elisa était la bavarde portière, dont les plaintes et les protestations eussent été parfaitement inutiles en ce moment.

Mademoiselle Bambriquet se détermina donc à se taire; son père, en rentrant, pourrait ainsi choisir entre la rigueur et la clémence. Quant à elle, au milieu de ses cruelles émotions, elle ne perdait pas de vue le motif de sa venue dans la maison paternelle, et elle se demandait si cet événement n'allait pas compromettre encore davantage la cause de ses amis. Il lui fallait fléchir Bambriquet le soir même; et pourtant comment oserait-elle demander à son père de négliger d'importans intérêts, au moment où il se verrait dépouillé par des scélérats d'une partie de sa fortune?

Pendant qu'elle s'abandonnait à ces tristes réflexions, son regard se fixa machinalement sur les papiers de toutes sortes épars autour d'elle. Parmi ces papiers il y avait plusieurs liasses assez volumineuses, dont chacune semblait avoir trait à une affaire spéciale et portait une suscription en gros caractères. A ses pieds se trouvait un paquet sur lequel le nom du prince de Z*** écrit de la main de son père, attira son attention; elle s'en saisit avidement et l'ouvrit.

Cette liasse contenait les titres de créances, les jugemens, enfin toutes les pièces concernant la dette du prince; c'étaient les formidables paperasses qui devaient conférer le lendemain à un huissier le pouvoir de chasser de sa demeure héréditaire le descendant de tant d'illustres personnages.

Elisa laissa tomber une larme sur ce lugubre paquet, et chercha celui qui intéressait Salviac. Elle le reconnut encore, grâce à le suscription, et s'assura que, comme le premier, il contenait tous les titres originaux de créance ; puis elle les plaça l'un et l'autre en face d'elle, et retomba dans sa rêverie.

— Non, non, — dit-elle enfin, en portant la main à son front, comme pour chasser une idée importune, — mon père ne résistera pas à mes instances. Son malheur le rendra compatissant pour le malheur des autres; d'ailleurs je le prierai tant, je lui montrerai tant d'affection et de tendresse !

Tout en parlant, sa main s'était appuyée sur une lettre ouverte et inachevée qui se trouvait sur la table. Elisa reconnut aussitôt la grosse écriture de son père, et sans doute Bambriquet était en train d'écrire lorsque la gouvernante l'avait arraché à ses occupations pour l'entraîner à la promenade. Cette lettre, adressée à un homme d'affaires, devait accompagner l'envoi des papiers; et, malgré les fautes d'orthographe dont elle était semée, Elisa lut à peu près ce qui suit :

« J'espère, monsieur, que cette fois tout est en règle ;
» aussi je vous défends d'accorder le moindre délai, ou je
» vous enlèverai ma pratique, et vous savez qu'elle est
» bonne. Pas de ménagemens pour ces gens-là ; je vous
» rendrai responsable d'un nouveau retard ; il faut que
» demain Salviac soit coffré et que l'hôtel soit mis en
» vente... Quand je devrais y perdre toute ma fortune, je
» veux avoir raison de mes adversaires; menez-les rondement et ne me demandez plus de grâce pour eux, car,
» je vous le jure, personne au monde ne pourrait me
» faire renoncer à mes projets. »

La lettre s'arrêtait là, mais Elisa en savait assez ; elle était sûre maintenant que ses instances seraient inutiles. Elle se leva brusquement.

— Que faire? — murmura-t-elle ; — il faut pourtant que je les sauve ! je l'ai promis. — Elle resta un moment silencieuse. Tout à coup elle courut vers la cheminée, écarta les cendres, ranima le feu du foyer ; puis, saisissant les deux liasses à la fois, elle les lança dans les flammes. Cela s'était fait sans hésitation, sans réflexion, comme si Elisa eût craint de calculer la portée de cet acte. Tant que les nombreuses pièces de procédure brûlèrent, elle resta debout devant la cheminée ; une sorte d'enthousiasme se montrait sur son visage et brillait dans ses yeux. — Ils ont été généreux pour moi ! — disait-elle avec égarement : — ce prince si noble et si orgueilleux m'a offert sa main, il a voulu me donner son titre et son nom, à moi fille d'un homme qu'il hait et qu'il méprise ! Et cette bonne et généreuse Cécile, elle a été mon amie, ma protectrice, elle m'a secourue quand j'étais désespérée... eh bien ! nous sommes quittes maintenant ; pour eux j'anéantis une fortune et je brave la fureur de mon père !

Les papiers étaient consumés ; elle se couvrit les yeux d'une main, et retomba dans son fauteuil épouvantée de ce qu'elle avait fait.

Elisa, dans son ignorance des formes légales, était convaincue que la destruction de ces titres et de ces pièces de procédure avait mis à jamais ses amis à l'abri des poursuites ; elle avait obéi, comme nous l'avons dit, à un entraînement vif, subit, irrésistible. Cependant, lorsque son exaltation fiévreuse se fut un peu calmée, elle envisagea sous un aspect différent le parti énergique qu'elle avait pris. Son dévouement pour le prince, pour Salviac et sa famille, ne l'avait-il pas emportée trop loin ? En mettant Bambriquet dans l'impossibilité d'exercer ses droits sur deux débiteurs importans, ne se pouvait-il pas qu'elle eût gravement compromis le bien-être et la tranquillité de son père ? On le disait immensément riche, mais qui le savait ? Les pertes énormes qu'il venait de faire en une seule journée n'allaient-elles pas entraîner sa ruine? Puis, quand elle songeait à l'épouvantable colère dont il serait saisi en se voyant frustré d'une vengeance longuement méditée, elle tressaillait d'effroi. Elle avait eu trop à souffrir des violences de son père pour ne pas comprendre à quoi elle s'était exposée; elle croyait déjà le voir menaçant et furieux; elle croyait entendre ses blasphèmes, ses malédictions.

Un moment elle résolut de ne pas attendre le retour de Bambriquet; elle sentait qu'elle n'aurait pas le courage de nier sa part de complicité dans la spoliation accomplie, et elle voulait se soustraire à des reproches mérités. Cependant une réflexion l'arrêta : comment expliquerait-on les circonstances du vol si elle ne se trouvait pas là pour raconter ce qu'elle avait vu? D'un autre côté, il était urgent de mettre Bambriquet en garde contre son indigne gouvernante, et, dans tous les cas, il allait avoir besoin des consolations de sa fille unique.

Elisa se décida donc à rester, et, après avoir replacé dans le bureau les objets épars sur le plancher, elle se rassit près du feu, résignée à subir les conséquences de son dévouement.

XXV

Deux heures s'écoulèrent ainsi. Elisa tressaillait au moindre bruit et se levait en pâlissant ; mais ce fut seulement à la chute du jour qu'un fiacre, s'arrêtant devant la porte de la rue, lui fit croire que le moment décisif était arrivé. Elle courut en tremblant à la fenêtre ; en effet son père descendait de voiture en maugréant, et traversait la cour d'un air d'impatience, pendant que Lepiquette restait en arrière pour payer le cocher, et sans doute aussi pour causer avec madame Trichard, sa confidente ordinaire.

Au moment où Bambriquet entra, enveloppé dans sa longue redingote, sa canne sous le bras, Elisa vint l'embrasser et se mit à fondre en larmes sans pouvoir prononcer une parole.

— Tiens ! te voilà, petite ? — demanda le père avec étonnement ; — sur ma parole ! je ne m'attendais pas à te trouver ici ! Mais qu'as-tu donc ? tu pleures, je crois... Qu'est-il donc arrivé, mon enfant, et pourquoi as-tu quitté le couvent?

Son accent était bienveillant, affectueux même ; néanmoins Elisa sentait son trouble augmenter de minute en minute.

— Mon père, — balbutia-t-elle avec effort, — j'étais venue pour... vous voir, et, ne vous trouvant pas, j'ai attendu.

— C'est fort bien, mais... Par tous les diables ! — s'interrompit-il d'une voix éclatante, — qui a ouvert mon bureau ?

Elisa se suspendit à son cou.

— Mon père, — murmura-t-elle, — ayez du courage... Pendant votre absence, un vol a été commis chez vous, et le hasard m'en a rendue témoin, sans que je pusse l'empêcher.

— Un vol... en ta présence ! — s'écria Bambriquet en se dégageant pour courir à son bureau ; — quel conte me fais-tu là ?!

— Un vol ! — répéta Lapiquette qui entrait en ce moment et qui paraissait bouleversée ; — c'est incroyable...

Qui aurait pu pénétrer dans la maison pendant que monsieur en avait les clefs dans sa poche ?

Elisa lui lança un regard d'indignation ; sans doute la gouvernante n'avait pas une conscience tranquille, car elle restait comme foudroyée.

— On m'a pris trente mille francs en billets de banque! — s'écria Bambriquet avec désespoir après avoir vérifié l'état de sa caisse, — et je ne sais combien de rouleaux d'or... C'est une scélératesse inouïe ! Mais parle, Lisa, — continua-t-il en se tournant vers sa fille ; — que sais-tu ? qu'as-tu vu ? Je porterai plainte à la police, c'est-à-dire si cela est absolument nécessaire ; je retrouverai les brigands qui m'ont dépouillé, et, si je découvre qui les a aidés à commettre ce crime...

— Seigneur Jésus ! — s'écria Lapiquette en levant les yeux au ciel, — y aurait-il dans la maison quelqu'un capable d'une pareille infamie ? Manque-t-il à Paris de ces voleurs qui rôdent partout et profitent des occasions de s'introduire dans les domiciles ?

— Mon père jugera, — dit Elisa sévèrement.

En même temps elle se mit à raconter, sans toutefois faire mention de madame de Salviac, les événemens de la journée ; elle n'oublia aucune circonstance, ni la fenêtre ouverte, ni l'obscurité du salon, ni les paroles prononcées par le malfaiteur, ni même l'audacieux baiser qui lui avait fait perdre, à elle Elisa, l'usage de ses sens. Bambriquet l'écoutait d'un air pensif et en fronçant le sourcil.

— C'est tout de même drôle, ma fille, ce que tu me contes là, — dit-il en hochant la tête ; — comment, on forçait le secrétaire de ton père et tu n'a pas poussé un cri, tu n'as pas appelé au secours ? et quand le brigand a été parti, tu es restée tranquillement assise ici, comme si rien d'extraordinaire ne se fût passé ?

— Mon père, j'étais évanouie ; et d'ailleurs à quoi eût servi...

— Ainsi donc, — interrompit Lapiquette respirant à peine, — vous n'avez pu voir la figure de ce... voleur ? vous ne pourriez le reconnaître ?

— Je l'ai reconnu, et j'ai reconnu aussi l'autre misérable qui se tenait devant la maison comme pour faire le guet.

— Et qui sont-ils, ma fille ? — demanda impétueusement Bambriquet. Elisa nomma Joli-Cœur et le prétendu capitaine Saint-Julien. — Et maintenant, mon père, — continua-t-elle en s'animant, — si vous voulez bien vous souvenir quelle est la personne qui vous a présenté ces deux scélérats, si vous n'avez pas perdu la mémoire de certains propos tenus par l'un des deux, dans un moment d'ivresse, relativement à de fausses clefs, à des soustractions clandestines dont vous êtes victime ; si, de plus, vous savez qui a fermé aujourd'hui avec tant de négligence la fenêtre du jardin et vous a entraîné, presque malgré vous, à la campagne, peut-être finirez-vous par découvrir les complices du crime. Réfléchissez, mon père, et peut-être alors les particularités bizarres de mon récit, même le sentiment qui m'a empêché d'ébruiter cette ténébreuse affaire avant votre retour, s'expliqueront naturellement.

Bambriquet écoutait d'un air sombre ; il semblait rapprocher mentalement certaines circonstances, et il entrevoyait enfin une affreuse vérité. Lapiquette, les yeux baissés vers la terre, avait perdu son effronterie ; son visage était livide, elle tremblait de tous ses membres.

— Oui, — reprit le vieillard d'une voix sourde et lente en regardant de côté sa gouvernante, — tu m'y fais penser... Quand j'ai voulu revenir aujourd'hui pour certaines affaires pressantes, *elle* m'a presque forcé de dîner à la campagne, et... Mais sais-tu bien, Jeanneton, — s'écria-t-il en éclatant, — que, si cela était, tu serais la plus abominable créature de la terre ? Je te livrerais à la justice, vois-tu, et je te ferais condamner comme...

— Vous ne l'oseriez pas ! — s'écria la gouvernante en se redressant comme une furie ; — vous ne l'oseriez pas, car je sais trop de choses de vous, et je dirais... Mais, changeant aussitôt de système, elle frappa le front et reprit d'une voix entrecoupée de sanglots : — O mon Dieu ! mon Dieu ! que de mensonges pour perdre une pauvre fille innocente !

Cette exclamation pathétique produisit une certaine impression sur Bambriquet ; il regarda tour à tour Elisa et Lapiquette d'un air irrésolu. L'espèce de rivalité qui, suivant lui, existait entre ces deux femmes le mettait en défiance contre l'accusation portée par l'une contre l'autre. Au milieu de ses hésitations, il parut frappé d'un souvenir : il courut à son bureau et éparpilla précipitamment ses papiers.

— Mes dossiers ont disparu, — s'écria-t-il avec rage, ces titres importans que je devais envoyer ce soir chez mon homme d'affaires m'ont été enlevés... Il y a dans tout ceci une machination infernale ; un malfaiteur n'eût pu tirer aucun parti de ces titres, qui pour moi avaient une valeur immense... ils devaient me servir à me venger de gens que je hais. Je voudrais, pour le double de la somme qu'ils représentaient, les posséder encore. On me trompe, on me trahit ; mais, par mille millions de diables d'enfer ! je ne me laisserai pas ainsi duper, dussé-je mourir à la peine !

Les éclats de cette colère rendirent à Elisa ses terreurs ; ce fut son tour de perdre contenance, et elle détourna la tête en pâlissant. Bambriquet, dans son désespoir, n'eût peut-être pas remarqué l'émotion de sa fille ; mais Lapiquette, qui épiait toutes les circonstances favorables à sa propre cause, avait remarqué ce brusque changement. Elle se leva : ses yeux brillaient d'une joie méchante.

— Monsieur, — demanda-t-elle, — ces papiers qui ont disparu ne concernaient-ils pas les Salviac et cet ancien locataire du second qui s'est trouvé être, on ne sait comment, un grand personnage déguisé ?

— Oui, — et maintenant ce prince et ce méchant artiste sont à l'abri de mes poursuites ; tant de peines, tant de sacrifices n'auront abouti à rien. Ces gens seront plus insolens que jamais, et c'est toi, misérable créature, qui...

— Un moment, mon bon, mon excellent maître, — reprit la gouvernante avec une douceur perfide, — ja ne voudrais pas vous causer de chagrin, mais puisqu'on m'accuse, il me sera bien permis de me défendre. Je souffre trop de votre mauvaise opinion à mon égard... Un voleur, comme on le raconte, n'a pu emporter ces papiers ; ils ne lui auraient servi de rien et ils n'auraient fait que le compromettre. D'ailleurs, en rentrant, j'ai causé avec madame Trichard, la portière ; elle est soigneuse, attentive, et elle affirme n'avoir vu sortir ou entrer aucune personne inconnue depuis notre départ. Appelez-la, si vous voulez, et interrogez-la. Si un homme tel que le dépeint mademoiselle avait passé devant la loge, elle l'eût remarqué sans aucun doute.

— Elle s'endort quelquefois, — dit Bambriquet distraitement ; — mais où veux-tu en venir ?

— Eh ! ne serait-il pas possible que les choses ne fussent pas telles qu'on le dit ? Il ne manque pas de personnes intéressées dans la maison à la disparition de ces papiers... En y réfléchissant bien, on trouverait que ce vol est venu fort à propos pour des gens que vous n'aimez pas.

Bambriquet avait l'intelligence lente, et il ne voyait pas encore clairement où tendaient les insinuations de la méchante femme. Il frappa du pied.

— T'expliqueras-tu, coquine ? — s'écria-t-il en fureur ; — voyons... que crois-tu ?

L'exaspération du maître n'eut d'autre effet que d'exciter un redoublement d'hypocrisie chez la gouvernante.

— Mon excellent monsieur, — reprit-elle en soupirant, — je regrette bien d'être toujours obligée de vous apprendre des choses pénibles ! Mais, puisqu'on m'y force, le bon Dieu me pardonnera...

— Mais enfin qui accuses-tu ?

— Moi, Seigneur Jésus ! je n'accuse personne... seulement, mon bon maître, mademoiselle que voici est l'amie de cette madame de Salviac, qui lui donne sans doute de mauvais conseils et qui est allée aujourd'hui même la chercher au couvent...

— Cela est-il vrai ? — demanda Bambriquet à sa fille.

— Je l'avoue, mon père, — répondit Élisa avec une candeur angélique ; — je suis venue ici dans la voiture de madame de Salviac ; je comptais vous apprendre moi-même cette circonstance... un peu plus tard.

Un sourire de triomphe se montra sur les lèvres de la gouvernante.

— Vous voyez ! — s'écria-t-elle, — elle ne le nie pas... elle ne peut pas nier, car on les a vues ensemble... Mais ce n'est pas tout : vous connaissez mes idées au sujet de votre fille et de ce soi-disant prince ; ils se voyaient souvent chez les Salviac... Je ne sais ce qu'il y avait entre eux, mais, chaque fois qu'il la rencontrait, ce Moreau la mangeait des yeux.

— C'est de la folie, cela ! oublies-tu donc comment ce noble si fier nous a traités chez le comte de Montreville ?

— Non ; mais, avant de nous faire cette avanie, il regardait votre Lisa d'un air tout drôle... Tenez, je suis sûre qu'il existe entre eux des intelligences, et ; si cela est, mademoiselle, si prompte à noircir les autres, ne doit pas vous voir avec plaisir poursuivre son galant.

— Malheureuse ! — s'écria Bambriquet, épouvanté lui-même du soupçon qui s'élevait dans son esprit, — accuserais-tu ma fille d'avoir forcé la serrure de mon secrétaire ?

— Je ne dis pas cela ; mais il s'est trouvé certainement des personnes capables de le lui conseiller, et peut-être non loin d'ici des gens tout disposés à le faire pour elle.

— C'est une infamie ! — s'écria Élisa indignée ; — mon père, me laisserez-vous plus longtemps en butte aux calomnies de cette abominable créature ?

— Eh ! que sais-je, moi, ce que je dois penser et dire ? — répliqua Bambriquet avec rudesse ; et cependant, non, — continua-t-il comme s'il se parlait à lui-même, — cette enfant n'a jamais eu l'idée de me voler.

— Vous ne savez donc pas où l'amour et les mauvais conseils peuvent pousser la plus honnête fille ? — dit l'implacable Lapiquette ; — d'ailleurs, prendre de l'argent à un père, pour beaucoup de gens ce n'est pas voler... Enfin, peut-être ce vol n'est-il qu'un prétexte afin d'expliquer la disparition des titres ; peut-être, d'ici à quelques jours, la somme entière vous sera-t-elle restituée par une main inconnue, à moins que des gens, habitués à dépenser beaucoup sans être riches, ne se laissent aller à la tentation de tout garder.

De pareilles accusations eussent paru absurdes à tout autre ; mais pour un homme grossier, défiant, sans éducation, voué aux passions les plus basses, elles avaient une valeur immense. Peut-être, si Élisa eût protesté avec énergie, eût-elle pu encore chasser les soupçons qui s'élevaient dans l'esprit de Bambriquet ; mais, suit trouble, soit fierté de réfuter d'odieuses calomnies, elle gardait le silence.

— Eh bien ! qu'as-tu à répondre ? — demanda Bambriquet d'un ton farouche.

— Rien, mon père, je vous ai dit la vérité.

— Oseriez-vous jurer, — s'écria Jeanneton, — que vous ignorez où sont les papiers concernant Moreau et Salviac ? — Élisa se tut. — Je savais bien ! — dit l'accusatrice avec un sourire de triomphe.

Bambriquet poussa une espèce de rugissement.

— C'est donc vrai ? — dit-il en se tournant vers sa fille ; — et moi qui ne voulais pas le croire ! moi qui te prenais pour un ange, pour une sainte !

Élisa, épouvantée, tomba sur ses genoux et s'écria en joignant les mains :

— Grâce, grâce, mon père ! je ne suis pas aussi coupable que vous le pensez, mais...

Ses prières, ses protestations se perdirent au milieu des effroyables blasphèmes de Bambriquet. Toute la nature brutale et grossière de l'ancien chiffonnier s'était réveillée. Il allait et venait, frappait du pied, grinçait des dents ; il semblait à tous momens devoir se précipiter sur sa fille pour l'étrangler. Lapiquette elle-même paraissait terrifiée ; elle n'osait ni se mouvoir ni parler. Tout à coup Bambriquet s'approcha d'Élisa, toujours agenouillée, et, faisant un effort pour se modérer, il dit d'une voix brève :

— Écoute, tu es une *malheureuse* ; il y en a beaucoup dans les prisons qui ont moins mérité que toi d'y être enfermées ! Mais, comme tu es ma fille, je ne veux pas me déshonorer en divulguant ton crime. Bien plus, je ne poursuivrai pas en justice ceux qui t'ont aidée à forcer ma caisse, je ne te demanderai pas de me les nommer, je ne réclamerai pas ce qu'ils m'ont pris... mais tu dois avoir ces papiers ; rends-les-moi et je pardonne tout !

— Mon père, — dit Élisa en attachant sur lui un regard de tendresse, — vous êtes bon même dans votre colère ; je vous ai offensé, et pourtant vous êtes pour moi plein de clémence... pourquoi donc ai-je douté de votre générosité ? Peut-être m'adressant à votre cœur...

— Mais ces papiers, ce sont des titres originaux, des pièces importantes... rends-les-moi ! A qui les as-tu remis ?

— Hélas ! je ne les ai plus.

— Mais où donc alors les as-tu cachés ?

Élisa désigna du doigt la cheminée, puis elle se couvrit le visage de ses mains en murmurant :

— Brûlés... anéantis.

Bambriquet crut d'abord avoir mal compris ; mais bientôt il se pencha vers le foyer. Le feu avait épargné quelques fragmens des pièces de procédure, et ces restes, encore faciles à reconnaître, achevèrent de lui révéler la vérité.

Alors sa colère ne connut plus de bornes ; son visage était devenu cramoisi, les yeux lui sortaient de la tête. Il commença par accabler sa fille des épithètes les plus basses, les plus outrageantes. Puis, sa colère s'exaltant de plus en plus, il se jeta sur Élisa, la frappa avec une violence et une rage inouïes ; il écumait, il rugissait, il s'acharnait sur sa victime comme un tigre sur sa proie ; il la foulait aux pieds sans pouvoir lui arracher une plainte.

Soit véritable sentiment d'humanité, soit encore hypocrisie, Lapiquette essayait, mais vainement, de le retenir.

— Monsieur ! monsieur ! — s'écria-t-elle, — laissez-la... ne la frappez pas... c'est votre fille... Vous n'avez pas le droit de la maltraiter ainsi ! vous allez la tuer !

— Puisqu'elle est ma fille, — disait Bambriquet avec frénésie, — j'ai le droit de la châtier, à quelque âge que ce soit... Elle me déshonorera, l'infâme ! Deux cent mille francs que je perds en un seul jour à cause d'elle ! et toi, Jeanneton, toi sur qui elle rejetait la honte de son crime, tu intercèdes pour elle ! Mais je te récompenserai, pauvre fille ; je t'épouserai avant huit jours, vois-tu ! je te donnerai tout mon bien, et elle je la déshériterai.., Mais non, j'aime mieux la tuer, la misérable ! Il faut que je la tue !

Et, malgré les efforts réels ou apparens de la gouvernante pour l'en empêcher, il frappait des pieds et des mains avec une effroyable cruauté. La malheureuse enfant sans défense était renversée à terre ; ses longs cheveux noirs dénoués flottaient sur le plancher, son visage était pâle, déjà ensanglanté. Pendant qu'elle subissait cet horrible martyre, elle murmurait seulement avec une angélique résignation :

— Mon père, vous m'avez donné la vie ; elle vous appartient, vous pouvez la reprendre !

Au milieu de cette scène affreuse, un violent coup de sonnette retentit à la porte extérieure. Ce bruit inattendu produisit un effet magique sur Bambriquet ; il resta immobile, le bras levé, retenant son haleine. Puis, abaissant les yeux vers la terre, il parut surpris et épouvanté de son action ; Élisa ne remuait plus et semblait expirante.

— La correction a été sévère et j'espère qu'elle profitera, — dit-il d'un air égaré, — mais...

Un nouveau coup de sonnette plus bruyant que le premier se fit entendre.

— Va voir ce que c'est, Jeanneton, — dit Bambriquet d'un air troublé; — ou plutôt non, — continua-t-il en s'éloignant, — j'ai eu tort de tant frapper cette coupable enfant... mais où la mettrons-nous? On vient sans doute me parler d'affaires; on va entrer ici, et je ne voudrais pas que l'on pût soupçonner...

Élisa se souleva péniblement sur le coude et dit d'une voix brisée :

— Par pitié! mon père, aidez-moi à me relever et à gagner ma chambre... que l'on ne me voie pas en cet état... Personne ne pourrait savoir combien j'ai mérité ce châtiment! — En même temps, par un effort désespéré, elle se traîna vers la porte de sa chambre en s'appuyant aux meubles qui se trouvaient sur son passage. Lapiquette avait voulu la soutenir, mais Élisa l'avait repoussée. Bambriquet était dans un morne stupeur. — Mon père, — soupira la jeune fille, — ne vous reprochez pas le mal que vous m'avez fait et laissez-moi croire qu'au prix de ces souffrances j'obtiendrai votre pardon.

Elle lui adressa un sourire triste et entra dans la chambre voisine.

Cependant la sonnette s'agitait incessamment; Lapiquette alla ouvrir pendant que son maître mettait un peu d'ordre dans le salon. Presque aussitôt deux hommes vêtus de noir parurent : l'un d'eux portait un grand portefeuille.

— Monsieur, — dit-il à Bambriquet, — excusez-nous d'avoir tant insisté pour entrer : l'affaire qui nous amène ici n'admet aucun retard, et, comme on nous avait assuré que vous vous trouviez chez vous...

— Eh bien! me voici. Qu'y a-t-il pour votre service?

— Monsieur Bambriquet, nous venons, au nom de monsieur le prince de Z***, vous proposer le remboursement de la somme qui vous est due par lui. Les délais prescrits par la loi ne sont pas encore écoulés, et nous sommes chargés de vous faire des offres réelles.

Celui qui venait de parler ouvrit le portefeuille et montra qu'il était plein de billets de banque.

Une profonde stupéfaction se peignit sur les traits de Bambriquet.

— Cela est impossible! — s'écria-t-il, — le prince de Z*** n'est pas en position de me rembourser; d'où lui vient cet argent? qui le lui a prêté?

— Cela ne regarde ni vous ni nous, — dit un des huissiers; — vovs déposerez les pièces chez votre notaire, et en échange on vous remettra les billets, qui, je vous assure, sont de fort bon aloi. Cependant, puisque vous êtes si curieux, je puis vous dire que cet argent provient d'un grand personnage dont le prince va, dit-on, épouser la fille.

— Et ce personnage est sans doute...

— Le comte de Montreville; il n'y a pas de mystère à cela.

Un cri aigu, déchirant, suivi de la chute d'un corps lourd sur le plancher, s'éleva dans la pièce voisine. Bambriquet se hâta de congédier les gens de loi, après avoir signé le procès-verbal qu'ils lui présentèrent, et il dit à la gouvernante de les accompagner jusqu'à la porte avec une lumière.

Lorsqu'elle revint, elle trouva le vieillard dans la chambre de sa fille; il avait déposé Élisa sur son lit et s'était jeté à genoux devant elle en sanglotant.

— Lisa, mon enfant chérie, tu me pardonnes donc? — disait-il avec désespoir; — je suis un brigand, un coquin, un gueux fini... ! Je perds la tête quand je suis en colère et je deviens semblable à une bête féroce!

— Mon père, — répliqua la jeune fille d'une voix mourante, — ce n'est pas vous ce soir qui m'avez fait le plus de mal.

Lapiquette, sa lampe à la main, demeura stupéfaite à la vue de ce tableau. Tout à coup Bambriquet se leva e se tourna vers elle :

— Jeanneton, — lui dit-il avec autorité, — appelle madame Trichard pour qu'elle vienne déshabiller Élisa et la mettre au lit... Quant à toi, fais ton paquet et sors de ma maison pour n'y rentrer jamais.

— Comment! monsieur, vous me chassez? Je ne souffrirai pas...

— Aimes-tu mieux que te fasse arrêter sur-le-champ comme complice du vol commis chez moi? Tu es coupable aussi, j'en suis sûr! Va-t'en, te dis-je ; je ne veux pas te perdre parce que... enfin parce que j'ai plus de pitié pour toi que je n'en ai eu pour cette pauvre chère enfant. Qu'elle soit coupable ou non, peu importe ; cela me regarde seul. Maintenant ne reste pas une minute de plus ici; tu es cause de tous mes malheurs, tu es cause que j'ai frappé ma fille unique et que j'aurai un remords pour toute ma vie... Va-t'en donc bien vite, ou je ne répondrais plus de rien.

Lapiquette comprit que c'en était fait de son pouvoir, et elle sortit sans prononcer une parole.

Quelques instans plus tard, Élisa était seule dans sa petite chambre. Une voix douce et suppliante l'appela derrière une fenêtre du jardin qu'on avait laissée ouverte par mégarde ; cette voix était celle de madame de Salviac.

— Élisa, ma généreuse amie, — demanda Cécile avec précaution, — avez-vous tenu votre promesse? avez-vous fléchi votre père? J'ai entendu des cris étouffés et j'ai pensé...

— Vous êtes sauvés, Cécile, — répliqua mademoiselle Bambriquet avec un accent mélancolique; — dites au prince de Z*** qu'il s'est trop pressé de recourir à l'obligeance de son futur beau-père.

Madame de Salviac allait demander l'explication de ces paroles, mais la portière, en entrant dans la chambre avec une lumière, l'obligea de se retirer de la fenêtre, de peur que sa présence ne compromît sa jeune protectrice.

Rien ne transpira au dehors des traitemens atroces qu'avait soufferts la pauvre Élisa. Du reste, son sacrifice fut inutile : le lendemain, quand la destruction des dossiers, par suite d'une circonstance qu'on n'expliquait pas, eut été notifiée aux gens d'affaires, le prince donna l'ordre à ses fondés de pouvoir de payer la somme due à Bambriquet, nonobstant l'irrégularité causée par l'impossibilité de présenter les pièces. Quant à Salviac, il se hâta de faire parvenir à son impitoyable créancier des lettres de change pour une somme égale à la valeur des titres anéantis. Ni le prince ni l'artiste n'avaient voulu profiter d'une occasion si favorable pour éloigner la ruine qui les menaçait l'un et l'autre.

XXVI

Plusieurs mois s'étaient écoulés et le printemps avait remplacé l'hiver. La saison des bals était finie, et, au vif étonnement des oisifs du grand monde, le mariage du prince de Z*** avec Hermance n'avait pas été officiellement annoncé. Le prince avait vécu très retiré pendant tout l'hiver; mais il n'avait pas cessé de se montrer de temps en temps à l'hôtel de Montreville, et ses rapports avec le comte semblaient aussi intimes, aussi affectueux que par le passé. On voyait donc avec surprise approcher le moment où la société choisie allait se disperser sans que rien de positif eût été dit sur un événement que l'on avait considéré si longtemps comme prochain.

Le prince occupait dans la rue de Grenelle un hôtel bâti par un de ses ancêtres au temps de la splendeur de sa famille. Bien qu'Alfred menât grand train pendant son séjour avoué à Paris, cette ancienne demeure était trop vaste pour lui et pour ses domestiques ; il habitait seulement le corps de logis principal, et le reste des bâtimens était dans un état de délabrement visible. L'herbe croissait entre les pavés de la cour d'honneur, les murailles ne semblaient pas avoir été recrépies depuis de longues années. Cependant ce vieil édifice, avec ses sculptures de pierre, son écusson armorié qui surmontait la porte principale, avec ses arbres séculaires dont on voyait le feuillage sombre s'élever à la hauteur des toits, avait une majesté grave et triste tout à fait en harmonie avec la fortune de son maître actuel.

Dans un grand cabinet situé au premier étage du côté du jardin, le prince de Z***, enveloppé d'une robe de chambre de velours, était assis devant un bureau chargé de livres et de papiers. A quelques pas de lui se tenait, debout et dans une attitude respectueuse, un vieillard d'aspect vénérable, en habit noir et en culottes courtes, dans lequel il eût été facile de reconnaître le visiteur mystérieux de la rue de la Santé. Tous les deux gardaient le silence ; chacun à part soi semblait être en proie aux plus sérieuses méditations.

C'était le matin, et un beau soleil de printemps éclairait les toits de la grande cité ; cependant la pièce dont nous parlons était plongée dans une demi-obscurité, grâce aux branches parasites que projetaient devant les fenêtres les vieilles charmilles du jardin. L'ameublement était lourd et antique ; d'immenses fauteuils, jadis dorés, étaient rangés le long des murs ; une bibliothèque en bois de chêne, à châssis vitrés, occupait tout un côté de la pièce ; des portraits en pied représentant des grands seigneurs d'autrefois, en costume de cour, avec le cordon bleu ou le cordon rouge, ornaient les boiseries. Un épais tapis couvrait le plancher, et comme ce corps de logis était situé entre cour et jardin, aucun bruit extérieur ne venait troubler les graves rêveries de ces deux personnages.

Le prince releva la tête tout à coup :

— Monsieur Duval, demanda-t-il, — avez-vous envoyé ma lettre à monsieur le comte de Montreville ?

— Un domestique est allé la porter.

— Et la lettre pour monsieur de Salviac ?

— Elle doit aussi être parvenue à destination.

— C'est bien. — Et Alfred se pencha de nouveau sur un registre ouvert devant lui. Le vieillard observait avec intérêt toutes les impressions qui se peignaient sur le visage du prince. Il y eut encore un long silence. — Vous avez raison, mon bon Duval, — reprit enfin monsieur de Z*** avec découragement, en repoussant l'in-folio qu'il avait compulsé avec tant de soin ; — ma position est encore plus alarmante que je ne pensais, malgré vos efforts pour retarder ma ruine complète. Je dois cinquante mille écus à l'excellent comte de Montreville, que j'ai substitué à tous les droits de ce... de mon ancien créancier. La rente viagère de dix mille écus, mon unique ressource désormais, est engagée pour près de trois ans ; il va me devenir bien difficile de cacher ma détresse..... je l'essayerai pourtant. D'ici à peu de jours, j'annoncerai dans le monde mon départ pour l'étranger, et j'irai encore une fois m'enterrer dans un coin obscur de Paris, afin de tâcher, en vivant de privations, d'économiser une somme suffisante pour mes dépenses de l'hiver prochain... Si je ne puis y parvenir, il faudra bien que je me décide à mettre en vente cet hôtel ; mais puisse Dieu me rappeler à lui avant que j'aie vu passer en d'autres mains ce dernier et vénérable débris de notre opulence passée !

Il laissa tomber sa tête dans ses mains avec accablement. Le vieux Duval, son intendant, un de ces serviteurs dévoués comme l'ancienne aristocratie savait seule en trouver, partagea la douleur de son maître, et une larme coula sur sa joue ridée.

— Ne parlez pas ainsi, monsieur le prince, — dit-il d'une voix tremblante, — ne dites pas que votre vieux serviteur pourrait voir périr le dernier représentant de cette famille à laquelle sa vie a été consacrée. Pourquoi vous laisser aller au découragement ? Votre rente est engagée, il est vrai, mais il vous reste d'autres ressources ; consentez seulement à diminuer votre maison pour l'hiver prochain ; permettez-moi de congédier ces gens inutiles que vous nourrissez ; réformez ces chevaux de luxe qui encombrent vos écuries ; surtout, mon prince, daignez vous souvenir, quand vous distribuez vos aumônes, que vous n'avez plus la fortune de l'illustre maréchal votre père, et alors peut-être trouverons-nous moyen...

— Assez, — dit Alfred avec dignité, mais sans sécheresse ; — ne me parlez plus de cela, monsieur Duval ; vous connaissez mes idées à cet égard.

L'intendant secoua tristement la tête ; son maître craignit de l'avoir affligé.

— Écoute-moi, Duval, — poursuivit-il avec bonté, — tu es mon ami, comme tu as été celui de mon père, et je te dois compte de mes pensées comme de mes actions. Voudrais-tu donc, toi qui connais si bien les grandeurs de ma famille, toi qui prises si haut le nom illustre dont je suis l'héritier, voudrais-tu, dis-je, que le prince de Z***, ce dernier rejeton d'un vieil arbre aussi ancien que le royaume, devînt un objet de pitié pour cette société nouvelle ? Mon existence est une sorte de défi que le monde d'autrefois jette au monde d'aujourd'hui. Un prince de Z*** ne peut être un bourgeois obscur et économe, vivant publiquement de privations, chicanant sa vie contre une génération rapace. Je puis abjurer mon titre et mon rang ; mais tant que je m'en pareral aux yeux du monde, je ne dois pas abjurer les traditions de grandeur et de générosité qui se sont perpétuées dans ma famille. C'est là un orgueil qui est absurde peut-être ; mais laisse-le moi, car il est ma force, il est ma vie. — Il s'était animé ; ses yeux brillaient, ses joues pâles s'étaient colorées. Le vieil intendant, quoiqu'il ne pût approuver ces idées de grand seigneur, si étranges à notre époque d'égoïsme, regardait son maître avec bonheur, et son attitude exprimait une vive admiration. Le prince reprit après une nouvelle pause : — Et à ce propos, mon cher Duval, avez-vous envoyé à ce malheureux Gendrin dix louis, comme je vous l'avais commandé ? Le pauvre diable est chargé de famille et il a des besoins pressans.

— J'ai obéi, monsieur le prince, — répliqua l'intendant en soupirant, — et véritablement une aumône ne pouvait être mieux placée... Mais, par grâce ! mon noble maître, songez à restreindre votre générosité naturelle. Votre caisse est vide, et, puisque vous me défendez d'emprunter...

— Le temps des emprunts est passé, Duval ; je ne dois emprunter que ce que je peux rendre. Aussi faudra-t-il nous décider à mettre en vente cet hôtel. Bien que les cinquante mille écus aient été tirés d'une bourse amie, ils n'en doivent pas moins être intégralement restitués.

Duval prit une contenance timide et embarrassée.

— J'avais espéré, — balbutia-t-il, — que cette somme n'aurait pas besoin d'être rendue... Les rapports d'intimité existant entre vous et la famille de Montreville me donnaient lieu de penser...

— Ne pensez rien, — interrompit brusquement le prince dont le front se rembrunit ; — vous savez, Duval, comment j'ai été entraîné à contracter une gênante obligation envers le comte, qui m'avait offert bien des fois de venir à mon secours et dont j'avais toujours repoussé les offres. Il y a quelques mois, lorsque j'étais en butte aux poursuites d'un impitoyable créancier, lorsque j'allais avoir la honte et la douleur d'être chassé de cette maison par autorité de justice, j'attendais mon sort avec tristesse, mais sans colère et sans crainte. Alors vous prîtes sur vous de me sauver par des moyens que j'eusse réprouvés. Sans me prévenir, sans me consulter, vous allâtes tout conter à monsieur de Montreville, et, avant que je pusse même soupçonner votre démarche, l'argent était déposé chez l'homme de loi chargé de mes intérêts. Néanmoins, averti de cet arrangement, je me disposais à le rompre, quand, par une circonstance inexpliquée encore aujourd'hui, on m'annonça que les titres de créance et les pièces de la procédure dirigée contre moi avaient été perdus ou anéantis. Je craignis alors qu'on ne m'accusât de vouloir profiter de cette occasion pour refuser le payement d'une somme légitimement due, et je me décidai, bien malgré moi, à accepter le prêt du comte de Montreville. Ainsi, Duval, par votre zèle irréfléchi, vous m'avez fait l'obligé de la personne du monde envers laquelle je voudrais le plus être libre de tout engagement!

Les traits de l'intendant exprimèrent un grand étonnement.

— Ai-je donc agi si mal, monsieur le prince? Le comte de Montreville n'est-il pas loyal, délicat, désintéressé? En quoi un service de lui peut-il vous blesser?

— Eh! ne vois-tu pas, — répondit Alfred, — comment ce service a été interprété? Le secret de cet emprunt a transpiré, et l'on y a vu le prélude d'une liaison plus étroite entre cette honorable famille et moi; mais ma lettre de ce matin va enfin couper court à tous ces bruits. Monsieur de Montreville, par excès de délicatesse ou par amour-propre, ne m'avait pas demander une explication devant laquelle je reculais toujours. Aujourd'hui j'ai franchement rompu la glace; j'ai écrit au comte que la position précaire de ma fortune ne me permettait plus d'aspirer à la main de sa fille, et, bien que nous n'ayons pris ensemble aucun engagement formel, je lui rends toute sa liberté d'action... Il me connaît ferme et résolu; il doit savoir à présent que je n'épouserai jamais mademoiselle Hermance.

— Et pourquoi cela, mon noble maître? — dit Duval avec chaleur; — quelle union pourrait jamais être mieux assortie! Mademoiselle Hermance est jeune, belle, pleine de talents, d'un rang à peine inférieur au vôtre, et elle est riche, riche à pouvoir vous rendre l'opulence dont depuis longtemps vous avez seulement les dehors!... Prince, par pitié pour vous-même, ne rejetez pas cette occasion de relever votre illustre maison qui menace ruine. Ce mariage fait, vous n'aurez plus à vous cacher pendant six mois de l'année comme un malfaiteur. Vous devez être las de cette existence misérable, indigne de vous, et ce serait folie...

Le prince se redressa d'un air de dignité.

— Je crois, — interrompit-il sévèrement, — que vous oubliez à qui vous parlez?

Duval saisit la main d'Alfred et la baigna de ses larmes.

— Oh! pardon! pardon! mon noble maître, — murmura-t-il; — ne soyez pas irrité contre un pauvre vieillard dont l'unique pensée est de vous voir sortir enfin de l'abîme où vous êtes!

— C'est moi qui ai tort, mon vieil ami, — répliqua le prince avec émotion, — et je dois t'apprendre les motifs de ce refus qui te désole; tu as partagé ma mauvaise fortune, tu as bien le droit de connaître le mobile de mes actions. Aussi ne te dirai-je pas qu'il répugne à ma fierté de relever ma maison en épousant une femme plus riche que moi; j'ai fait à mon nom de plus grands sacrifices que celui d'un scrupule de délicatesse. La vérité, la voici: je n'aime pas, je ne puis pas aimer mademoiselle de Montreville.

— Mais du moins, cher prince, vous ne la haïssez pas, — dit l'intendant avec vivacité, — vous avez pour elle cette estime qui est la base de toute union bien assortie, et ce sentiment suffisait autrefois à deux époux.

Au milieu de cette conversation, un domestique vint annoncer qu'Edouard de Salviac demandait à être introduit.

— Salviac! — s'écria le prince en se levant brusquement, — oh! qu'il entre... qu'il entre...! Il a pitié de mes inquiétudes. — Il s'arrêta tout à coup, et, pendant que le domestique s'éloignait, il dit à l'intendant avec le même accent de bonté, mais distraitement: — Laissez-nous un peu, mon cher Duval; vous ne me reprocherez pas aujourd'hui d'avoir manqué de confiance en vous. Nous reprendrons cette conversation une autre fois, dans un moment plus opportun... Allons, adieu. Quoique vous soyez un peu volontaire, je sais apprécier votre affection et votre dévouement.

Duval s'inclina respectueusement et sortit, non sans jeter un regard de défiance sur Salviac qui entrait.

L'artiste semblait bouleversé; Alfred fit quelques pas au-devant de lui, et lui prit la main.

— Merci d'être venu si vite, Salviac, — dit-il avec effusion; — ma lettre a dû vous apprendre quelle était mon anxiété... Je savais qu'hier au soir vous étiez allé voir cette pauvre jeune fille, et j'étais dans la plus mortelle inquiétude... Eh bien! les médecins ont dû se réunir hier; qu'ont-ils dit?

— Les nouvelles sont mauvaises, — répondit Salviac, — et ma bonne Cécile, qui est auprès d'Elisa en ce moment, désespère de la voir jamais revenir à la santé. L'air de la campagne n'a produit aucun heureux résultat. Cependant on connaît enfin la cause première de cette maladie, dont la généreuse enfant avait toujours refusé d'expliquer l'origine.

— J'ai deviné, moi : ce père imbécile et brutal la fait mourir de honte.

— La maladie tient à une cause toute matérielle, et Bambriquet semble être l'auteur des souffrances de sa fille. Aussi paraît-il enfin comprendre la gravité de ses fautes, et il est bourrelé de remords. C'est lui qui vient de révéler la vérité; il l'a laissé échapper quand il a su que l'existence d'Elisa en dépendait peut-être.

— Et cette vérité, Salviac?

— C'est horrible à dire, c'est horrible à penser!... Ca furieux, dans une circonstance récente, a frappé sa fille avec une barbarie inouïe; à partir de ce moment la maladie s'est déclarée. La pauvre Elisa, pour ne pas charger son père d'une action si noire, a voulu, même au prix de sa vie, cacher ce secret à ses amis et aux médecins; pendant ce temps le mal s'est aggravé, et peut-être est-il incurable.

Alfred restait interdit. Le fait qu'on lui révélait était si contraire aux idées reçues dans le monde, le tableau de cette gracieuse et délicate créature foulée aux pieds d'un homme farouche semblait si monstrueux que l'incrédulité lutta un moment en lui contre la douleur et l'indignation.

— Cela n'est pas possible! — s'écria-t-il en se contenant à peine, — il n'y a pas de père assez cruel, assez lâche pour se rendre coupable d'une pareille action!

— Le fait n'est que trop sûr, prince; madame de Salviac en a arraché l'aveu à la malade elle-même, de Elisa ne pouvait plus nier après la confession de son père. Mais écoutez encore: c'est pour vous et pour moi que mademoiselle Bambriquet a supporté ces horribles violences.

— Vous...? moi...? Salviac, je ne vous comprends plus.

— Souvenez-vous de la disparition singulière des dossiers, la veille même du jour où l'on devait agir envers nous avec la dernière rigueur... Je sais maintenant le mot de cette énigme: Elisa avait cru nous sauver en détruisant les titres.

En même temps l'artiste raconta brièvement les événements qui étaient parvenus récemment à sa connaissance: la démarche que Cécile avait faite en allant chercher Elisa au couvent, l'étrange hasard par suite duquel les papiers s'étaient trouvés entre les mains de la jeune fille, les scènes qui avaient suivi et qui s'étaient terminées par l'effroyable accès de rage de Bambriquet. Le prince écouta ce récit avec une agitation extraordinaire.

— Héroïque enfant! — s'écria-t-il d'un air égaré en marchant à grands pas dans son cabinet. — C'était pour me sauver qu'elle bravait la haine et la vengeance de son père... et moi je l'avais lâchement reniée quelques jours auparavant, je l'avais laissée exposée au mépris de ce monde frivole, quand un mot de ma bouche pouvait imposer à tous le respect... et depuis qu'elle est en proie à cette douloureuse maladie, j'ai eu le triste courage de ne pas chercher à la voir; je me suis raidi contre le sentiment qui m'entraînait vers elle... Salviac, mon ami, vous avez été témoin de mes angoisses, de mes faiblesses; vous devez maintenant bien mépriser cet orgueil qui m'a rendu ingrat!

— Je vous ai plaint, mon cher prince; dans votre ardeur à m'interroger au sujet de cette infortunée jeune fille, il y avait autant d'intérêt pour elle que dans les plus actives démarches.

Alfred se promenait toujours avec agitation. Tout à coup il s'arrêta devant l'artiste.

— Salviac, — dit-il brusquement, — vous allez me conduire à cette maison de campagne où elle s'est retirée. Je veux voir Elisa, je veux lui parler... à moins que ma présence ne doive lui être désagréable ou dangereuse.

— Votre vue ne peut produire qu'un bon effet sur la malade, prince; Elisa s'informe souvent de vous, quoique d'une manière détournée, et sans doute votre visite lui causera une vive satisfaction; mais vous aviez pris la détermination de ne la revoir jamais?

— J'avais peur de moi-même; je sentais bien qu'en la voyant je serais vaincu; mais je ne crains plus... Eh bien! partons, ami, partons à l'instant même.

Il tira précipitamment le cordon de la sonnette, et donna l'ordre au domestique de faire atteler sur-le-champ. Puis il rejeta sa robe de chambre loin de lui et acheva de s'habiller sans le secours de personne. Il éprouvait comme un mouvement fébrile; ses gestes étaient vifs, saccadés. En une minute il fut prêt.

— Je vous en supplie, prince, calmez-vous, — dit Salviac avec intérêt; — si vous lui montriez une émotion trop vive...

— Je veux la voir, — répondit Alfred avec égarement; — le sort en est jeté... Partons.

Il prit le bras de Salviac et l'entraîna rapidement vers le grand escalier de l'hôtel, sans écouter ses observations.

XXVII

Le cocher, prévenu trop tard, n'avait pas eu le temps d'atteler, et, malgré son impatience, le prince fut obligé d'attendre dans la cour que la voiture fût prête. Enfin le marchepied se développa, les deux amis prirent place, et l'on allait partir lorsqu'une autre voiture, venant du dehors, pénétra sous la porte cochère et entra dans la cour; c'était celle du comte de Montreville.

Malgré l'affection de monsieur de Z*** pour cet ancien ami de sa famille, un nuage de mécontentement parut sur son front lorsqu'il eut reconnu la livrée du comte. D'abord il voulut passer outre; mais cet instinct particulier à l'homme du monde, qui soumet ses plus chers sentimens aux exigences de la politesse, lui dit qu'il ne pouvait se dispenser de saluer le respectable visiteur. Il mit donc pied à terre et vint au-devant du comte, qui descendait aussi de voiture avec l'aide de ses gens.

Au premier coup d'œil, le prince jugea que monsieur de Montreville était en proie à une préoccupation tout aussi grave que la sienne. Quoique le visage vénérable du vieux gentilhomme fût couvert d'une pâleur légère, le comte redressait sa taille, d'ordinaire un peu voûtée, et ses manières avaient quelque chose de sec et de solennel.

Il répondit seulement par un mouvement de tête au profond salut d'Alfred.

— Je crois, monsieur le prince, — dit-il d'un ton froid et cérémonieux, — que j'arrive mal à propos et au moment où vous alliez sortir; mais je désire vous entretenir au sujet d'une lettre que vous m'avez fait l'honneur de m'adresser ce matin, et je tâcherai de ne pas vous retenir longtemps.

— Monsieur de Montreville est toujours le bienvenu chez moi, — répondit le prince avec politesse; — cependant, mon cher comte, — ajouta-t-il d'un ton amical, — je vous l'avouerai, un intérêt pressant m'appelle, et, si j'osais vous prier de remettre à une autre heure...

— Je ne puis retarder d'une minute l'explication que je dois avoir avec vous. Consentez à me recevoir, monsieur, et je vous promets de ne pas abuser de vos instans.

Alors seulement monsieur de Z*** fut frappé de l'air grave et hautain à la fois que le comte, toujours si affectueux et si prévenant, prenait avec lui. Il le regarda fixement comme pour chercher la cause de ce changement extraordinaire; puis il s'excusa précipitamment auprès de Salviac, qui était aussi venu saluer monsieur de Montreville; et, après l'avoir prié d'attendre son retour dans une salle basse, il dit au comte :

— Je me rends à vos ordres.

Monsieur de Montreville le suivit. Lorsqu'ils montèrent le grand escalier de marbre, à rampe de fer, qui conduisait au premier étage, Alfred voulut soutenir le vieillard, dont la marche était faible et chancelante; mais Montreville refusa ces secours avec impatience, et il arriva sans aide jusqu'au grand cabinet.

Les deux gentilshommes gardaient un silence bien singulier après de si longues et si étroites relations d'amitié. Le prince avança lui-même un fauteuil à son hôte, qui le remercia d'un signe, et ils prirent place l'un en face de l'autre. Le comte de Montreville le premier rompit ce silence pénible.

— Ma visite est bien matinale, monsieur le prince, — dit-il d'un air sombre, — et peut-être trouverez-vous déjà que cette entrevue n'est pas ce qu'elle devrait être entre le fils de feu le maréchal de Z*** et le vieux Bernard de Montreville?

— En effet, comte, vos manières m'affligent autant qu'elles m'étonnent. Vous ne m'avez pas habitué à tant de sécheresse, et je suis impatient d'apprendre en quoi j'ai mérité de n'être plus traité par vous comme autrefois.

— L'ignorez-vous réellement? n'avez-vous aucune idée, monsieur, des explications que je viens vous demander, des torts que je suis en droit de vous reprocher?

— Aucune, monsieur; ma lettre ne contenait rien qui fût de nature à vous offenser, et, à moins que... les sommes dont je vous suis redevable...

— Vous ne le pensez pas, — dit monsieur de Montreville en se redressant; — un intérêt d'argent n'aurait pu rompre les antiques liens d'affection qui existaient entre nos familles et entre nous; mais, puisque vous ignorez ou feignez d'ignorer les motifs de ma visite, je vais parler clairement, et je n'oublierai pas que je vous ai promis d'être bref.

— Je vous écoute avec le plus profond respect.

Ces paroles furent dites avec tant de tristesse que le comte perdit tout à coup sa raideur factice, et de grosses larmes se montrèrent dans ses yeux.

— Alfred, — lui dit-il d'un ton ému, — pourquoi m'avez-vous mis dans la nécessité de... Mais je ne veux pas, je ne dois pas m'attendrir... Monsieur le prince, — continua-t-il d'une voix plus ferme, — vous m'avez adressé ce matin une lettre où, sous des formes polies et sous des prétextes spécieux, vous rompez certains engagements que je m'étais habitué à considérer comme sacrés.

— Comte, — s'écria Alfred impétueusement, — ni mes paroles, ni ma conduite n'ont dû vous faire croire que je regardais ces engagemens comme irrévocables.

— En effet, il a existé seulement des pourparlers vagues au sujet de cette alliance; mais, supposant que l'immense différence de fortune qui existait entre mademoiselle de Montreville et vous était cause de votre apparente hésitation, je crus devoir vous montrer avec quelle faveur j'accueillais ce projet. Toutefois Hermance était bien jeune, et vous vouliez, disiez-vous, être sûr qu'elle ferait avec connaissance de cause ce que vous appeliez un sacrifice. La reprise de cette conversation fut donc ajournée jusqu'à votre retour d'un prétendu voyage, car j'ignorais alors votre singulière émigration dans un quartier éloigné de Paris. Cependant, à partir de ce moment, par suite de je ne sais quelles indiscrétions, des bruits de mariage se sont répandus dans notre monde. Il ne m'appartenait pas de les faire cesser, d'autant moins que vos assiduités à l'hôtel, vos soins particuliers pour Hermance, confirmaient au contraire...

— Si mademoiselle de Montreville a été de ma part l'objet d'attentions particulières, c'était que je voyais en elle la fille de mon plus ancien, de mon meilleur ami.

— Le monde a pu s'y tromper ; quoi qu'il en soit, ces rumeurs ont pris peu à peu de la consistance, et l'on attendait à chaque instant, cet hiver, l'annonce de ce mariage. Comme elle ne se faisait pas, on a cherché les motifs de ces retards; alors les suppositions les plus injurieuses pour votre honneur et le mien se sont répandues partout. J'attendais que vous me fournissiez l'occasion de les démentir; vous vous êtes tenu constamment dans une rigoureuse réserve ; vous n'êtes sorti de votre inaction qu'en m'envoyant ce matin la lettre où vous m'annoncez une rupture définitive. Cette lettre est de nature à confirmer les propos honteux dont je vous parle, et je suis décidé à ne pas souffrir une pareille injure.

— Monsieur le comte, — dit Alfred avec véhémence, — je vous invite à répéter ces propos outrageans pour vous et pour moi.

— Qu'à cela ne tienne, monsieur, quoiqu'il me répugne d'entrer dans ces ignobles détails. Eh bien! on assure que si vous semblez dédaigner une alliance honorable, c'est que vous vous êtes passionnément épris d'une fille des faubourgs, qui s'est introduite, je ne sais comment, chez moi, où elle a causé un grand scandale; on dit que cette fille a été votre maîtresse, et qu'une querelle survenue entre elle et mademoiselle de Montreville a servi de prétexte...

— C'est une infamie ! — s'écria le prince indigné en se levant. — Et un homme honnête et éclairé a pu croire à ces abominables bruits !

— Qu'importe qu'ils soient vrais ou faux, si l'effet doit en être le même? Enfin, monsieur, résumons la discussion : cette rupture va soulever les suppositions les plus méchantes, les plus absurdes, sur vous voulez, au sujet des raisons qui vous dirigent; l'honneur de ma maison, le respect dû à ma fille, m'obligent à vous demander compte de l'outrage que vous nous faites.

Les explications du comte étaient, comme on le voit, assez embarrassées, et sa colère était plus réelle que fondée.

Le prince réfléchit.

— Monsieur de Montreville, — dit-il enfin avec noblesse, — vos scrupules sont exagérés; l'honneur de votre maison ne peut être entaché de rien du fait, ni à des motifs très naturels. Ce sont là des susceptibilités d'un autre âge.

— Ni vous ni moi, prince, ne devons mesurer notre honneur à la mesure de ce temps-ci; nous sommes des hommes du passé, nous devons rester étrangers aux transactions misérables du siècle présent. Pour moi, je n'ai, dans la circonstance actuelle, d'autre règle de conduite que les traditions de ma famille, et il doit en être de même pour vous. Je vous demande donc réparation du tort que vous avez fait à mon nom.

— Une réparation ! répéta Alfred stupéfait ; — comment l'entendez-vous, monsieur le comte ?

— Une réparation de gentilshommes, les armes à la main ; ainsi seulement je pourrai laver l'insulte publique dont je me plains.

Le prince resta un moment immobile et sans voix.

— Un duel avec vous ? — s'écria-t-il enfin ; — c'est impossible !

— Vous oubliez, monsieur, que, grâce à la mode actuelle de se battre au pistolet, l'âge et la faiblesse des champions ne sont plus une considération suffisante pour empêcher le combat. Nous emprunterons aux mœurs nouvelles cet usage, qui convient si bien à la circonstance; ma main serait trop faible peut-être pour soutenir une épée; elle sera toujours assez ferme pour lâcher la détente d'une arme à feu.

Alfred le regardait d'un air effaré, comme s'il n'eût pu croire à la réalité de cette proposition.

— De grâce, monsieur le comte, — dit-il d'un ton suppliant, — revenez à vous ; la colère sans doute vous égare... quand même votre susceptibilité ne me semblerait pas exagérée jusqu'à la déraison, je ne pourrais accepter ce combat impie ; s'il avait lieu, je mériterais d'être mis au ban de la société.

— Eh ! monsieur, ne l'avez-vous pas déjà mérité ?

— Comte !... mais vous avez été l'ami de mon père, le mien.

— Raison de plus pour que vous m'accordiez une satisfaction honorable.

— D'ailleurs, je vous dois une somme importante; on ne manquerait pas d'attribuer ce duel à des motifs d'intérêt : ce serait une honte pour l'un et pour l'autre.

— J'ai prévu le cas, monsieur; depuis plusieurs jours je comptais provoquer moi-même une explication sur le sujet de nos relations mutuelles, et je ne voulais pas qu'une considération d'intérêt pût mettre obstacle à mon désir. Une quittance avait été préparée ; elle vient d'être signée à l'instant même par le notaire chargé de votre procuration... La voici, — continua-t-il en tirant de sa poche un papier qu'il jeta sur la table : — elle est en bonne forme ; votre notaire lui-même est convaincu que l'argent dont vous m'étiez redevable m'a été rendu intégralement par vous.

Alfred de Z*** resta un moment étourdi par la singularité de ce procédé. Cet acte de désintéressement lui révélait l'immense désir de vengeance dont le vieux gentilhomme, jusque-là si bienveillant, était animé contre lui, et, malgré ses préoccupations, il ne put s'empêcher de comparer la conduite opposée du noble comte de Montreville et du plébéien Bambriquet dans une situation identique. Évidemment, les actions de l'un et de l'autre dérivaient des mêmes sentiments, l'amour-propre blessé et la colère aveugle ; mais l'un se vengeait par un excès de violence, l'autre par un excès de générosité.

Le dernier moyen devait être pour monsieur de Z*** plus blessant de tous. Dès qu'il en eut bien compris la portée, une vive rougeur colora son visage.

— Monsieur le comte, — dit-il avec véhémence, — quels que soient mes torts, je ne croyais pas avoir autant démérité de vous... Je ne puis accepter cette quittance,... et, en attendant que j'emploie les voies légales pour vous obliger à ne pas m'imposer votre générosité, je dois la considérer comme une insulte...

— Considérez-la donc comme telle si elle doit vous décider à m'accorder réparation.

La persistance de cette inimitié, quoi qu'on pût dire ou faire, donna aux idées du prince une autre tournure.

— Monsieur de Montreville, — dit-il les larmes aux yeux, — mon noble et respectable ami, au nom de Dieu ! réfléchissez à ce que vous me demandez. L'honneur de votre nom n'est pas compromis ; vous avez le sens trop juste, trop élevé, pour ne pas comprendre que mes torts dans cette circonstance sont purement imaginaires ; je n'ai pas pu, je n'ai pas dû vous croire engagé par des paroles vagues, des relations de simple et cordiale amitié... Restent les vaines suppositions des oisifs ou des méchans; croyez-vous que l'honneur d'une vieille et illustre maison telle que la vôtre puisse être à leur merci ? L'outrage dont vous vous plaignez ne peut exister aux yeux des gens raisonnables.

— Il existe aux miens, monsieur, et cela suffit. Encore une fois les usages de cette époque bourgeoise ne seront jamais les règles de ma conduite ; j'ai conservé ces susceptibilités jalouses de notre caste à une autre époque, ce point d'honneur antique qu'on a tourné en ridicule parce qu'on ne savait pas l'imiter... J'ai été élevé dans ces idées, dans ces préjugés peut-être ; je suis trop vieux pour en prendre d'autres désormais.

— Mais moi, monsieur le comte, que dirait-on de moi si j'acceptais ce combat inégal ? Et si j'avais le malheur de vous blesser, de vous tuer, ne serais-je pas déshonoré, poursuivi par l'exécration publique ?

— Je ne sais, mais en mourant j'aurai montré à tous que l'on ne touche pas impunément à ma considération ; j'aurai vengé mon injure, et les détracteurs n'oseront plus parler d'une tache qui aura été lavée dans le sang.

Alfred redevint pensif, la main appuyée sur son front brûlant.

— Il suffit, monsieur le comte, — dit-il enfin d'une voix ferme, en relevant la tête ; — vous m'imputez bien moins mes propres torts que ceux des événemens, et je ne chercherai pas davantage à me disculper. Vous croyez l'honneur de votre maison compromis, et vous avez jugé nécessaire une réparation ; votre cœur est rempli de colère, et c'est sur moi seul que vous pouvez la faire retomber ; je ne vous refuserai donc pas la satisfaction solennelle que vous exigez, et puisse-t-elle atteindre son but!

Monsieur de Montreville changea de contenance.

— Je vous remercie, monsieur le prince, — dit-il en le saluant avec toute la courtoisie d'un ancien gentilhomme, — c'est déjà un bonheur d'être accepté pour votre adversaire... Eh bien donc, — continua-t-il en se levant et en affectant un air enjoué, — je crois que la journée de demain pourra être fort belle, et qu'il fera bon se promener, à huit heures du matin, au bois de Boulogne.

— Je le crois comme vous, monsieur le comte, et je ne manquerai pas de m'y rendre à l'heure indiquée.

— Tout vieux que je sois, j'espère encore arriver le premier... Ah çà ! monsieur le prince, vous amènerez, je pense, un ami avec vous, comme j'amènerai un des miens. Ces messieurs régleront sur les lieux les conditions du combat ; en attendant, il est inutile de leur apprendre les motifs de cette rencontre ; nous chercherons des témoins qui auront assez de confiance en nous pour ne pas nous croire capables de compromettre notre vie dans une affaire injuste ou frivole.

— J'approuve vos motifs, monsieur le comte ; et vous pouvez être assuré de ma discrétion.

— Je n'en ai jamais douté, monsieur le prince, — dit Montreville en se préparant à sortir, — et maintenant que nous nous entendons, j'éprouve le besoin de déclarer que je n'ai pas cru un mot à ces caquetages au sujet de mademoiselle... Briquet... Bambriquet... ou quel que soit son nom. Ma fille m'a parlé d'elle en excellens termes, bien qu'Hermance ne l'aime pas beaucoup depuis certaine soirée. Quant à vous, monsieur, vous avez le cœur trop haut placé pour...

— Vous avez raison, — s'écria Alfred avec impétuosité, — de ne pas ajouter foi à ces stupides calomnies. La personne dont vous parlez est un ange de douceur et de résignation ; elle est la plus pure, la plus généreuse des femmes!

— Il suffit, — interrompit sèchement Montreville ; — sans doute cette personne mérite tout le bien que vous en dites, quoique votre enthousiasme soit de nature peut-être à faire penser le contraire. Adieu donc, prince ; j'ai votre parole... A demain.

— A demain, — répéta machinalement Alfred.

Il accompagna Montreville jusqu'à la porte du cabinet ; là il s'arrêta, la bouche à demi ouverte, l'œil inquiet ; on eût dit qu'il voulait faire une nouvelle tentative sur l'esprit de ce vieillard opiniâtre. Mais le comte, soupçonnant peut-être sa pensée, lui adressa un salut cérémonieux et se hâta de s'éloigner.

Alfred resta debout sur le seuil de la porte pendant quelques minutes ; puis il poussa un profond soupir et descendit lentement l'escalier.

Lorsque Alfred arriva dans la cour, monsieur de Montreville causait à haute voix par la portière de sa voiture avec Salviac, et leur conversation semblait aussi gaie qu'amicale.

— Oui, oui, — disait le comte en souriant, — j'irai vous surprendre un de ces jours pour voir le modèle de votre statue équestre, et attendez-vous à des critiques sévères si vous ne vous êtes pas surpassé. L'ambassadeur m'a dit des merveilles de votre ouvrage ; mais gare à vous ! je vous chicanerai sur les plus petits détails.

— Et je vous en remercierai, mon cher comte, — répliqua Salviac ; — vous n'ignorez pas quel prix j'attache à vos conseils. Quand puis-je espérer de recevoir votre visite ?

— Mais demain ou après-demain ; cela dépendra d'une affaire qu'il me reste à régler avec...

Il s'arrêta, car en levant les yeux il venait d'apercevoir le prince à quelques pas. Il salua de nouveau, dit un mot au valet de pied qui attendait respectueusement à l'autre portière, et les chevaux partirent aussitôt.

— Véritable gentilhomme du temps passé ! — murmura le prince en suivant la voiture du regard ; — susceptible jusqu'à la folie lorsqu'il s'agit de l'honneur, généreux jusqu'à la prodigalité dans ses désirs, intrépide et insouciant dans le danger ! — Il s'avança vers sa propre voiture, dont un chasseur galonné aux coutures venait d'abaisser le marchepied, et invita Salviac à prendre place ; lui-même l'imita machinalement et se laissa tomber sur les coussins pendant que Salviac expliquait au chasseur la route qu'il fallait prendre. Ces instructions furent transmises au cocher, et l'on partit avec rapidité. Tant que la voiture roula sur le pavé de Paris, le prince et Salviac ne prononcèrent pas une parole. L'artiste, persuadé que son compagnon était en proie à une émotion bien naturelle au moment de revoir une femme aimée, respecta sa taciturnité. Mais quand on eut dépassé la barrière et quand le bruit des roues fut devenu moins assourdissant, Alfred sortit de sa méditation. — Salviac, — dit-il d'un ton affectueux et confidentiel, — quoique je vous aie connu bien tard, je crois pouvoir compter sur vous comme sur un ancien et fidèle ami.

— Vous avez raison, prince, — dit l'artiste avec chaleur ; — car je vous suis dévoué jusqu'à la mort.

— Eh bien ! je vous demanderai une preuve de ce dévouement.

— Que me faudra-t-il faire, prince ? je suis prêt.

— Vous apprendrez demain quel service je réclame de votre amitié. Trouvez-vous à sept heures du matin à mon hôtel.

— J'y serai, soyez-en sûr ; mais ne pourriez-vous déjà me faire pressentir...

— Je me bats en duel et vous devez me servir de témoin.

— En duel !... et avec qui donc ?

— Vous le saurez... mais, je vous en supplie, ne m'interrogez pas. — Et il ajouta avec vivacité : — Parlons plutôt d'Elisa, de cette charmante Elisa que je vais revoir !

XXVIII

Sur la lisière du bois de Boulogne, du côté d'Auteuil, s'élevait une de ces jolies villas dont la possession est le rêve du bourgeois parisien qui va le dimanche hors de Paris dîner sur l'herbe en famille. D'une architecture simple et gracieuse, elle était située à cinquante pas du grand chemin, à l'extrémité d'une double avenue de tilleuls. Deux pavillons de forme élégante étaient bâtis de chaque côté de l'entrée principale ; l'un servait de logement au jardinier, l'autre était une sorte de belvédère d'où les habitans de la maison pouvaient voir ce qui se passait sur la voie publique. Devant l'habitation s'étendait un frais gazon de forme demi-circulaire, dont cinq ou six grands orangers, plantés dans leurs caisses vertes, suivaient les sinuosités. Le bâtiment était propre, commode, bien aéré, et par derrière on entrevoyait un vaste jardin, moitié potager, moitié d'agrément, dont les arbres se confondaient avec le feuillage touffu de la forêt voisine. La nature elle-même, dans ce joli coin de terre, avait pris des proportions mignonnes, délicates, en harmonie avec la structure du bâtiment et les habitudes paisibles de ceux qui l'habitaient.

C'était là qu'Elisa Bambriquet s'était retirée depuis le commencement du printemps. L'état alarmant de sa santé exigeant l'air de la campagne, son père n'avait pas hésité à lui acheter cette délicieuse propriété. Quoique toujours économe et dur envers lui-même, l'ancien chiffonnier ne refusait à sa fille aucun des agrémens que l'argent procure. Ne pouvant ou ne voulant pas habiter lui-même la campagne, il avait placé auprès d'Elisa une dame âgée, de mœurs et de manières distinguées, qui était à la fois pour elle un chaperon et une amie. Une femme de chambre et un jardinier complétaient la maison de la jeune malade, et Bambriquet, dans ses idées terre à terre, croyait qu'une duchesse même ne pouvait avoir plus de gens à ses ordres.

Mais ce qui donnait pour Elisa plus de charme à cette solitude, c'était la présence de madame de Salviac. Depuis le commencement de la maladie, l'intimité des deux jeunes femmes était devenue extrêmement étroite, et Bambriquet, loin de s'en plaindre, n'avait rien négligé pour la resserrer encore. S'apercevant que sa fille paraissait moins triste et moins souffrante quand Cécile était avec elle, il avait invité madame de Salviac à partager le bien-être actuel de la pauvre malade, et, dans cette circonstance, il avait poussé le repentir jusqu'à faire aux deux époux des excuses fort humbles pour le passé. Jamais conversion n'avait été aussi prompte, aussi complète. Cécile, de son côté, aimait trop Elisa pour garder rancune à Bambriquet ; aussi avait-elle accepté l'invitation, et elle semblait heureuse de prodiguer à la jeune malade ses soins et sa tendresse.

Dans la matinée du jour dont nous parlons, le temps était magnifique. Bien qu'on fût encore au commencement de mai, l'année avait été précoce, et un léger feuillage couvrait déjà les tilleuls de l'avenue, tandis que les pommiers et les pêchers du jardin étaient chargés de fleurs blanches et roses, « mince et frêle espérance ». La campagne exhalait les senteurs parfumées du printemps, et les petits oiseaux chanteurs, pinsons, fauvettes, rossignols, faisaient entendre leurs gazouillemens mélodieux.

Comme les fauvettes et les rossignols, la malade avait voulu avoir aussi sa part d'un soleil bienfaisant. Assise dans une bergère, devant la maison, au pied d'un des orangers en fleurs qui ornaient le boulingrin, elle feuilletait languissamment une revue littéraire. Elle était pâle, amaigrie, accablée par la souffrance, mais plus belle et plus touchante que jamais. Sa blancheur diaphane faisait ressortir encore la finesse des traits ; ses mouvemens avaient quelque chose d'onduleux et de poétique. Une douillette de soie grise l'enveloppait de ses plis luxurians et laissait seulement entrevoir l'extrémité de son pied, chaussé d'une pantoufle en tapisserie. Elle avait sur la tête un morceau de dentelle, un ruban, une de ces petites choses sans nom avec lesquelles une femme de goût sait improviser une coiffure. Ainsi vêtue, et négligemment penchée sur son livre, Elisa avait la grâce et la suavité d'une Vierge de Raphaël.

Bambriquet venait d'arriver de Paris, où il se rendait chaque soir pour retourner à la villa chaque matin ; mais ce jour-là il avait trouvé sa fille si abattue, si souffrante, qu'il n'avait osé lui demander comment elle avait passé la nuit. Après lui avoir adressé quelques paroles affectueuses, il avait ôté sa redingote pour prendre une sorte de paletot en gros coutil, s'était emparé d'une bêche, et travaillait avec ardeur dans une petite plate-bande, non loin de la jeune malade. Malgré sa tranquillité apparente,

son cœur était déchiré ; il avait cru reconnaître que depuis la veille le mal d'Elisa avait encore empiré.

Sans doute Elisa devina ses tristes réflexions, car, fermant son livre, elle appela Bambriquet.

— Eh bien ! mon père, — dit-elle d'une voix faible, à laquelle pourtant elle essayait de donner un accent joyeux, — pourquoi ne me parlez-vous pas ce matin ? venez donc là auprès de moi... vous m'avez à peine embrassée !

Le vieillard laissa tomber sa bêche et s'approcha lentement. Elle lui désigna un banc de bois rustique, mais il resta debout devant elle, les yeux baissés, le cœur serré, sans pouvoir répondre. Elisa lui tendit la main en souriant ; cette action si simple détermina l'explosion des sentimens tumultueux qui remplissaient le cœur du vieillard.

— Non, — dit-il d'une voix basse et étouffée en frappant du pied, — je ne suis pas digne de t'approcher... ta bonté me désole ; tu ne m'as jamais montré tant d'amitié, et c'est moi qui te tue ! Frappe-moi, appelle-moi mauvais père, brutal, sauvage... j'aime mieux cela, je l'ai mérité.

Et de grosses larmes tombaient de ses yeux ; la douleur donnait presque de la noblesse à ses traits vulgaires. Elisa l'attira vers elle et lui dit avec tendresse :

— Pourquoi toujours revenir sur ce sujet, mon père ? Vous m'aviez promis de ne plus m'affliger par de pareilles idées, et surtout de ne les communiquer à personne. Cependant, hier encore, vous avez eu l'imprudence d'avouer aux médecins réunis pour la consultation ce que j'eusse tant désiré leur cacher.

— Fallait-il donc le laisser traiter pour une maladie que tu n'avais pas ; tandis qu'on négligeait ton mal réel ? Fallait-il le laisser croire que les souffrances étaient venues par hasard, tandis que moi, moi gredin, misérable, j'étais la seule cause... Tiens, vois-tu, — ajouta-t-il dans un transport de désespoir, — il y a des momens où j'ai envie de me faire sauter la cervelle, il y en a d'autres où il me prend les tentations d'aller me livrer à la justice et de dire : « Punissez-moi... j'ai tué ma fille... ma fille unique... que j'aurais dû aimer plus que la vie, parce qu'elle était un ange... j'ai mérité le supplice des assassins... »

Elisa, se soulevant péniblement, se suspendit au cou de son père. Elle pleurait et cherchait à calmer cet affreux désespoir qui, chez un homme comme Bambriquet, devait avoir de bien profondes racines.

— De grâce, mon père, — disait-elle, — ne vous tourmentez pas ainsi. Peut-être mes souffrances ont-elles une cause toute naturelle, et les médecins ne se sont avisés de penser le contraire qu'après vos aveux inconsidérés... D'ailleurs, — continua-t-elle en baissant la voix, — quand même cette maladie aurait l'origine que vous supposez, n'aviez-vous pas le droit de me punir ? n'étais-je pas votre enfant ? n'avais-je pas commis une faute énorme en vous privant d'une somme qui eût rendu riches plusieurs familles ? Quel père eût résisté aux premières impulsions de la colère ? Ayez donc la conscience tranquille, quoi qu'il arrive. Lors même que, dans ce terrible moment, vous m'eussiez frappée à mort, j'aurais dû vous pardonner... je n'aurais pas regretté la vie... je ne la regrette pas.

Elle retomba épuisée dans son fauteuil ; Bambriquet allait protester contre ces paroles, elle l'arrêta d'un geste suppliant.

— Laissez, mon père, ce pénible sujet. Vous le savez, toute émotion trop vive m'est interdite, et rien ne peut autant m'affliger que de vous voir malheureux par moi... Donnez-moi plutôt, — ajouta-t-elle en reprenant son ton léger, — des nouvelles de Paris. Avez-vous vu monsieur de Salviac, ce matin ?

— Il est sorti de très bonne heure, — répliqua Bambriquet en essayant de paraître plus calme ; — ce sont de braves gens, ces Salviac, et je les avais bien méconnus ! La petite dame est-elle toujours gentille avec toi ?

— Elle est comme une sœur, une sœur tendre et dévouée. Bonne Cécile! elle ne me quitte pas plus que mon ombre; j'ai été obligée de la gronder tout à l'heure pour l'obliger à aller au-devant du docteur dont j'attends la visite. Madame Durand l'accompagne, et ainsi je les ai bien forcées l'une et l'autre à faire un tour de promenade, car elles ne veulent pas sortir, et elles tomberaient malades comme moi.

Bambriquet regarda sa fille.

— Eh bien! — dit-il lentement et avec une certaine hésitation, — puisqu'il en est ainsi, je veux te donner une occasion de prouver à Cécile ta reconnaissance. J'ai des billets de Salviac pour une somme assez considérable ; je te les remettrai tous, et... oui... tu pourras en disposer à ta guise.

L'ancien chiffonnier, comme on le voit, était bien différent de lui-même; Elisa comprit ce qu'un pareil sacrifice avait dû lui coûter.

— Oh! que vous êtes bon! — s'écria-t-elle; — je serai si heureuse de délivrer nos amis d'une inquiétude qui, je le sais, trouble leur bonheur... Vous m'apporterez ces papiers demain, n'est-ce pas, mon excellent père?

— Et ne l'en feras-tu, mon enfant? — demanda Bambriquet avec une anxiété qui contrastait avec son désintéressement réel.

— Je les brûlerai... je les brûlerai sans rien dire, et cette fois je n'aurai aucun remords de mon action.

— Mais, ma petite, la somme est bien forte!... Enfin tu le veux, et, au prix de tout ce que je possède, je t'épargnerais une contrariété... Du moins, Lisa, — continua Bambriquet après un moment de silence, — es-tu contente? Te reste-t-il encore un désir à former?

— Vous avez pourvu à tout; il ne me manque rien, rien de ce que l'affection et la richesse peuvent procurer. Cependant, si j'osais vous demander encore une grâce...

— Eh bien! parle, ma fille; donne-moi encore une occasion de te contenter.

— Mon père, vous me quittez tous les soirs pour retourner à Paris ; ne pourriez-vous rester avec moi tout à fait? On vous préparerait ici une jolie chambre à côté de la mienne, et je ne serais pas dans une inquiétude mortelle chaque fois que je vous vois partir.

Cette demande si simple parut embarrasser Bambriquet.

— Je voudrais condescendre à tes vœux, — répondit-il, — mais certaines affaires très lucratives m'occupent une partie des nuits...

— Je ne l'ai pas oublié, et ces occupations nocturnes ne sont pas pour moi un mince sujet de chagrin... Je serais si contente de vous y voir renoncer pour toujours! Outre qu'elles présentent de grands dangers, elles ne sont pas honorables, j'en suis sûre.

— Que dis-tu, Lisa? Est-ce que tu saurais...?

— Je sais la vérité, mon père, — répliqua la jeune fille avec tristesse en baissant la voix; — un papier, tombé sans doute par mégarde de votre poche, m'a tout appris. Vous vous êtes associé à d'autres capitalistes pour exploiter une maison de jeu clandestine; chaque soir vous allez surveiller vos intérêts et partager les bénéfices. La crainte d'être obligé de faire connaître l'origine des fonds que vous aviez chez vous a seul empêché de dénoncer le vol commis dans votre maison, et vous avez laissé le crime impuni. Je sais encore que plusieurs fois vous avez failli être compromis par les recherches de la justice ; et quand je songe que cet argent, dont vous vous montrez si prodigue envers moi, est la dépouille des malheureux qui viennent tenter la fortune dans cette horrible maison! De grâce, mon père, — continua-t-elle en joignant les mains, — si votre fille a quelque pouvoir sur vous, renoncez à cette odieuse spéculation... L'argent acquis par cette voie ne profite pas, et je rougis de partager une opulence dont la source est impure.

Bambriquet, malgré sa conversion récente, retomba dans son péché d'habitude.

— Tu en parles bien à ton aise, — répliqua-t-il avec impatience; — quand je me suis chargé de cette entreprise, je cherchais seulement une distraction, car je m'ennuyais à mourir. Maintenant je réalise d'énormes bénéfices, et je ne me soucie pas de m'arrêter en si beau chemin. D'ailleurs, maintenant que tu es malade et que je n'ai plus auprès de moi une personne... Mais c'est une coquine, il ne faut plus y penser! Je veux dire que j'ai besoin de m'occuper ; sans cela, je serais incapable de supporter mes chagrins... Et puis j'ai dépensé beaucoup pour toi; cette maison, ce mobilier, ces gens qui sont à tes ordres, me coûtent gros, et la manière libérale avec laquelle tu comptes en agir envers les Salviac, par exemple...

— Mon père, — répondit Elisa avec douceur, — pourquoi ne purifierions-nous pas par une bonne action cet argent mal acquis? mais, je vous en supplie, — ajouta-t-elle d'un ton plus affectueux, — ne me reprochez pas le service que je veux rendre à mes pauvres amis. Vous avez sacrifié une forte somme dans un but de vengeance, pardonnez-moi de la sacrifier aujourd'hui dans un but de reconnaissance... Et quand je vous supplie de renoncer à cette honteuse industrie, songez, mon père, que c'est peut-être le dernier vœu de votre Lisa... de votre fille mourante!

— Ne me dis pas cela, — répliqua Bambriquet en frémissant; — je t'obéirai; mais ne me dis pas que tu vas mourir... parce que, vois-tu, cette idée est pour moi comme un coup de couteau, là, en pleine poitrine... Il me semble que je vais mourir moi-même !

Elisa lui jeta un regard angélique.

— Pardonnez-moi de vous avoir affligé, — dit-elle, — et ne nous laissons pas aller à la tristesse... Peut-être, — continua-t-elle avec un accent qui démentait ses paroles, — Dieu m'accordera-t-il du temps pour jouir de mon bonheur qui est votre ouvrage... Ainsi donc j'ai votre promesse; vous renoncerez pour toujours à cette coupable spéculation?

— Oui, mon enfant ; aurais-je la force de te refuser quelque chose? D'ailleurs, tu as peut-être raison : c'était mal de gagner ainsi de l'argent, surtout quand on n'en a pas besoin ; car enfin je suis riche, et plus d'une fois j'ai senti du regret en voyant un pauvre diable jeter son dernier écu sur le tapis et se retirer pâle et les poings serrés, après avoir tout perdu... Mais je ne m'inquiétais pas de cela autrefois, vois-tu ? c'est toi qui m'ouvres les yeux; aussi, dès demain, je te l'affirme, je ne prendrai plus aucune part à cette vilaine affaire.

— Dès demain, mon père? et pourquoi pas ce soir? pourquoi pas à l'instant même? Une nuit peut suffire pour ruiner un père de famille et l'entraîner au suicide!

Bambriquet réfléchit pendant quelques secondes.

— Non, — reprit-il enfin, — je ne saurais me dispenser de me rendre encore ce soir au club, afin de m'expliquer avec les autres et de régler certains intérêts. Mais c'est entendu, petite, cette nuit sera la dernière.

Elisa n'osa insister ; d'ailleurs ces émotions l'avaient fatiguée, et son père sentait qu'il devait lui laisser un peu de temps pour se reposer et se recueillir. Bambriquet ramassa donc sa bêche et revint à la plate-bande qu'il était en train de labourer avant cette conversation. Tout en travaillant, le vieil homme se réveillait en lui par intervalles, et il songeait qu'il allait lui falloir renoncer à ces bénéfices assurés, dont l'immoralité le préoccupait encore faiblement. Mais chaque fois qu'il levait la tête et qu'il apercevait sa fille, si pâle, si frêle, si souffrante, languissamment appuyée contre la caisse de l'oranger, il sentait son cœur se serrer, et ne regrettait plus ses complaisances envers cette innocente créature dont il avait causé tous les maux, dont il allait encore peut-être causer la mort.

Un quart d'heure s'écoula ; Bambriquet continuait machinalement sa besogne, et Elisa commençait à se plaindre du retard de Cécile, dont la promenade se prolongeait. Enfin la malade aperçut, derrière la grille qui longeait la

voie publique, une femme qu'à son chapeau de paille et à son voile flottant elle prit pour son amie.
— La voilà! — dit-elle d'un ton joyeux.

XXIX

Mais à peine eut-elle prononcé cette parole qu'elle reconnut sa méprise. La personne qui avait attiré son attention était seule, et Cécile était sortie avec madame Durand, la dame de compagnie; d'ailleurs l'inconnue avait des allures si extraordinaires qu'une erreur devint bientôt impossible. Elle passa et repassa devant la grille, regardant de tous côtés, enfin elle entra, et comme à cette heure du jour le jardinier, qui remplissait les fonctions de portier, travaillait à l'extrémité du jardin, elle s'engagea dans la petite avenue sans qu'aucune question lui eût été adressée.

A mesure qu'elle avançait, Elisa se reprochait de plus en plus d'avoir pu la confondre avec l'élégante Cécile, et elle se promettait intérieurement d'en demander pardon à son amie. L'inconnue portait bien le costume d'une femme aisée, mais ce costume était fané et sa vue inspirait un sentiment pénible. Son voile, qu'elle avait rabattu précipitamment sur son visage, était sale et percé; son chapeau de paille de riz était bossel é et déformé, sa robe de taffetas, malpropre et d'une coupe ridicule. Elle tenait à la main une ombrelle jadis bleue, qui, grâce à la pluie, avait pris toutes les couleurs de l'arc-en-ciel.

Cette étrange personne marchait d'un pas précipité, puis s'arrêtait tout à coup et semblait vouloir revenir en arrière. Son air était égaré, son geste brusque, et l'on devinait qu'elle éprouvait un trouble extraordinaire.

Elisa ne savait comment expliquer cette singulière visite; mais l'inconnue, franchissant rapidement l'espace qui les séparait, vint tomber à ses pieds et lui dit d'une voix étouffée:

— Mademoiselle Elisa, ma chère et bonne maîtresse, me pardonnerez-vous le mal que je vous ai fait? — Elle releva son voile, et la jeune fille reconnut Jeanneton Lapiquette, l'ancienne gouvernante de son père. La malheureuse était bien changée depuis quelques mois, et l'on eût cru que dix années de souffrances avaient passé sur sa tête dans cet intervalle. Ce n'était plus ce teint frais et fleuri, cet embonpoint luxuriant qui excitaient l'admiration du quartier Saint-Jacques; la figure jaune et plombée, les yeux cernés, tout son extérieur attestait les ravages de la misère et de la débauche. Malgré la prétention de son costume actuel, elle inspirait la pitié et n'était plus que l'ombre d'elle-même. L'apparition inattendue de cette odieuse créature produisit sur Elisa une vive impression. La jeune malade poussa un cri d'effroi en détournant les yeux, et elle tendit les deux mains en avant comme pour repousser Jeanneton; mais celle-ci s'était cramponnée à ses vêtemens, et lui disait avec humilité : — N'ayez pas peur de moi, mademoiselle, je ne suis plus votre ennemie... je viens vous rendre un grand service, à vous, à votre père.

Elle fut interrompue par une exclamation de rage. Bambriquet, en reconnaissant cette servante pour laquelle il avait montré une si déplorable faiblesse, entra dans une fureur terrible; il courut vers elle en brandissant sa bêche.

— Que viens-tu faire ici, abominable femme? — s'écria-t-il d'une voix de tonnerre; — me crois-tu donc capable de me laisser tromper de nouveau par une intrigue infernale? Tu es cause de tous mes malheurs, tu m'as rendu le plus méchant des hommes... Va-t'en bien vite, ou je ne réponds plus de moi.

— Mon bon maître, — dit la gouvernante toujours agenouillée, — j'ai été coupable envers vous et envers votre ange de fille; mais j'en suis bien punie... Si vous saviez de quels chagrins j'ai été accablée depuis ma sortie de votre maison! Deux misérables m'ont ruinée et m'ont fait souffrir toutes sortes de mauvais traitemens.

— Tu as été traitée suivant tes mérites, — répliqua Bambriquet avec un accent de joie cruelle; — je n'ignore pas maintenant ton infâme conduite pendant que je te croyais si tranquille et si heureuse chez moi. On m'a tout dit et... mais regarde, — continua-t-il en désignant Elisa, qui semblait près de s'évanouir, — tu n'inspires que du dégoût à ma fille! veux-tu donc achever de la tuer?... Tiens, va-t'en bien vite, ou sinon...

Il brandit sa bêche comme pour la frapper. La malade, malgré sa faiblesse, essaya de se soulever, et dit d'une voix mourante :

— De grâce, mon père, ne la maltraitez pas! contentez-vous de la renvoyer. Puisse Dieu pourtant lui pardonner comme je lui pardonne!

— L'entends-tu? — dit Bambriquet attendri, — et voilà celle que tu m'obligeais à persécuter! Elle pardonne à ses bourreaux, elle!... Mais sors d'ici, sors bien vite, car je ne serais plus maître de ma colère!

Lapiquette se releva.

— Je ne venais pas demander quelque chose, monsieur, — dit-elle avec timidité; — je voulais seulement vous donner un avis important...

— Lisa se trouve mal! — s'écria l'ancien chiffonnier qui voyait la tête de sa fille se balancer à droite et à gauche : — Au secours! mon Dieu! au secours! — Il la soutint dans ses bras, et Jeanneton voulut rendre à Elisa le même service, mais Bambriquet la repoussa rudement : — Laisse-la, — s'écria-t-il, — ne la touche pas... tu la souillerais! je te défends de la toucher! — Aux cris qu'il poussait une femme de chambre répondit de l'intérieur de la maison; en même temps plusieurs personnes parurent à la grille et s'avancèrent à grands pas dans l'avenue : c'étaient Cécile et madame Durand qui rentraient de la promenade; un homme d'aspect vénérable les accompagnait, et Bambriquet reconnut le docteur X***, le médecin d'Elisa. — Madame Cécile! monsieur le docteur! — s'écria le bonhomme avec angoisse en soutenant toujours sa fille; — accourez vite; voilà encore ses crises qui la reprennent... et toi, scélérate, — ajouta-t-il plus bas en regardant Jeanneton, — qu'attends-tu donc? veux-tu lui porter le dernier coup!

Jeanneton rabattit son voile brusquement, et, mesurant du regard l'espace qui la séparait des survenans, elle reprit avec volubilité :

— Je m'éloigne, monsieur, car ma présence, quoi que je fasse, n'est agréable à personne ici... Cependant, avant de vous quitter, je dois vous donner un avis : vous n'êtes pas en sûreté, et vous ferez bien de prendre quelques précautions pour déjouer les mauvais desseins de certaines gens. On sait où vous allez chaque nuit, on sait que vous rentrez seul, souvent à pied, et que vous portez sur vous des valeurs considérables... On vous guette, et, si vous ne vous tenez pas sur vos gardes...

Le docteur et les dames étaient près d'elle en ce moment; craignant quelque nouvelle humiliation en présence de tant de personnes, elle n'osa en dire davantage; elle s'éloigna rapidement, sans s'apercevoir que Bambriquet, tout occupé de sa fille, n'avait pas écouté ses avertissemens.

L'ancienne gouvernante, malgré la rapidité de sa fuite, ne put éviter d'être reconnue par madame de Salviac, qui fit un mouvement de surprise et d'effroi.

— Qu'est-il donc arrivé? — demanda le docteur avec inquiétude en allant prendre le bras de la malade pour consulter son pouls.

— Je m'explique tout! — s'écria Cécile; — monsieur Bambriquet, comment avez-vous souffert que cette odieuse femme pût arriver jusqu'à votre enfant?

— Elle est entrée par surprise; j'ai eu bien du mal à la chasser, l'abominable coureuse!

L'indisposition d'Elisa ne devait pas avoir de suites.

— Mes amis, — reprit-elle en rouvrant les yeux, — ce ne sera rien... ne vous inquiétez pas, mon excellent père, je me sens mieux. La vue de la personne qui était là tout à l'heure a réveillé en moi des souvenirs... mais c'est fini, maintenant je suis tout à fait bien... Bonjour, docteur, continua-t-elle d'un ton gracieux en se tournant vers le médecin; — vous venez tard aujourd'hui, mais, comme vous le voyez, vous ne pouviez arriver plus à propos.

— Calmez-vous, ma chère demoiselle, — dit le docteur d'un ton affectueux, en laissant aller la main blanche dont il s'était emparé; — je vous ai recommandé d'éviter toute espèce d'émotion...

— Même les émotions de la joie, docteur? — demanda la malade avec un accent enjoué; — en ce cas-là, je ne puis me conformer à vos ordonnances, car du matin au soir je suis doucement émue de me voir entourée de tant de soins affectueux par mon père et par mes amis.

— Les émotions de la joie peuvent être aussi dangereuses pour vous que les autres, quand elles sont trop fortes, mademoiselle.

Cécile entraîna le médecin à quelques pas.

— S'il en est ainsi, docteur, — dit-elle avec vivacité, en jetant des regards inquiets du côté de l'avenue, — il faut qu'Elisa rentre sur-le-champ et se tienne enfermée dans sa chambre. J'avais pensé que la joie ne pouvait jamais être un mal, mais puisque je me suis trompée, il importe de prendre certaines précautions. Tout à l'heure, j'ai aperçu de l'extrémité du bois une voiture qui semblait se diriger de ce côté. A la livrée des domestiques j'ai reconnu que cette voiture appartenait à une personne dont la vue ne peut manquer d'agiter beaucoup notre chère malade.

— Que dites-vous donc là-bas? — demanda Elisa d'un petit air boudeur, — vous parliez de moi. Comment Cécile, allez-vous aussi conspirer contre votre amie avec la Faculté?

— Et la Faculté aurait en elle un excellent auxiliaire, — répondit le docteur en s'avançant; — madame de Salviac remarquait, mademoiselle, que ce soleil est bien ardent; vous devriez vous retirer dans votre chambre pour prendre un peu de repos; vous en avez besoin après la crise de tout à l'heure.

— Vraiment, elle disait cela, cette méchante Cécile? Mais, monsieur le docteur, le soleil ne m'incommode pas; au contraire, il me pénètre d'une bonne chaleur qui me fait du bien... Laissez-moi ici encore un instant, je suis si heureuse au milieu de vous, dans ce joli jardin où les oiseaux chantent et où l'on respire le parfum des fleurs !

Cécile avait peine à cacher son inquiétude; elle venait d'entendre un bruit de roues, un claquement de fouet qui annonçaient l'approche de la voiture. Elle dit à son amie du ton de la prière :

— Je vous en supplie, Elisa, ne restez pas ici plus longtemps. N'est-ce pas, monsieur Bambriquet, — continua-t-elle en se tournant vers le père, que se tenait un peu à l'écart, — n'est-ce pas que votre fille ne doit pas s'exposer plus longtemps au grand air? Dites-le lui donc, de grâce !

L'ancien chiffonnier était devenu d'une timidité excessive, qui contrastait avec son aplomb imperturbable d'autrefois. Quand il se trouvait dans une société délicate et choisie, comme en ce moment, il ne se mêlait à la conversation qu'à la dernière extrémité ou lorsqu'il était directement interpellé.

Il n'avait donc pu entendre cette petite discussion; cependant il s'avança d'un air empressé, mais, avant que madame de Salviac eût pu lui expliquer de quoi il s'agissait, Elisa s'écria en désignant l'extrémité de l'avenue.

— Qui donc nous vient là? regardez, Cécile, la magnifique voiture qui s'est arrêtée à la porte. Quelle riche livrée! quel bel attelage! Eh! mais, — continua-t-elle gaiement, c'est monsieur de Salviac lui-même qui étale ce luxe insolent! mais il n'est pas seul; il est avec...

Elle se tut et pâlit; elle venait de reconnaître le prince.

— Comprenez-vous, maintenant? — dit Cécile en cherchant à l'entraîner; — il vous serait impossible de supporter cette entrevue... Rentrez bien vite; je ferai vos excuses.

— Mademoiselle, — dit le docteur à son tour, — voici des visites qui arrivent, et vous êtes déjà tout émue... il serait prudent...

Elisa releva la tête; ses joues, si pâles un moment auparavant, s'étaient colorées aux pommettes d'un léger vermillon, ses yeux avaient retrouvé leur éclat, sa taille s'était redressée.

— Prenez garde, docteur, — dit-elle avec fermeté quoiqu'en souriant, — ceci n'est plus de la médecine. Comment ne pas recevoir un ancien ami qui se souvient de nous après si longtemps?

Cécile voulut renouveler ses instances, mais le docteur lui fit un signe, et elle se tut en soupirant.

Le prince et Salviac s'avançaient à grands pas le long de l'avenue de tilleuls, pendant que la voiture et les valets restaient à la grille. Dès que Bambriquet les eut reconnus, il se pencha vers sa fille :

— C'est notre ancien locataire, — dit-il précipitamment; — charge-toi de le recevoir. Je ne veux pas qu'il me voie; il pourrait me dire quelque chose de désagréable, et je n'oserais plus lui répondre. D'abord, nous ne sommes pas bien ensemble, et puis je n'ai pas un costume convenable pour me montrer à un personnage de si haute volée.

— De grâce, ne vous éloignez pas, — répondit Elisa; — vous êtes chez nous, mon père, et vous n'avez à vous cacher de personne. Monsieur le prince est incapable d'ailleurs, il est trop tard; on vous a vu.

Bambriquet céda sans murmurer à l'ascendant de sa fille; cependant il était gêné, mal à l'aise, et tenait les yeux baissés. Ce qu'il n'avait pas dit, c'était qu'il rougissait de se montrer à un homme qui connaissait tous ses ridicules et toutes ses fautes; il avait honte de lui-même.

Le prince et Salviac saluèrent les assistants avec politesse. Alfred, malgré sa grande habitude du monde, pouvait à peine cacher son émotion en retrouvant cette jeune fille, qu'il avait vue si fraîche et si rieuse quelques mois auparavant, faible, maigrie, mourante, quoique toujours belle; et sa voix tremblait quand il lui adressa la parole.

Elisa s'était levée pour accueillir les visiteurs. Après avoir fait un signe affectueux à Salviac, elle dit à monsieur de Z*** avec un réserve mélancolique :

— Soyez le bienvenu, monsieur le prince ! votre visite nous honore, quoiqu'elle soit tardive... mais ce n'est pas ici un lieu convenable pour vous recevoir, et, si vous vouliez bien passer au salon...

— Restez, mademoiselle, restez, je vous en prie, — dit Alfred avec tristesse, en cherchant à la retenir, — ne m'accorderez-vous pas la faveur d'être accueilli comme un ami?

— Monsieur le prince...

— Oh! de grâce, mademoiselle, oubliez le prince pour ne songer qu'à Moreau, votre locataire, votre voisin, qui passait près de vous, chez madame de Salviac, de si douces soirées.

— Monsieur, — répondit Elisa avec un léger accent de reproche, — la confusion n'est plus possible depuis une autre soirée qui m'a laissé de bien pénibles souvenirs.

— N'en avait-elle que de pénibles? — demanda tout bas monsieur de Z***.

La conversation fut générale pendant quelques instants; le prince, quoique devenu maître de lui-même, semblait distrait et embarrassé. Salviac, comprenant que son noble ami attendait avec impatience l'occasion de causer en particulier avec Elisa, fit signe à Cécile, et tous les deux s'éloignèrent sans affectation de quelques pas. Le docteur donnait à madame Durand, la dame de compagnie, des prescriptions relatives à la malade, et Bambriquet, qui s'était épuisé en salutations sans pouvoir attirer l'attention du prince, venait de s'approcher pour entendre les intructions du médecin. Monsieur de Z*** put donc s'entretenir un instant en toute liberté avec la jeune fille.

XXX

Il s'assit près d'elle sur le banc de bois et se mit à lui parler avec feu quoique à voix basse. Elisa lui répondit d'abord sur un ton de réserve et avec un reste d'amertume ; bientôt cependant son front s'éclaircit, et le sourire reparut sur ses lèvres. Les signes extérieurs de la maladie s'effacèrent un à un ; plus de langueur et de faiblesse ; le regard était vif, la parole nette et sonore. Enfin, tout en elle trahissait un bien-être, une satisfaction qu'elle n'avait pas éprouvés depuis longtemps et qu'elle était trop naïve pour dissimuler.

Aucun mot de la conversation n'arrivait jusqu'aux assistans, mais ces changemens extraordinaires n'échappèrent pas à l'œil clairvoyant de Cécile. Elle montra au docteur avec inquiétude le groupe gracieux d'Elisa et du prince, penchés l'un vers l'autre, à l'ombre d'un oranger.

— Ne craignez-vous pas, monsieur, dit-elle, que cet entretien ne fatigue notre pauvre amie ? Voyez comme elle est animée !

— Je ne sais si je me trompe, — répondit le médecin d'un air de réflexion, — mais cette émotion ne paraît pas devoir lui être contraire ; véritablement elle respire mieux, elle est moins oppressée ! — Puis, se plaçant entre Cécile et Bambriquet, il continua d'un ton confidentiel : — Parlez-moi tous les deux avec franchise ; nous autres médecins, nous sommes comme des confesseurs, et nous devons adresser parfois des questions indiscrètes... Je sais depuis hier, grâce au pénible aveu de monsieur Bambriquet, l'origine des souffrances de mademoiselle Elisa ; mais je soupçonne encore une cause morale peut-être plus importante que l'autre. Vous, son père, et vous, son amie, pouvez-vous me dire, par exemple, si ce monsieur, qui s'entretient en ce moment avec elle ne serait pas pour quelque chose dans le chagrin qui paraît la miner ?

— Docteur, — répondit Cécile avec embarras, — je ne saurais affirmer...

— Oui, oui, — répliqua Bambriquet, — vous avez raison, docteur ; une cause morale, c'est cela... Ce monsieur que vous voyez là-bas, c'est le prince de Z***, qu'elle a connu dans ma maison, et je me souviens de certains propos... oui, oui, ce doit être cela. Et moi qui n'avais pas songé... O mon Dieu ! continua-t-il comme à lui-même, — si je pouvais acquérir la certitude que je ne suis pas un assassin !

Le docteur écoutait avec attention ces propos interrompus qui ne présentaient pas de sens précis.

— Je ne vous comprends pas, monsieur Bambriquet, reprit-il ; — mais, sans vouloir pénétrer dans vos affaires de famille, je dois vous donner à tout hasard quelques conseils ; s'il existe un moyen de faire cesser le chagrin secret de mademoiselle Elisa, hâtez-vous de l'employer, et peut-être parviendrons-nous à la sauver, ce que je croyais impossible ce matin encore... Enfin, — ajouta-t-il en baissant la voix, — s'il est des personnes dont la présence puisse entretenir l'état de bien-être dans lequel se trouve la malade en ce moment, tâchez qu'elles soient souvent auprès d'elle... J'ai rempli mon devoir en vous donnant ces avis, bizarres peut-être. Et maintenant, adieu, je reviendrai demain.

En même temps le bon docteur se retira sans bruit et regagna son cabriolet.

Bambriquet se frappa le front.

— Oui, oui, — murmura-t-il, — il n'y a plus à hésiter. Advienne que pourra, lui seul peut sauver mon enfant !

Et il s'avança vers Alfred et Elisa, qui continuaient de causer avec chaleur.

— Le vieux fou va encore faire quelque sottise ! — dit Salviac à sa femme avec inquiétude.

— Hélas ! je le crains !

Et tous les deux attendirent avec anxiété ce qui allait se passer.

Le prince et Elisa s'étaient levés brusquement. La jeune fille indiqua une place à son père sur le banc. Alfred s'était levé et avait salué Bambriquet d'un air froid. Mais le bonhomme ne se laissa pas intimider par cet accueil ; sa démarche et ses mouvemens avaient une fermeté qui rappelait ses mauvais jours.

— Ne vous dérangez pas, monsieur, — dit-il avec empressement ; — il y a place pour tout le monde... Ah ah ! mon locataire, vous n'êtes plus fâché contre moi, j'espère, à cause de ces vieilles histoires d'argent ? Que voulez-vous ! les affaires... Enfin, ma parole d'honneur ! je serais désolé si vous me conserviez rancune !

Elisa tremblait que son père ne laissât échapper quelque parole imprudente ; elle était au supplice.

— La présence ici de monsieur de Z***, — dit-elle avec timidité, — ne prouve-t-elle pas que le passé doit être mis en oubli ?

— C'est vrai, et, si j'ai des torts envers notre voisin, je suis prêt à lui en demander excuse et à les réparer... Un homme ne peut pas faire mieux, n'est-il pas vrai, monsieur Mor... je veux dire monsieur le prince ?

Alfred se taisait. Le sentiment des égards dus à Elisa Bambriquet luttait dans son cœur contre la haine et le mépris que lui inspirait l'ancien chiffonnier. Cependant l'humilité et le repentir de Bambriquet le décidèrent à se relâcher un peu de sa réserve. Il répondit enfin :

— J'ai toujours pardonné, monsieur Bambriquet, le mal que l'on m'a fait ; celui que l'on fait aux autres peut seul exciter mon indignation. Cependant il ne faut pas être trop sévère, je le sais, pour certains caractères et pour certaines fautes, et puis il est des sentimens qui finissent par tout épurer ; l'amour paternel est de ce nombre.

Elisa le remercia par un signe de cette bonne parole.

— Oh ! que c'est bien dit, cela ! — s'écria Bambriquet, — j'avais pensé quelque chose de pareil, mais je n'aurais pas su l'exprimer si bien... Aussi, après mes malheurs, je me suis dit : « Bambriquet, tu as commis bien des sottises, tu as été brutal, tu as été cruel envers ta fille ; eh bien ! tu n'as qu'un moyen d'effacer tes erreurs : sois bon père, aime ta pauvre Lisa, rends-la aussi heureuse que possible, et peut-être Dieu finira-t-il par te pardonner ! »

Malgré la naïveté de cette réponse, Elisa ne songea pas à s'en plaindre, car son père avait parlé le vrai langage du cœur. Elle jeta sur le prince un regard de triomphe.

— Mon père, — dit-elle avec tendresse, — vous avez bien expié quelques heures d'emportement, et ni Dieu ni le monde ne sauraient plus être sévères pour vous.

— Mais je serai sévère pour moi-même, — répliqua Bambriquet, — tant que je te verrai malade, triste et découragée, tant que je n'aurai pas fait pour ton bonheur tout ce qui sera humainement possible !

— Eh ! mon excellent père, que pouvez-vous faire davantage ?

— Qui sait ! il y a tant de moyens... et c'est là-dessus que je voudrais consulter tes amis... monsieur le prince, par exemple.

Elisa éprouvait un certain malaise, car elle ne soupçonnait pas où son père en voulait venir.

— Personne, — reprit Alfred avec chaleur, — ne désire plus ardemment que moi le bonheur de votre charmante fille.

Cette vivacité parut de favorable augure à Bambriquet.

— Je vous remercie pour elle, — répliqua-t-il ; — eh bien ! monsieur, vous qui êtes de bon conseil, que diriez-vous si je songeais à marier Elisa ?

— Me marier, mon père, dans l'état où je suis ?... Oubliez-vous déjà... ?

— Oh ! tu guériras, — dit le pauvre père avec enthousiasme, — tu redeviendras fraîche et rose quand tu n'auras plus de chagrin dans le cœur; car, tu ne veux pas en convenir, le chagrin nuit au rétablissement de ta santé... Eh bien ! je dis que si par hasard tu aimais un homme comme il faut, et si cet homme comme il faut t'aimât de même, je ne verrais pas d'inconvénient à vous marier, moi, au contraire. Si le futur était gêné, je te donnerais une bonne dot, avec laquelle il pourrait relever sa fortune ; car enfin je donnerais tout ; je me réserverais seulement une rente de mille écus pour vivre quelque part à Paris : le reste serait pour toi et pour lui, et vous n'auriez pas à vous plaindre; Il y a peu de jours que, pour m'amuser, j'ai fait mon inventaire, et j'ai trouvé plus de deux millions... deux millions pour ta dot, Elisa... Pensiez-vous, monsieur le prince, qu'un petit particulier comme moi pouvait donner deux millions à sa fille ? — Il souriait avec orgueil ; le prince et Elisa tenaient les yeux baissés et ne prononçaient pas une parole. — Après ça, — continua Bambriquet, — vous me direz que, si je voulais pour gendre un homme comme il faut, peut-être que lui ne voudrait pas de moi... Ça ne m'étonnerait pas; quoique pendant un temps j'aie prétendu connaître les usages du grand monde, ça ne m'allait pas du tout ; la langue me fourche, je dis des choses qui font rire... Oh ! je me connais maintenant ! l'éducation et l'habitude ont manqué, voyez-vous. Aussi me garderais-je de me montrer dans le salon de ma fille et de mon gendre. Lisa, elle, peut aller partout; on la ferait reine qu'il n'y paraîtrait pas; mais moi, c'est autre chose : on ne pourrait pas plus me changer que blanchir un nègre. Il faudrait donc me laisser dans mon coin, ne pas prononcer mon nom, ne pas avoir l'air de me connaître. Si l'on voulait même, je m'en irais bien loin, dans quelque trou de province, où je ne me vanterais jamais d'avoir des enfans riches et titrés... Ça serait bien triste pour moi de ne plus voir ma fille, mon enfant chéri ! mais pourvu qu'elle fût heureuse, je ne me plaindrais pas; je supporterais l'absence, l'humiliation, l'indifférence, pourvu que j'eusse la certitude d'avoir assuré un sort brillant à cette pauvre fille, qui a tant souffert à cause de moi !

Il se tut et regarda ses deux auditeurs ; l'un et l'autre étaient profondément touchés.

— Et moi, mon père, — dit Elisa avec une dignité mélancolique, — je n'accepterais pas, s'agit-il de ma vie, une position qui m'obligerait de renoncer à vous voir, à vous aimer, à vous prodiguer mes soins dans vos souffrances, mes consolations dans vos chagrins... Mais brisons là, si vous le voulez bien ; ce n'est ni le lieu ni le moment de parler de semblables choses... Le contraste de vos généreux projets avec mes souffrances actuelles m'inspire des réflexions trop poignantes !

— Oh ! chassez les sinistres pensées, mademoiselle, — dit le prince avec chaleur ; — vous êtes à l'âge où l'on fait des projets, et Dieu se charge de les réaliser. Vous reviendrez à la santé ; alors vous pourrez envisager sans préoccupation les intentions bienveillantes de votre père... En attendant ce moment, les encouragemens de l'amitié ne vous manqueront pas, et je vous demanderai la permission de joindre les miens à ceux de vos autres amis.

La conversation devint moins intime. Les Salviac et madame Durand se rapprochèrent du groupe principal.

— Il n'a pas refusé, — pensait Bambriquet, — et cependant il a compris... Patience !... oh ! ma fille, ma fille !

Salviac était forcé de retourner à Paris, et d'ailleurs la jeune malade avait besoin de repos ; les deux visiteurs se préparèrent à partir.

— Eh bien ! messieurs, — demanda Cécile avec gaieté, — reviendrez-vous bientôt voir de pauvres recluses ? —

— Je reviendrai demain, ma chère belle, — répondit Salviac.

— Et vous, monsieur le prince ?

— Demain aussi... à moins qu'une volonté suprême n'en ait décidé autrement.

— Oh ! comme vous dites cela d'un ton solennel !

— Hélas ! madame, qui peut être assuré de voir le jour de demain ?

Il échangea un regard avec l'artiste, qui seul comprenait cette allusion au duel projeté avec le comte de Montreville ; puis ils prirent congé et se dirigèrent vers l'avenue.

Cécile et Bambriquet les accompagnèrent jusqu'à la voiture. Bambriquet se contenta de prononcer quelques paroles polies en se séparant d'eux, sûr qu'il n'ajouterait rien à l'effet de ses insinuations précédentes. Lorsqu'il revint vers la maison, le jardinier, gros paysan en blouse bleue, s'approcha de lui.

— Maître, — dit-il, — en allant chercher de l'eau chez le voisin, j'ai rencontré la dame de tout à l'heure... vous savez ? celle qui est habillée si drôlement !

— Ah ! Lapiquette ! — répliqua Bambriquet avec impatience ; — que me veut-elle encore ?

— Elle m'a chargé de vous dire de ne pas oublier l'avis qu'elle vous avait donné, car sans cela il pourrait vous arriver malheur.

— Quel avis m'a-t-elle donné ?... Ah ! oui... que je me défie de ses amis ! En ce cas-là, je crois que c'est le contraire qu'il faudrait faire ; elle est si fausse et si menteuse !... N'importe, je me tiendrai sur mes gardes. Et toi, Pierre, si tu vois encore cette femme rôder autour de la maison, chasse-la à coups de bâton... J'aime mieux te les rendre. — En achevant cette plaisanterie, tout à fait dans le goût de ses anciennes habitudes, il rejoignit sa fille, qui était restée pensive et rêveuse à la même place. — Eh bien ! Lisa, — demanda-t-il avec empressement, — es-tu contente de moi ?

La jeune fille lui jeta ses bras autour du cou en pleurant.

XXXI

Le lendemain matin, à peu près au moment fixé pour la rencontre du prince de Z*** et du comte de Montreville, un fiacre parcourait l'avenue de Neuilly avec la majestueuse lenteur d'une voiture de place prise à l'heure. Dans cette espèce de boîte roulante dont les stores étaient baissés, Salviac et le prince, assis côté à côte, s'abandonnaient aux réflexions que la gravité de la circonstance devait naturellement leur inspirer. Sur la banquette de devant était posée une magnifique cassette en palissandre, contenant des pistolets de combat. Le ciel gris et brumeux semblait être en harmonie avec la tristesse des deux amis.

Alfred surtout était morne et abattu. Il avait les bras croisés sur sa poitrine, la tête penchée en avant, l'œil hagard. Salviac fut effrayé de son état.

— Prince, — lui dit-il, — vous paraissez bien souffrant ce matin... Cependant les affaires du genre de celle qui nous occupe en ce moment doivent être trop familières à un ancien officier supérieur pour que l'état douloureux où je vous vois puisse être attribué à l'émotion inséparable d'un duel.

Alfred tressaillit comme au sortir d'un songe.

— Vous avez raison, Salviac, — dit-il avec un sourire amer, — la crainte de la mort n'est pour rien dans ma tristesse. La mort serait seulement pour moi la fin de cet insupportable martyre auquel je suis condamné depuis que j'ai conscience de moi-même... La nuit dernière surtout, je me suis livré à des réflexions lugubres et solennelles : avec cette lucidité que donne peut-être le pressentiment mystérieux d'une fin prochaine, j'ai embrassé d'un coup d'œil l'histoire de mon passé, les vagues profondeurs de mon avenir, et j'ai été saisi d'épouvante. Je suis comme le batelier qui, après s'être épuisé en efforts pour remonter un courant rapide, s'aperçoit avec désespoir que le courant l'emporte toujours en arrière. J'ai lutté, mais mes forces sont à bout, et je regarde avec effroi l'écueil contre lequel je vais me briser.

— Prince, — répondit Edouard avec sympathie, — je crois vous comprendre... Cette passion, que toutes les circonstances tendent fatalement à exalter, n'a pu étouffer vos instincts, les préjugés de votre naissance ; votre cœur a été broyé dans cette lutte entre vos croyances et vos sentimens. Réfléchissez cependant, prince ; ce que vous appelez un écueil, c'est le bonheur peut-être !

— Je l'ai cru un moment ; cette nuit j'ai reconnu que je m'étais trompé. Les ombres menaçantes de mes ancêtres me sont apparues, elles se sont placées entre moi et cette gracieuse image de jeune fille... Non, mon ami, je l'ai aimée trop tard ; l'homme mûr ne se modifie plus comme le jeune homme. Quand j'ai vu Elisa pour la première fois, il n'était plus temps de revenir sur ces principes inexorables dont je poursuis l'application depuis que j'ai l'âge de raison. Plus mon amour est énergique, aveugle, irrésistible, plus je me sens irrité contre les autres et contre moi-même. J'ai parfois des accès de rage intérieure, et (jugez, Edouard, du trouble de mon âme !) il est des momens où cette enfant si belle, si touchante, si héroïque, je voudrais apprendre tout à coup qu'elle a été emportée de ce monde, qu'elle a succombé à son mal... J'en mourrais moi-même, je le sais, mais je rendrais pur à mes pères le nom illustre qu'ils m'ont laissé pour mon supplice. — Salviac le regardait avec des yeux humides où se peignait une pitié sincère. — Vous devez être révolté de ce lâche égoïsme, — continua le prince après un moment de silence ; — mais que peuvent des vœux impies contre les événemens ? Elle vivra pour être belle, pour être admirée, pour être heureuse, et moi... moi, il ne me reste qu'un espoir, c'est que ce duel me sera fatal.

— Prince, vous voyez les choses trop en noir. D'abord, quant au mariage, rien ne prouve que des obstacles supérieurs à votre volonté...

— Des obstacles ! Oui, oui, il en est encore, grâce au ciel ! Oui, il y a ce père grossier, stupide, cruel, dont j'évoque le souvenir quand la séduisante image de sa fille m'apparait dans mes rêves. Jusqu'ici c'est lui qui m'a sauvé ; sa pensée a réveillé mon orgueil assoupi, a donné une impulsion désespérée à mon courage, lorsque déjà je me déclarais vaincu... Mais mon dégoût pour lui peut ne pas m'arrêter longtemps encore. La conversion étrange de cet homme, que la nature et le monde avaient fait méchant et que l'exemple des vertus de sa fille a rendu bon, a commencé de toucher mon cœur. Hier, en l'entendant s'exprimer avec tant de dévouement, d'abnégation, de tendresse paternelle, j'ai senti ma haine et mon mépris pour lui se fondre peu à peu. J'ai besoin maintenant d'un effort de volonté pour me représenter aussi repoussant qu'il était autrefois, et, si je n'avais devant les yeux cette triviale personnification de tous les instincts bas et vulgaires, je serais capable... Tenez, Salviac, pour mon honneur et pour ma propre estime, il vaudrait mieux que je tombasse aujourd'hui sous la balle de ce vieux et loyal comte de Montreville !

— Le comte de Montreville ! — répéta l'artiste ; — que dites-vous, monsieur le prince ? Est-ce vraiment avec monsieur de Montreville que vous devez vous battre aujourd'hui ?

— L'ignoriez-vous, Salviac ? En effet, je ne vous avais pas encore nommé mon adversaire.

— J'avais d'abord un soupçon de la vérité, mais, en y réfléchissant, j'avais cru m'être trompé... Comment supposer que le prince de Z*** aurait accepté un duel contre un ancien ami de sa famille, contre un vieillard de soixante-dix ans.

— Que voulez-vous, Salviac, je n'ai rien négligé pour éviter cette fâcheuse extrémité ; je me suis abaissé à la prière devant cet homme opiniâtre, il a été inflexible. J'avais d'autant moins de motifs de m'humilier devant lui que le sujet de la querelle était frivole, déraisonnable. Le comte, comme vous le savez, a conservé ces susceptibilités jalouses, ces raffinemens pointilleux des gentilshommes d'autrefois ; convaincu que le sang seul pouvait laver un outrage prétendu fait à l'honneur de sa maison, il a exigé impérieusement une réparation éclatante, les armes à la main. Lui refuser cette satisfaction eût été le jeter dans le désespoir ; j'ai donc consenti, quelque blâme que dût attirer sur moi cette condescendance ; comment refuser ce sacrifice à l'ami de mon père ?

— Et pour satisfaire les caprices ridicules d'un pauvre vieillard aveugle, vous allez risquer de le tuer ou d'être tué par lui !

— Fi donc ! Salviac — dit Alfred avec entraînement, — je sais bien, moi, que je ne tuerai pas le comte de Montreville !

L'artiste le regarda fixement ; le prince, comprenant qu'il avait laissé échapper une pensée qui aurait dû rester secrète, se mordit les lèvres.

— Monsieur le prince, — reprit Salviac dont le visage s'éclaircit ; — j'entrevois toute la générosité de votre conduite. Ne voulant pas faire éprouver au comte un refus qui l'eût cruellement affligé, vous ne voulez pas néanmoins attenter à sa vie, et, pendant qu'il dirigera franchement son arme contre vous, vous ne vous servirez pas de la vôtre contre lui. Cette manière d'agir est noble, prince, mais je ne puis, je ne dois pas m'y associer.

— Que voulez-vous dire, Salviac ?

— Je ne consentirais jamais à être témoin d'un duel où les chances ne seraient pas égales, où l'un des adversaires seul risquerait sa vie.

— Encore une fois, Salviac, ce serait me rendre service que de me débarrasser du fardeau de l'existence... Mais, de grâce, n'abusez pas d'un aveu qui m'est échappé et que le trouble de mes pensées explique si bien. Vous êtes mon seul ami, m'abandonnerez-vous au moment où j'ai besoin de votre assistance ?

— Et c'est parce que je suis votre ami que je ne vous laisserai pas exposer gratuitement une vie qui m'est précieuse !... Prince, arrêtons-nous ; je vous le déclare, je n'irais maintenant au lieu du rendez-vous que pour m'opposer à ce duel, pour prévenir le comte que vous n'avez pas l'intention sérieuse de vous défendre.

Cette discussion avait lieu dans le bois même, à quelque distance de la porte Maillot. A cette heure de la matinée, par ce temps sombre et humide, très peu de voitures sillonnaient les avenues de la forêt fashionable. Cependant, le fiacre éprouva tout à coup un choc violent qui fut suivi de juremens et de claquemens de fouet, et il s'arrêta.

Le sculpteur pencha la tête à la portière pour reconnaître la cause de l'accident ; mais à peine se fut-il montré qu'un cri, parti d'un cabriolet dont le cocher à moitié ivre était l'auteur de cette maladresse, attira son attention. Au fond du cabriolet, qui avait dû aller fort vite, si l'on jugeait par la violence du choc, se trouvait une femme en costume du matin, en bonnet de nuit, au visage pâle et bouleversé ; c'était madame Trichard, la portière de la maison Bambriquet. Salviac, ne pouvant s'expliquer comment cette femme, qui avait remplacé Lapiquette dans la plupart de ses attributions, se trouvait en camisole et en cornette si loin de la rue de la Santé, crut d'abord s'être trompé ; mais la voix criarde et bien connue de madame Trichard, s'élevant par-dessus les vociférations des cochers, confirma la réalité de cette apparition.

— Ah ! monsieur de Salviac, — disait-elle avec un accent particulièrement traînard et plaintif ; — c'est Dieu qui vous amène sur mon chemin... Seigneur, mon doux Jésus ! vous allez me tirer d'un bien mauvais pas !

Tout en parlant, elle descendit péniblement du cabriolet et s'approcha du fiacre où se trouvaient Edouard et le prince. On put constater alors que la brave portière était en jupon de dessous, ce qui, joint au reste de la toilette, ne formait pas une tenue précisément convenable pour une promenade au bois de Boulogne. De plus, à son air égaré, on l'eût prise pour une folle.

— Ah çà ! où diable allez-vous ainsi, mère Trichard ? — demanda l'artiste.

— Seigneur, mon Dieu ! — dit la pauvre femme en fondant en larmes et en se tordant les mains de désespoir, — vous ne savez donc pas la nouvelle ? Vous n'allez donc pas avertir mademoiselle Elisa ?... Bonne chère enfant ! quel coup pour elle !... Elle ne voudra pas y croire... C'est comme moi, je crois rêver, et pourtant je viens de le voir pâle, inanimé, couvert de sang !

— Ah çà ! perdez-vous la raison ? — interrompit Salviac avec impatience ; — de qui parlez-vous donc ?

— Eh ! de qui pourrais-je parler, sinon de ce pauvre monsieur Bambriquet ? Il a été assassiné cette nuit dans la rue de la Montagne. On lui a volé tout ce qu'il avait sur lui.

— Assassiné ! — répétèrent à la fois Moreau et Salviac.

— Sainte Vierge ! il n'est que trop vrai... Il était déjà froid quand on l'a transporté chez lui. La maison est pleine de gens de justice qui interrogent tout le monde et écrivent sur du papier... Un de ces messieurs m'a chargé d'aller prévenir mademoiselle à la campagne. Je ne voulais pas laisser la maison seule ; on vous a cherché, monsieur de Salviac, pour vous prier de remplir cette commission ; mais vous étiez déjà parti, et force m'a été de monter dans un cabriolet faite comme me voilà. Enfin, puisque je vous trouve, vous et monsieur Moreau, vous voudrez bien avertir la bonne demoiselle Elisa, et je retourne rue de la Santé où l'on a grand besoin de moi...

Edouard et le prince étaient stupéfaits. Ils demandèrent à la portière éplorée des détails sur l'épouvantable événement, et voici à peu près ce qu'ils apprirent : Bambriquet était sorti vers minuit de la maison de jeu dont, sur les instances de sa fille, il allait abandonner l'exploitation. Cette maison était située sur un quai écarté, et pour revenir chez lui il avait à traverser le quartier le plus désert, le moins sûr de Paris. Il était porteur de valeurs considérables ; mais l'habitude lui avait donné une sécurité imprudente, et il n'avait pas songé à se faire accompagner ou à prendre une voiture pour rentrer à sa demeure. Comme il passait dans une ruelle écartée, deux hommes s'étaient rués sur lui et lui avaient arraché son portefeuille. L'ancien chiffonnier, en se débattant, avait été frappé de plusieurs coups de couteau. Une ronde de police, accourue au bruit, put s'emparer des assassins, et Bambriquet fut transporté dans un corps de garde voisin, où il ne tarda pas à expirer. Le matin, la justice s'était rendue rue de la Santé pour remplir les formalités d'usage, et l'on attendait avec impatience l'arrivée d'Elisa ou de quelqu'un chargé de la représenter. Il va sans dire que les deux hommes arrêtés comme assassins de Bambriquet étaient le soi-disant capitaine Saint-Julien et son digne acolyte Joli-Cœur.

Quels que fussent les torts passés de Bambriquet, sa fin malheureuse avait produit une vive impression sur le prince et sur Edouard. Quand madame Trichard eut achevé son récit, avec force jérémiades, l'artiste se tourna vers son compagnon.

— Eh bien ! prince, — demanda-t-il, — que faut-il faire ?

— Allons prévenir cette pauvre enfant du malheur qui la frappe, — dit Alfred sans hésitation. — Dans l'état de souffrance où elle est, un pareil coup peut lui être funeste... elle aura besoin de voir autour d'elle tous ceux qui l'aiment. O mon Dieu ! — continua-t-il plus bas, — mes vœux impies lui auraient-ils porté malheur !

— Partons donc, — reprit Salviac précipitamment ; — qu'arriverait-il si cette fatale nouvelle nous avait devancés auprès d'elle ? Vous, madame Trichard, retournez promptement chez vous... Faites prévenir monsieur Guillot, le notaire de votre maître défunt, afin qu'il se rende à la maison sur-le-champ ; je ne tarderai pas à m'y rendre moi-même.

La portière remonta dans son cabriolet, qui rebroussa chemin, et les deux voitures roulèrent dans des sens opposés.

Le trajet fut silencieux jusqu'à Auteuil. Le prince n'exprima qu'une seule des réflexions lugubres que lui inspirait cet événement.

— Pauvre Elisa ! — disait-il avec un sombre désespoir, — son père la déshonore par sa mort comme il l'a déshonorée par sa vie... Demain tout Paris saura que l'ancien chiffonnier Bambriquet a été assassiné en sortant d'un abominable tripot dont il était l'un des propriétaires ; longtemps encore après lui, son nom, le nom de cette belle et pure enfant, retentira dans les cours d'assises et jusqu'au pied de l'échafaud !

On arriva enfin à la maison de campagne : tout y était calme et riant. En descendant de voiture devant la grille, les deux amis rencontrèrent le docteur X***, qui venait de faire sa visite du matin.

— Bonjour, messieurs, — leur dit-il, — vous venez fort à propos pour apprendre de bonnes nouvelles de notre petite malade. Elle va tout à fait bien ; je ne sais ce qui s'est passé depuis hier, mais il s'est produit dans son état une révolution des plus heureuses.

— Tant mieux, — dit Salviac en soupirant ; — elle aura besoin de force pour supporter le nouveau malheur qui l'accable !

Le médecin le regardait avec surprise.

— Monsieur le docteur, — demanda Alfred, — votre visite est-elle déjà finie ?

— Oui, messieurs ; je retourne à Paris, et...

— Veuillez attendre encore un peu de temps, et revenir avec nous ; on aura encore besoin de vos services aujourd'hui.

Salviac dit en deux mots ce dont il s'agissait ; le docteur pâlit.

— Cette pauvre demoiselle Elisa n'y résistera pas, — murmura-t-il ; — et c'est dans un moment où je concevais les plus douces espérances pour son rétablissement... Eh bien ! je vous suis, messieurs ; vous avez raison, ma présence est plus que jamais nécessaire ici.

Et tous trois remontèrent l'avenue.

Elisa et Cécile étaient encore assises devant la maison, au pied du grand oranger ; elles se serraient l'une contre l'autre, chuchotant et riant comme deux pensionnaires, et elles regardaient d'un air railleur les trois hommes qui s'avançaient. Lorsqu'ils furent près d'elles, ils furent salués par des rires joyeux.

— En vérité, messieurs, — s'écria Cécile, — on a bien raison de dire que les jours se suivent et ne se ressemblent pas ! Hier vous êtes venus dans une superbe voiture ; aujourd'hui vous avez choisi le fiacre le plus laid, le plus sale qui ait jamais été traîné par des rosses poussives ! Elisa et moi nous ne voulions pas y croire...

— Ne soyez pas si gaie, Cécile, — interrompit son mari d'un ton qui la fit tressaillir.

Cependant Elisa s'était levée et avait accueilli les visiteurs avec une grâce parfaite.

— Je vois avec plaisir, monsieur le prince, — dit-elle en souriant, — que vous tenez vos promesses ; vous avez besoin d'exactitude pour effacer votre négligence passée, et mon bon docteur vous dira que les distractions me font du bien... On croirait, — continua-t-elle en jetant sur l'homme de science un regard bienveillant, — que monsieur X***, tout fier de me trouver mieux ce matin, a voulu vous faire lui-même les honneurs de ma convalescence, et j'en suis ravie, puisque je le vois un instant de plus. Personne ne répondait à ce charmant babillage qui témoignait de tant de calme et d'enjouement. Le prince restait debout et morne devant Elisa sans oser la regarder. Le docteur, au contraire, l'examinait avec un touchant intérêt, comme s'il eût calculé ce que cette faible créature pouvait supporter de douleur. Salviac avait entraîné sa femme à quelques pas et lui parlait à voix basse ; Cécile pleurait et semblait près de s'évanouir. La jeune fille remarqua enfin ces signes alarmants. — Messieurs, demanda-t-elle, — qu'y a-t-il donc ? vous semblez consternés. Mon Dieu ! je tremble... hâtez-vous de m'apprendre...

— Asseyez-vous, mon enfant, — dit le médecin avec une douce autorité.

Elle obéit machinalement. Tout le monde gardait le silence; le silence dans les circonstances semblables est la meilleure des préparations.

— Mademoiselle, — dit enfin monsieur de Z*** d'une voix grave, — n'éprouvez-vous pas quelque inquiétude de ne pas avoir encore vu votre père ce matin?

— En effet, il devrait être ici; il est en retard aujourd'hui... Mais, monsieur le prince, pourquoi cette question? serait-il arrivé malheur à mon père?

Cécile, qui savait tout, ne put plus y tenir; elle s'élança vers Élisa, et, la prenant dans ses bras, elle l'embrassa en s'écriant:

— Pauvre amie! pauvre amie!

La jeune fille se dégagea de ses étreintes.

— Cécile, messieurs, — s'écria-t-elle, — vous ne m'avez pas expliqué... parlez-moi de mon père; où est mon père?

On employa toutes les précautions d'usage; mais il fallut bien apprendre à cette malheureuse enfant l'épouvantable vérité.

Dès qu'Élisa eut compris, sans prononcer un mot, sans pousser un cri, elle tomba inanimée dans les bras de ceux qui l'entouraient.

Le docteur la fit transporter sur-le-champ dans la maison, et bientôt on lui prodigua les soins les plus intelligens. Salviac et le prince demeurèrent seuls dans le jardin; après quelques momens d'attente, Salviac dit avec précipitation:

— Prince, il est important que j'aille sur-le-champ à Paris pour veiller aux intérêts d'Élisa. Le docteur ne la quittera pas de la journée, et il m'a autorisé à prendre son cabriolet afin que je revienne plus vite. Et vous, que comptez-vous faire?

— Je reste, — répondit Alfred en s'asseyant sur le banc.

Édouard lui serra la main d'une manière significative, et s'éloigna en courant.

Plusieurs heures s'écoulèrent pendant lesquelles le prince de Z*** conserva une immobilité de statue. Il voyait aller et venir les gens de la maison, et ne faisait pas un signe, n'adressait pas une question; on eût dit qu'il ne prenait aucune part à ce qui se passait autour de lui. Le corps raide et droit, le visage pâle, l'œil terne et fixe, il semblait pétrifié. Cécile s'échappa pour lui apporter des nouvelles de la malade.

— La crise est passée, — dit-elle, — et le docteur reprend courage... Notre pauvre Elisa supportera ce malheur avec plus de force qu'on ne l'avait pensé.

— Ainsi donc, — demanda Alfred sans sortir de sa prostration effrayante, — elle vivra?

— Tout le fait espérer, cher prince; Élisa adorait son père; mais il lui reste encore des affections en ce monde.

— Cécile ajouta distraitement: — Elle a prononcé plusieurs fois votre nom dans son délire.

— Mon nom! — répéta le prince.

Plusieurs voix appelèrent madame de Salviac dans la maison, et la jeune femme s'empressa d'accourir. Le prince était retombé dans ses méditations sinistres, lorsque le galop d'un cheval dans l'avenue attira soudain son attention. Un valet, qui portait la livrée de Z***, mit pied à terre en apercevant son maître, et s'approcha d'Alfred respectueusement:

— Monsieur le prince, — dit-il en lui présentant une lettre, — ce billet vient d'arriver de l'hôtel de Montreville, et on annonce qu'il est très pressé. Monsieur Duval ne savait comment vous le faire parvenir, lorsque monsieur de Salviac est venu prévenir en passant que vous étiez ici. Monsieur Duval m'a expédié sur-le-champ, et j'attends vos ordres.

Alfred prit le papier et rompit lentement l'enveloppe. Le billet était de la main du comte de Montreville; il ne contenait que ces mots:

« J'ai fait constater par des témoins et je dirai partout
» que le prince de Z*** est un lâche! »

Alfred ne sourcilla pas, ses traits ne trahirent aucune émotion.

— Y a-t-il une réponse, monsieur le prince? — demanda le domestique.

Alfred tira de sa poche un élégant carnet dont il arracha un feuillet, et traça rapidement quelques mots au crayon. Puis il plia le papier et le remit au domestique.

— Pour monsieur de Salviac, sur-le-champ.

Le valet salua, sauta en selle et partit aussitôt.

Deux heures après, c'était Salviac à son tour qui arrivait à la villa, au grand galop d'un cheval couvert d'écume et de sueur.

Il descendit à la grille et aperçut le jardinier qui venait au-devant de lui. Sans demander des nouvelles d'Elisa, il s'écria tout haletant:

— Le prince! monsieur le prince est-il encore ici?

Le jardinier le regarda d'un air hébété.

— Ma foi! monsieur, si vous voulez parler de ce grand monsieur qui a l'air si fier, il y a longtemps qu'il est parti.

— Et de quel côté est-il allé?

— Il a renvoyé le fiacre qui attendait à la porte, il a pris une boîte qui se trouvait dans la voiture... une belle boîte, ma foi!... et il s'est dirigé vers le bois.

— Viens, suis-moi, — dit Salviac en entraînant le jardinier, qui obéit machinalement.

Édouard courut vers le carrefour de la forêt où avait dû avoir lieu le duel d'Alfred et du comte de Montreville; là on se mit à chercher derrière les souches d'arbres et les buissons, et on finit par trouver au pied d'un arbre un corps ensanglanté et inanimé.

C'était le prince de Z*** Il avait la poitrine traversée de deux balles, et ses pistolets déchargés étaient encore dans ses mains crispées.

Voici ce que contenait le billet du malheureux Alfred:

« Je ne veux pas que personne ait le droit de me traiter
» de lâche; le comte de Montreville saura bientôt que je
» ne crains pas la mort. Adieu. Dites à Elisa que l'épou-
» ser c'eût été mentir à toute ma vie, et que je l'eusse
» épousée parce que je l'aime. Dites-lui que je l'aime!...»

Il y avait encore quelques mots, mais complètement illisibles.

Huit jours après, Elisa était morte; sa santé chancelante n'avait pu résister à tant de désastres qui se succédaient coup sur coup.

La fille de l'ancien chiffonnier Bambriquet laissait un héritage de cent mille livres de rente, qui, excepté un legs considérable qu'elle avait voulu faire à Cécile de Salviac, passa tout entier à des parens de province dont ni son père ni elle n'avaient jamais su le nom.

Le principal était un vieux savetier, que la fortune alla chercher dans une échoppe enfumée, et qui pensa mourir de joie en apprenant la nouvelle de cet événement.

Quant à la succession du prince, elle fut déclarée en faillite et répudiée par de nobles collatéraux.

Les assassins de Bambriquet furent condamnés à la peine capitale.

Lapiquette mourut à l'hôpital.

FIN DE UNE MAISON DE PARIS.

Paris. — Imprimerie J. Voisvenel, rue du Croissant, 16.

www.ingramcontent.com/pod-product-compliance
Lightning Source LLC
LaVergne TN
LVHW051504090426
835512LV00010B/2333